1——第二幅「方便品」部分「聚沙為仏塔」
「賽の河原」図像の前身にあたる
［五月女晴恵論文参照］

2——第三幅「譬喩品」部分「皆詣父所」
父が子どもたちを火宅から連れ出す場面。朱衣の父は二度描かれている
［瀬谷愛論文参照］

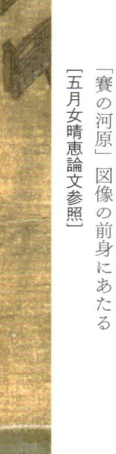

3——第四幅「信解品」部分「疾走往捉　以冷水灑面」
息子は逃げ出すが連れ戻されて、顔に冷水を浴びせかけられる

4——第四幅「信解品」部分「漸漸遊行偶向本國」
解放された息子が物乞いをしているところに、長者の使いが近づく

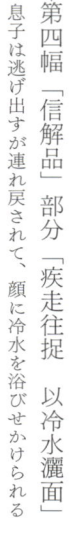

5——第四幅「信解品」部分「踞師子牀」
豪華な師子座に坐って息子を見遣る父

6——第四幅「信解品」部分
息子は便所掃除をし、父も変装して近づく

3〜6——［本井牧子論文参照］

7——第五幅「薬草喩品」部分
酔象説話
白象・落馬
［小林直樹、五月女晴恵論文参照］

8——第五幅「薬草喩品」部分
鹿狩り
［小林直樹論文参照］

9——第六幅「授記品」部分
貧女の寄進
[本井牧子論文参照]

10――第五幅「薬草喩品」部分
剃髪
［五月女晴恵論文参照］

12――第十二幅「提婆達多品」部分
（右）「娑竭羅龍宮」全体図
（左）「金翅鳥と龍」拡大図
［原口志津子論文参照］

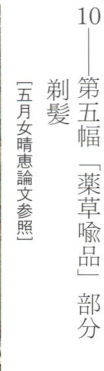

11——第十二幅「提婆達多品」部分
国を捨てる王
[本井牧子論文参照]

13——第二幅「方便品」部分　仏像仏画制作

嚴飾作佛像
或以膠漆布
供養於畫像
歌唄頌佛德

14――第五幅「薬草喩品」部分
施湯
［瀬谷愛論文参照］

15――第十四幅「寿量品」部分
良医喩の製薬場面

16——第五幅「薬草喩品」部分　降雨と田植え

17——第七幅「化城喩品」部分
導師

19——奈良市・伝香寺蔵「版本細字法華経」
（写真提供、奈良国立博物館）

18——第二十二幅「普賢菩薩勧発品・妙荘厳王本事品」部分
椅座する僧侶たち

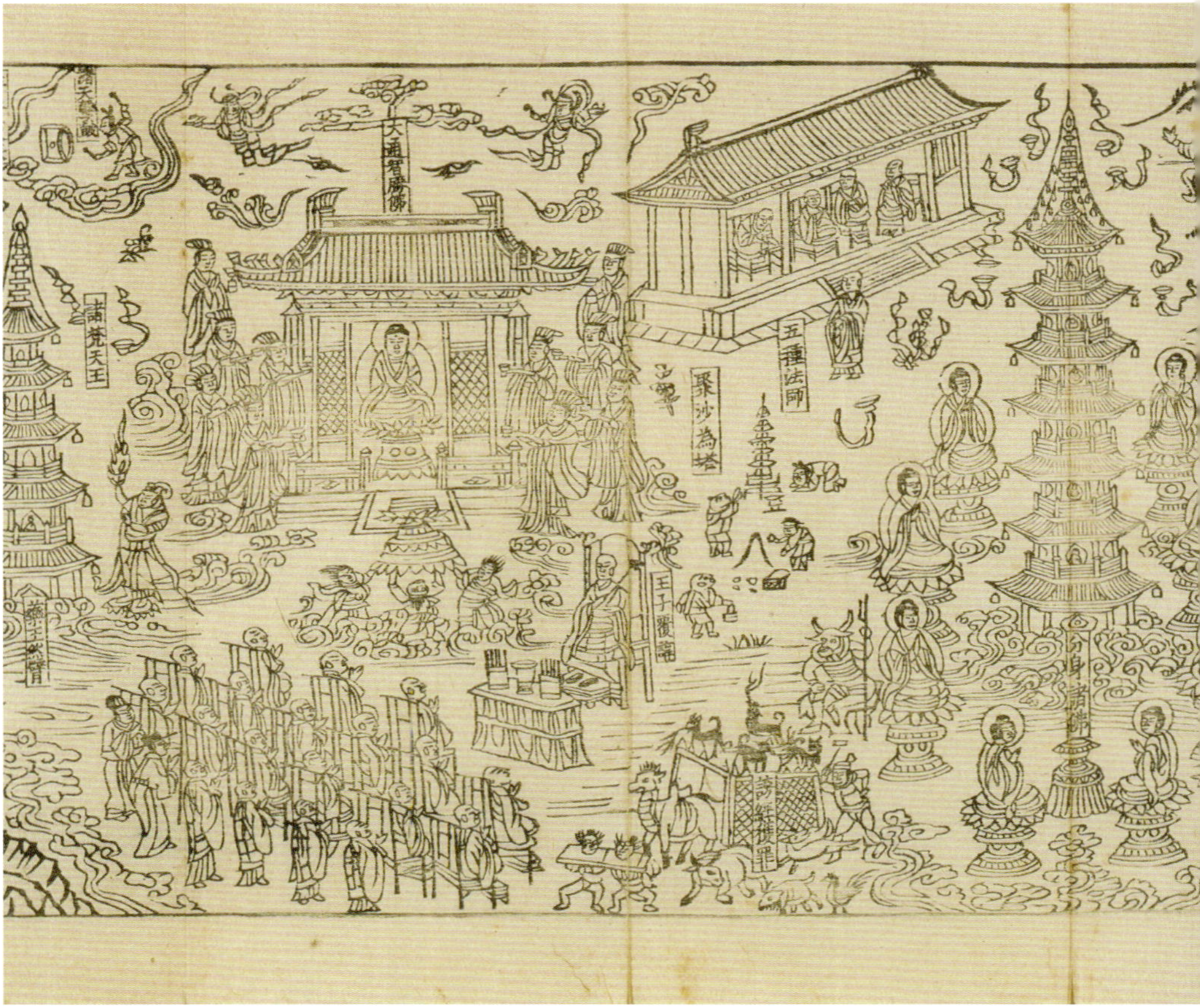

17〜19——［小林知美論文参照］

⑤③②①
⑥④

20——宝樹のヴァリエーション

①楕円串刺し型の宝樹（第十三幅より）
②七重の楕円串刺し型宝樹（第十一幅より）
③雲形の葉叢に羅網をかけた串刺し型宝樹（第十五幅より）
④楕円串刺し型で葉上に宮殿を乗せる宝樹（第十八幅より）
⑤花果を二色に彩る宝樹（第十九幅より）
⑥多宝塔湧出場面（第十一幅より）

［鴈野佳世子論文参照］

21――足利義材像（射水市・放生津橋　松山充宏撮影）
【松山充宏論文参照】

22――神保長誠像（富山市・本覚寺蔵　松山充宏撮影）
【松山充宏論文参照】

23――本法寺風入法要に行われる絵解き（二〇一六年八月六日、髙橋日啓山主による）

※1～18・20・23　橋本禎郎撮影　NISSHA エフエイト株式会社

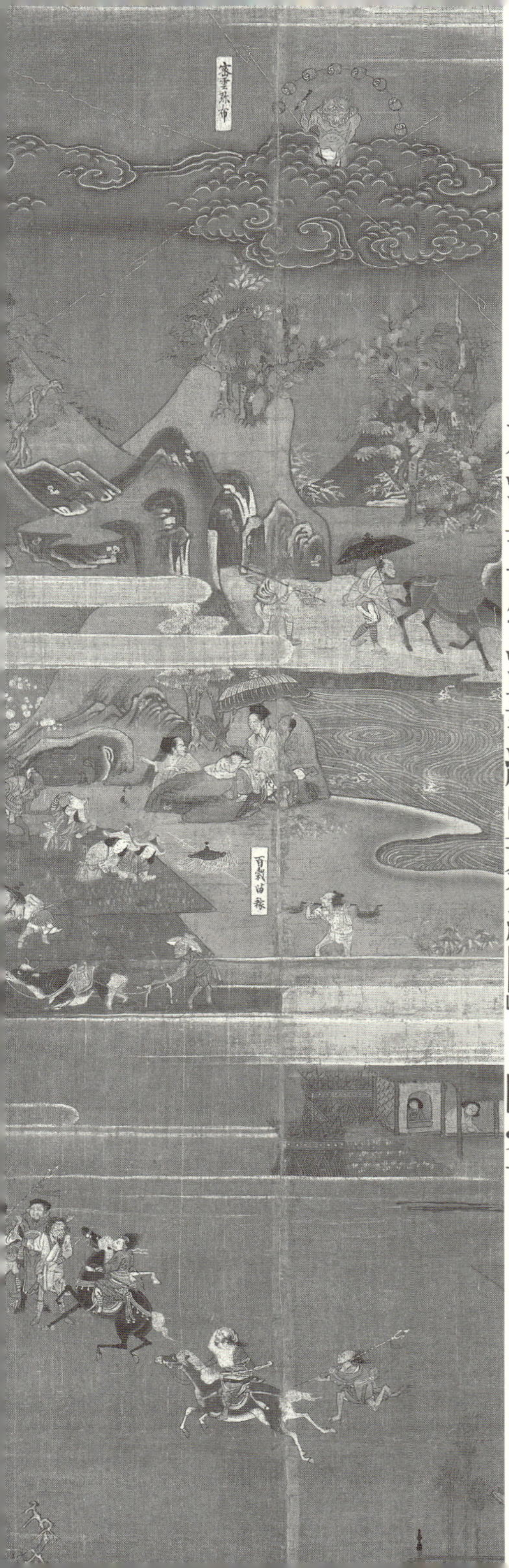

描かれた法華経

本法寺蔵「法華経曼荼羅図」の時空

原口志津子＝編

勉誠社

描かれた法華経

本法寺蔵「法華経曼荼羅図」の時空

第III部◉説話の宝庫としての本法寺本

［序文］

刊行に寄せて

原口志津子

富山県富山市（旧・婦負《ねい》郡）八尾《やつお》町宮腰《みやのこし》の長松山・本法寺に蔵される「法華経曼荼羅図」絹本著色二十二幅（重要文化財、序品第一幅のみは富山県指定文化財）（以下、本作）は、『法華経』が絵画化された作品として類を見ない壮大な規模と情報量を有した作品である。平安時代以来の『法華経』見返絵や堂塔変相図の伝統はもとより、前代の四季景物画・絵巻物からもモチーフの継承が見受けられる。様式的類似が指摘されてきた国宝「一遍聖絵」に匹敵する画像情報量を含み、日本文化史上における重要作品であることは言を俟たない。

しかしながら、厚い研究史があるとは言い難い状況にあった。本書は、本法寺蔵「法華経曼荼羅図」の史的意義の解明の一助として、美術史学のみならず歴史学・文学・文化財学の知見を結集し、本作を多角的に検討し、その多様な研究可能性を啓くものである。

まずは、以下に、本作の概要を述べる。

一、本作の概要

本作の指定名称は「絹本著色法華経曼荼羅図」だが、「両界曼荼羅」のような密教的「曼荼羅」ではない。

表1　銘文および法量（各幅法量は本宮日顕『法華経曼荼羅絵図　全』による）

	『法華経』巻次	年次	縦	横
第一幅	〈妙法蓮華経序品第一〉	〈延宝七年（一六七九）の補作〉	一八八・〇センチ	一二四・五センチ
第二幅	妙法蓮華経方便品第二		一九二・五センチ	一二六・〇センチ
第三幅	妙法蓮華経譬喩品第三	嘉暦元季	一九〇・三センチ	一二六・三センチ
第四幅	妙法蓮華経信解品第四	嘉暦元季丙／刀歳九月十八日	一八九・五センチ	一二六・七センチ
第五幅	妙法蓮華経薬草喩品第五		一九一・〇センチ	一二七・〇センチ
第六幅	妙法蓮華経授記品第六	嘉暦元季□□四月晦日	一九〇・七センチ	一二六・五センチ
第七幅	妙法蓮華経化城喩品第七	嘉暦（元季カ）五月廿三日	一八八・五センチ	一二五・〇センチ
第八幅	妙法蓮華経五百弟子受記品第八	嘉暦元季丙寅十月廿六日	一九一・〇センチ	一二七・〇センチ
第九幅	妙法蓮華経授學無學人記品第九	嘉暦元季丙／刀歳十二月十八日	一九一・五センチ	一二七・一センチ
第十幅	妙法蓮華経法師品第十	于時嘉暦二季丁卯歳二月十三	一九〇・〇センチ	一二六・〇センチ
第十一幅	妙法蓮華経見寶塔品第十一	于時嘉暦二季丁卯歳六月三日	一九〇・五センチ	一二六・〇センチ
第十二幅	妙法蓮華経提婆達多品第十二	嘉暦二季丁卯歳七月廿一日	一八九・五センチ	一二七・〇センチ
第十三幅 合幅	妙法蓮華経勧持品第十三　安楽行品第十四	嘉暦二季丁卯歳九月十二日 畫工堪明	一九一・〇センチ	一二七・五センチ
第十四幅 合幅	妙法蓮華経従地涌出品第十五 妙法蓮華経如来寿量品第十六	嘉暦丁卯十一月十九日　□□□叟	一八八・五センチ	一二六・五センチ
第十五幅 合幅	妙法蓮華経分別功徳品第十七 妙法蓮華経随喜功徳品第十八	嘉暦三季戊／辰三月七一日	一九〇・六センチ	一二七・五センチ
第十六幅	妙法蓮華経法師功徳品第十九	嘉暦二季丁／卯十二月十八 □□堪明	一八九・三センチ	一二六・七センチ
第十七幅 合幅	妙法蓮華経如來神力品第廿 妙法蓮華経常不軽品第廿一	嘉暦二卯月廿六日	一九〇・七センチ	一二七・八センチ
第十八幅 合幅	（右）妙法蓮華経囑累品第二十二 （左）妙法蓮華経薬王菩薩本事品第二十三		一九一・二センチ	一二六・七センチ
第十九幅	妙法蓮華経妙音菩薩品第二十四	嘉暦第三戊辰抄（ママ）秋二日	一九一・〇センチ	一二六・六センチ
第二十幅	妙法蓮華経観世音菩薩普門品第二十五	嘉暦三季戊／辰十一月十二日 畫工堪□	一九二・五センチ	一二七・三センチ
第二十一幅	妙法蓮華経陀羅尼品第二十六		一九二・五センチ	一二七・二センチ
第二十二幅 合幅	（右）妙法蓮華經勸發品第二十八 （左）妙法蓮華経妙荘厳王本事品第二十七		一八九・七センチ	一二六・三センチ

『法華経』二十八品の内容を図解したもので、「変相図」と言うべきものである。絵巻物を大画面にちりばめた絵をイメージすればもっとも近いかもしれない。

三副一鋪の絹本著色、本紙各縦約一九〇センチメートル、横一六七センチメートルの巨幅が二十二幅一具という規模壮麗な作品である（**表1**参照）。『法華経』のみならず、『妙法蓮華経文句』等の注釈書、『維摩経』の内容をも描かれており、情報量が極めて多い。

富山市八尾《やつお》町《まち》宮腰《みやのこし》・本法寺（法華宗陣門流別院）が所蔵し、明治三十三年（一九〇〇）に旧国宝指定をうけ、昭和二十五年に重要文化財に改められた。画中年紀と様式的判断により、嘉暦元年から三年（一三二六〜二八年）の制作であることが知られており、鎌倉時代末期の掛幅画基準作でもある。第一幅のみは延宝七年（一六七九）の補作であるため、富山県指定文化財となっている。

昭和四十三年（一九六八）の修復の際に取り外された「古表具之裏書」（富山市指定文化財）によれば、明応六年（一五九七）、寛文十二年（一六七二）に修復が行われている。補作の第一幅を除く各幅に「勧進僧浄信」の記名がある。また、「画工堪明」「画工□叟」と読めたという銘文がある点でも貴重である。

本作には「海中出現」の伝承があり、来歴は不明である。ただし、本法寺の所有に帰して以降の史料には恵まれている。前出の「古表具之裏書」等の寺内史料のみならず、『政隣記』享保四年（一七一九）十一月十二日条や出開帳記録などの外部史料が存し、本作が本法寺の檀家のみならず、宗門、富山藩、江戸の庶民にも篤く崇敬されてきたことがわかる[1]。

また、本作を本尊として扱う風入法要という儀礼が、少なくとも明治三十五年（一九〇二）以前、おそらくは江戸時代後期から毎年定期的（現在は八月六日）に行われている点も貴重である。富山市・本修寺　田中靖隆師のご教示によれば、次第は以下の通りである。大衆入堂、衆来、三敬礼、初楽、導師入堂、勧請、妙経（長唱〜偈言）寿量品長行読誦（曼荼羅厨子御開帳・法要後の絵解きに用いる幅を本尊の前に奉安）、讃鈸、対揚（三段）、神訓（行道、散華）、自我偈（焼香）、唱題、唱題三遍、宝塔偈、後楽、導師退堂、衆来、大衆退堂。法要の後には、本堂において絵解きが行われる。

二、研究史

本作に関する近代以降の研究は、寺内の伝承や教学的アプローチによる著述、絵の解釈から始まった。本法寺から刊行された飯田日亮『法華経二十八品晝曼荼羅説明書』（一九〇〇年）、小松日期『本堂再建記念』（一九一八年）、本宮日顕『法華経曼荼羅絵図　全』（一九八一年）などがそれである。

また、国立博物館への展覧会出品に即しての美術史学的研究が、梅津次郎、河原由雄、梶谷亮治によって行われた（順に一九六〇年、一九八一年、一九九六年・一九九八年）。

ただ、制作主体・来歴に関して「海中出現」を脱した歴史学的研究を行ったのは久保尚文の研究（一九八四年）が濫觴と言ってよい。久保尚文は中世における本法寺の動向、戦国時代の日陣門流および菩提心院日覚について考究し、寺伝と本作の制作年代、「古表具之裏書」との齟齬についての問題提起を行った。

本作研究史において画期的であったのは、二〇〇四年に文化庁助成事業として富山県教育委員会が行ったデジタルアーカイブ事業により全幅の全図および四分割撮影が行われ、研究に提供されるようになったことである。本作はモニュメンタルな基準作で、旧国宝・重要文化財指定作として知られながら、知名度は高くない。それは、描かれた情報量が多く複雑であるため、高精細の画像資料が整備されていない状況では何が描かれているのかすらわからないという状況であったからである。

原口志津子はデジタルアーカイブ事業の画像を用いて、本作には『法華経』や『妙法蓮華経文句』等の注釈書のみならず、『維摩経』等の内容が描かれていることを明らかにした。また、制作主体は律僧であり、鎌倉時代末期の福泊島関係争に関わり、後に恩徳院長老となる浄信上人であると推測した。越中に移動する契機として、鎌倉時代の越中守護・名越氏の関与、あるいはより蓋然性の高い可能性としては室町幕府第十代将軍・足利義材を放生津に迎えた神保長誠の関与があることを示した（二〇〇四年、二〇一一年、二〇一四年、二〇一五年、二〇一六年)。

その後、太田昌子が二〇〇九年に、本作を詳細に分析し、大幅でありながら画面分節が細かく、一場面は絵巻サイズであることを指摘した。また、本井牧子は、二〇一三年に説話文学研究からのアプローチを行い、本作「提婆達多品」国王給仕の場面は、和文化された『法華経』経釈を反映していることを明らかにした。

太田昌子と原口志津子は「北陸の説話画」科研(基盤C二〇〇五~二〇〇八年度)において共同研究を行い、石崎誠和が描き起こし図を作成した。科研報告書には、石崎誠和により、作成手順と作成過程から得られた知見が提供された(本書に再録)。この間、佐野みどりを代表とする大型科研「中世寺社縁起絵の総合的研究」(基盤B二〇〇七~二〇〇九年度)、「大画面説話画の総合研究」(基盤A二〇一〇~二〇一四年度)において、大画面説話画研究が深化しており、原口志津子も分担者として参加することによって、本作研究にも寄与した。

本作の研究がさらに新しい段階に入ったのは、原口志津子が代表をつとめた「富山・本法寺蔵「法華経曼荼羅図」の総合的研究」科研(基盤B二〇一六~二〇一九年)において、学際的な研究班を組んだこと、高精細画像を撮影したことである。この科研の分担者は、荒井経、大原嘉豊、鴈野佳世子、小林知美、小林直樹、五月女晴恵、本井牧子である。小林直樹と本井牧子は仏教説話文学研究からのアプローチを行い、その他は美術史学研究からであるが、荒井経と鴈野佳世子は保存科学研究、日本画の実作者としての視点をも提供した。鴈野佳世子は、二〇二一年に実際の制作過程、絵師の分担状況に関する試論を発表した。

二〇二二年、瀬谷愛が「中世律宗絵画試論」において、律僧の差配による絵画制作の一例として本作をとりあげ、新しいフェーズを提供した。二〇二三年と二〇二四年には、松山充宏の担当した「海が支えた放生津幕府」展(射水市新湊博物館)、梅沢恵担当の「廃虚とイメージ」展(神奈川県立金澤文庫)、郷司泰仁担当の「法華経絵巻と千年の祈り」展(中之島香雪美術館)と本作出陳が相次いだ。

二〇二四年に法藏館より原口志津子編の大型図録『本法寺蔵法華経曼荼羅図——法華経をめぐるイメージの世界』が刊行され、科研で撮影した高精細画像を本の形で利用することができるようになった。さらに、限定的な公開とはなるが、赤外線写真も含めてデジタル画像が閲覧できるように準備が進められており、さらなる研究深化が期待される。

なお、二〇二〇年に、本作が後嵯峨上皇の意向により制作され、文永五年（一二六八）の上皇出家時には完成していたとし、嘉暦の年紀を捏造とする中哲裕の説が出された。ただし、これに対しては、鴈野佳世子が絵画様式の検討がなされていないことを指摘している。また同書の書評を書いた百橋明穂[2]は「論者のいう鎌倉移管についての具体的な文献や歴史的論証はない」「美術史学の立場からは、作品の図像解釈にはやや深読みが認められる」とすることから、中哲裕著書についての扱いは慎重を期するであろう。

三、本書の構成

最後に、本書の構成を紹介し、本序文を閉じることとしたい。

まず、史料学分野で室町時代を専門とする松山充宏と髙鳥廉が、「**Ⅰ本法寺本の伝来・史的位置づけ**」を担当した。本作が越中に所在することを確認できるのは「古表具之裏書」に言う明応六年（一四九七）であるが、その時期はまさしく室町幕府第十代将軍・足利義材（復位後は義尹、ついで義稙）（一四六六〜一五二三）が明応の政変後、放生津に滞在していた時期である。

松山充宏は「明応の政変と本法寺蔵「法華経曼荼羅図」」と題して、本作が本法寺に所蔵される背景を、放生津幕府と呼ばれる政権を現地で樹立していた足利義材の帰京に向けた和睦工作という高度に政治的な駆け引きが行われる中、越中・飛騨の国境管理を担う国人の齋藤氏を懐柔する策がとられたという側面から分析した。寄進という行為が信仰心と同時に示威や懐柔という政治でもあること、また幕末には本作の富山城下における臨時の開帳が藩主代替わりの際の佳例であり、「御国の例（霊）宝」として藩主のレガリア扱いされていたという指摘は興味深い。

髙鳥廉は「足利義材と五山派禅宗寺院の人事」と題し、明応政変前後の義材期と義稙期の宗教政策を比較した。それによれば、禅宗重視は共通するものの、義稙期の永正年間には日蓮宗寺院との接触事例も見られた。同時期の洛中における法華信仰の高まりの反映と見るべきかもしれないが、宗教的関心の変化の一つである。今後、本作との関わりについてより明確な新資料が出てくることを期待したい。

続く「**II本法寺本の美術史的位置づけ**」には、鴈野佳世子、小林知美、瀬谷愛、五月女晴恵の論考を収録している。

鴈野佳世子は「本法寺蔵「法華経曼荼羅図」に見る浄土のイメージ――宝樹を中心に」と題し、絵画表現を詳細に分析し、特に宝樹の表現に関しては経典見返絵や金地宝塔曼陀羅よりも、浄土図にイメージソースがあったのではないかと結論づけた。また、太田昌子の指摘したように各場面が独立して描かれることからも、工房内に高精度の下図、紙形を豊富に有し、主筆絵師・画工堪明と補助絵師・画工□叟および助手とがおおらかに分業して効率よく大画面多幅の大規模模作を完成したのではないかと分析した。

小林知美は「本法寺蔵「法華経曼荼羅図」と版本細字法華経――構図と図様の比較から」と題し、本法寺本の例えば第二十二幅の説法会衆の図が、鎌倉時代に律宗で重視されていた版本細字法華経見返絵の「王子覆講」を直接的に引用することを指摘した。その一方、第七幅の化城喩表現には、平安時代以来の図像的伝統がみられることを明らかにした。本法寺本には、日本化した法華経絵としての側面と将来宋画の反映が混淆するが、特に律宗で重視される版本細字法華経との関係を明確に指摘した点は注目すべきである。

瀬谷愛は「中世律宗絵画としての本法寺蔵「法華経曼荼羅図」」と題し、本法寺本も含め、律僧が差配した作品群の研究について新たな視点から研究を行った。勧進僧浄信の出自と本作の放生津への移動に関する原口の仮説に対してはいまだ実証的な批判がないため今後も史料学分野からの検討が待たれるが、本作が律僧の差配になることは、小林知美の論によっても裏付けられる。美術史学の王道である様式史のみでは理解しにくい作品の連関について律僧のネットワークを想定することによって、すでに瀬谷愛が進めているように注文主の確定、絵師の同定への道筋が示されるようになることが期待される。

五月女晴恵は「一遍聖絵」にみられる法華経経意絵的モチーフについて」と題し、「一遍聖絵」との詳細な比較を行った。二つの作品が師弟関係にある工房による制作とまではいえないが、先行研究の指摘するように類似性は認められるとした上で、「一遍聖絵」や「扇面法華経」の一見世俗的にみえる場面を法華経経意的であるとする解釈は画期的である。五月女がかつて「鳥獣人物戯画」の笠を背に跳ね落として逃げる猿のモティーフに常不軽菩薩の図像が利用されていることを喝破したこととあわせ有益な視点である。ただ、思想的な背景については今後様々な視点から検討を加える必要があろう。

原口志津子は、本作の提婆達多品に龍を啄む金翅鳥の図像が見られることに関連して、『海龍王経』の宝錦から龍女に連なる女人成仏の図像的系譜について考察した。また、一方で、韋駄天像や「十牛図」の騎牛帰家に似たモティーフ、七夕儀礼に関連する摩睺羅人形のようなモティーフや外来種の犬が描かれていることに注目し、絵師が新奇なモティーフの導入に積極的であることを指摘した。ただ、原口の指摘が、思想的問題なのか、絵師のレパートリーの問題なのかを厳密に区別してゆく必要があろう。

例えば、渡辺麻里子は二〇一九年九月十五日の「富山・本法寺蔵「法華経曼荼羅図」の総合的研究」科研研究会において、寺院社会における説話画制作のモデルとして、以下の四つを提示した。

1．経典からの享受——所依経典
2．学僧の世界における展開——論義、談義
3．学僧と文学の往来——説経、和歌
4．絵師の世界における享受——図像、粉本、絵手本

これらは複雑に入り組んで作品のなかに存在する。鴈野佳世子が実際の制作過程を綿密に考察した際に明らかにした高精度の下図、紙形の存在（4）は、所依経典や僧侶同士の硬質な議論や高い教養（1〜3）を超えて、いわば絵描きの論理を優先させる。高精細画像の利用が可能になった今こそ、これらを厳密に区分しつつ考察すべきであろう。

［Ⅲ説話の宝庫としての本法寺本］では、小林直樹と本井牧子が緻密な論考を寄せている。

小林直樹は「本法寺蔵「法華経曼荼羅図」薬草喩品第五における救済のモチーフ」と題し、まず、落馬する人物を含む一群と振り返る白象を一つの場面とし、湛然述『止観補行伝弘決』巻一之一を源泉とする罪人を殺害する酔象が『法華経』の功徳により馴化される内容の絵画化とみる。また、鹿と射手（武士）の場面は、原口の想定した九色鹿本生譚や鹿王本生譚ではなく、毘沙門天かとみられる天部の霊験により鹿も射手もともに救済される内容とする。いずれもが、殺生の被害者にも加害者にもなることはなく、両者がともに救済されるというメッセージが伝わり、太田昌子が「武士、狩人、そして女性といった本源的に罪深いとされていた存在に対して救済の道が開けている」と指摘した内容が正確にテクストと照応することを明らかにしてみせた。

本井牧子は「本法寺蔵「法華経曼荼羅図」における絵画化されるテクストの位相」と題し、本法寺本における絵画化が、「絵による入文解釈」とみることも可能なほど『法華経』に忠実に逐語的に描かれていることを指摘する。さらに、『草案集』や『花文集』などの経釈テクストと比較を行い、「講経の場における潤色された語りを彷彿とさせる」とする。本井牧子は、さらに敦煌の講唱体講経文にみられる潤色や東アジアの唱導文芸にも目を向け、本法寺本の語りの絵画化としての側面を明らかにする。本井牧子の解説により、本法寺本が語りの音声を発するかのようにすら感じられる。

いずれも、説話文学のエキスパートが本作の高精細画像に接して、美術史家以上に正確なディスクリプションを行い、文献を博捜することによって明らかになったものである。説話の宝庫である本法寺本に対し、このような試みが続くことを期待したい。

そして、本書の末尾には、二〇〇九年に作成した石崎誠和の「本法寺蔵「法華経曼荼羅図」描き起こし図作成レポート」を配した。当時、博士後期課程在学の学生であった石崎は、本作の構造を把握し、細部を克明に見、厖大な線から描き起こす線を選択するという困難を克服して描き起こし図を完成した。石崎の選んだ線により、絵画の構造が明快になった。この描き起こし図がなければ、図像の特定や研究の進展はありえなかっただろう。本稿は、描き起こしのプロセスを示すとともに、日本画科が、本作の時間的展開や遠近に関して、どのような気づきがあったのかが示される貴重なテクストである。本稿は、科研報告書よりの再録だが、掲載書の性格上入手困難であるために、重要な知見が埋もれてしまうことが惜しまれたためにここに収載した。

本書が、今後、美術史のみならず、鎌倉時代末期の歴史学研究、宗教史研究、文学研究など多くの分野に資することを望みたい。

注

（1）これらの史料については二〇一六年拙著第一部第二章・第三部、および本書・松山充宏論文を参照されたい。なお中哲裕『法華経曼荼羅図の研究——制作者と伝承を担った人々』（春秋社、二〇二〇年）三五四〜三五六頁には、本作を所有していたとする某家の主張をとりあげ、「曼荼羅の所属については、戦時中、係争があったが、最終的には本法寺に贈与することになった」「寄付であることを明記することが条件」と記すが全くの史実無視である。

（2）百橋明穂「［書評］中哲裕著『法華経曼荼羅の研究　制作者と伝承を担った人々』」（『國語と國文学』九九巻三号、二〇二二年）

本法寺蔵「法華経曼荼羅図」に関する参考文献

①板行　本法寺智光院日遙「海中出現法華経廿八品圖貌略縁起　越中國本法寺」（一七六二年）
②白念坊如電「法華経二十八品の曼陀羅を観て（漫録）」（東洋絵画會事務所『絵画叢誌』第一五三巻、一八九九年）
③飯田日亮『法華経二十八品畫曼荼羅説明書』（長松山本法寺、一九〇〇年）
④松日期「本堂再建事業経過」「長松山沿革」「国宝曼荼羅縁起及説明」（『本堂再建記念』一九一八年）
⑤瀧精一監修『日本古美術案内』（丙午出版社、一九三一年）上巻四三四頁
⑥中坪久一「本法寺曼荼羅について」（『富山教育』二二〇号、一九三一年）
⑦梅津次郎「図版解説19〜22」（京都国立博物館編『日本の説話畫』便利堂、一九六〇年）
⑧「法華経二十八品曼荼羅図大要」（『八尾町史』、一九六七年）
⑨宮次男『金字宝塔曼陀羅』「金字宝塔曼陀羅三本の性格」（吉川弘文館、一九七六年）四二頁
⑩佐藤清賢「越中斉藤氏と本法寺　本法寺縁起と法華経絵曼陀羅」（『日導上人の八重襷歌』雁思社、一九八一年）
⑪本宮日顕『法華経曼荼羅繪図　全』（長松山本法寺、一九八一年）

⑫河原由雄「法華経変相図（絵解き）」（倉田文作・田村芳朗監修『法華経の美術』佼正出版社、一九八一年）
⑬遠藤幸一「法華経曼荼羅解説」（『富山県史』通史編Ⅱ、一九八四年）一二〇四―一二一四頁
⑭赤井達郎『絵解きの系譜』（教育社、一九八九年）三三九―三四〇頁
⑮久保尚文『越中における中世信仰史の研究』（桂書房、一九八四年、増補版一九九一年）五三―八〇頁
⑯原口志津子「本法寺蔵法華経曼荼羅図研究（序）」（『富山県立大学紀要』第二巻、一九九二年）
⑰梶谷亮治「我が国における仏教説話の展開」（奈良国立博物館編『仏教説話の美術』思文閣、一九九六年）
⑱梶谷亮治「法華経見返絵の展開」（奈良国立博物館編『法華経』、一九九八年）
⑲大角修『図説法華経大全』（学習研究社、二〇〇一年）
⑳東京国立博物館『大日蓮展』図録（二〇〇三年）図版六九、解説二三六頁
㉑原口志津子「富山・本法寺蔵『法華経曼荼羅』の図像解釈と勧進僧浄信」（『京都美学美術史学』三号、二〇〇四年）
㉒原口志津子「八尾・本法寺蔵『法華経曼荼羅』の伝来に関する新知見」（『富山県立大学研究紀要』第十四巻、二〇〇四年）
㉓久保尚文『越中富山山野川湊の中世史』（桂書房、二〇〇八年）三六三―四〇三頁
㉔京都国立博物館『日蓮と法華の名宝』展図録（二〇〇九年）図版一七、解説二四〇頁
㉕太田昌子「絵の読み方」（岩波書店『文学　特集＝語りかける絵画――イメージ・テクスト・メディア』第十巻第五号、二〇〇九年）
㉖太田昌子「本法寺の法華経曼荼羅を読み解く――巨大掛幅のなかで共鳴し合う礼拝像と物語場面」（金沢美術工芸大学芸術学研究室『芸術学学報』第十七号、二〇一一年）
㉗原口志津子「本法寺蔵『法華経曼荼羅』にみる掛幅説話絵の論理」（佐野みどり・新川哲雄・藤原重雄編『中世絵画のマトリックス』（青簡舎、二〇一一年）
㉘松山充宏「史料紹介　本法寺『絹本著色法華曼荼羅図』裏書」（富山市教育委員会『日本海文化研究』、二〇一二年）
㉙本井牧子「『釈迦の本地』とその淵源――『法華経』の仙人給仕をめぐる」（石川透編『中世文学隣接諸学9　中世の物語と絵画』）（竹林舎、二〇一三年）
㉚原口志津子「本法寺蔵『法華経曼荼羅』における阿難と羅睺羅の図像――舎利信仰と出家者」（『富山県立大学研究紀要』第二十三巻、二〇一三年）
㉛原口志津子「本法寺所蔵『法華経曼荼羅』と女性の信仰――芹を摘む女と変成男子」（佐野みどり・加須屋誠・藤原重雄編『中世絵画のマトリックスⅡ』青簡舎、二〇一四年）
㉜原口志津子「幻の庭園――本法寺蔵『法華経曼荼羅』化城喩品を例として」（白幡洋三郎編『「作庭記」と日本の庭園』

思文閣出版、二〇一四年）

㉝大原嘉豊「【概論】法華の絵曼荼羅」（川添昭二・中尾堯・渡辺宝陽・坂輪宣敬監修『日蓮聖人と法華の至宝：図説』第五巻、同朋社新社、二〇一五年）

㉞原口志津子『富山・本法寺蔵「法華経曼荼羅図」の研究』（法藏館、二〇一六年）

㉟原口志津子「長松山本法寺蔵「法華経曼荼羅図」に見る前代からの継承と新奇性」（浅田徹編『アジア遊学　日本化する法華経』（勉誠出版、二〇一六年）

㊱原口志津子「長松山本法寺蔵「法華経曼荼羅図」と「二河白道図」」（『日本宗教文化史研究』二一巻、二〇一七年）

㊲原口志津子「法華経と仏伝――富山市・本法寺蔵「法華経曼荼羅図」と仏伝」（小峯和明編『東アジアの仏伝文学』勉誠出版、二〇一七年）

㊳奈良大学博物館『富山市・長松山本法寺蔵　法華経曼荼羅図の世界――描かれたくらし』（二〇二〇年）

㊴中哲裕『法華経曼荼羅の研究：制作者と伝承を担った人々』（春秋社、二〇二一年）

㊵鴈野佳世子「本法寺蔵《法華経曼荼羅図》の絵師に関する試論」（『仏教芸術』第七号、二〇二一年）

㊶瀬谷愛「中世律宗絵画試論」（『東京国立博物館紀要』第五七号、二〇二二年）

㊷射水市新湊博物館「海が支えた放生津幕府――明応の政変と足利義材」（二〇二三年）

https://shinminato-museum.jp/exhibitions/past/page/2/（二〇二五年一月二十三日閲覧）

㊸神奈川県立金沢文庫「廃虚とイメージ」展図録（二〇二三年）

㊹中之島香雪美術館『法華経絵巻と千年の祈り』（二〇二四年）

㊺奈良大学博物館『富山市・長松山本法寺蔵「法華経曼荼羅図」の世界II――描かれたものがたり』（二〇二三年）

㊻原口志津子『本法寺蔵法華経曼荼羅図――法華経をめぐるイメージの世界』（法藏館、二〇二四年）

㊼松山充宏「中世寺院の由緒と宝物縁起」（『富山史壇』二〇五号、二〇二四年）

明応の政変と本法寺蔵「法華経曼荼羅図」

松山充宏

明応二年（一四九三）「明応の政変」によって、室町幕府十代将軍足利義材は越中へ動座し、同国射水郡・婦負郡守護代神保長誠の支援を受けた。ここに室町幕府は京都と越中に分裂した。本論文は義材の帰京運動の一環として、長誠が越中・飛騨国境を守る国人斎藤氏の歓心を買うためにその菩提寺である本法寺へ本法寺本を寄進したと分析する。

はじめに

日本の中世以前に製作された仏教美術作品のうち、大型の彫像や絵画の製作、寄進、保存については、当時の公権力と関わりを持つ事例が多い。中には製作・寄進地から様々な事情や理由によって他所へ移入された結果、現存している場合もある。今回は、鎌倉時代末に畿内周辺で製作され、室町時代に越中の法華宗寺院である本法寺（富山市八尾町宮腰）へ納められたとされる絹本著色法華経曼荼羅図（国指定重要文化財）の移入経緯について、畿内及び北陸・東海地域の情勢を分析することで浮かび上がらせる試みである。

一、研究史と課題

（1）研究史の整理

本法寺の絹本著色法華経曼荼羅図（以下「法華経曼荼羅図」と略称する）入手の経緯を示す基本史料は、寛文十二年（一六七二）に法華経曼荼羅図の紙背に記された墨書裏書である。

【史料一】法華経曼荼羅図裏書（第二十二幅）[1]

まつやま・みつひろ——射水市新湊博物館学芸係長（元富山大学人文学部・芸術文化学部及び金沢美術工芸大学非常勤講師）。専門は日本中世史。主な著書に『桃井直常とその一族』（中世武士選書、戎光祥出版、二〇二三年）、論文に「中世越中の湊と水上流通」（中世都市研究会編『日本海交易と都市』山川出版社、二〇一六年）、「畠山氏の領国支配と寺院」（稲葉伸道編『中世寺社と国家・地域・宗教』法藏館、二〇一七年）などがある。

古表具之裏書
明應第六丁巳伍月廿一日
越中婦負郡楡原保内本法寺常住也
法印日順

日逞注曰
此法華経壹部廿八品之繪像者、厥人王一百四代後土御門（院）脱カ御宇、明応年中自海底上、其時代當国富山城主従神保若狭守殿、当寺先住日順法印寄與之、爾已来歴一百七十餘歳、以故繪像表具皆悉破損、依之代代之住持雖有修治願而無其力矣、爰當国富山城主松平淡路大守利次（前田）尊君、萬治年中有御披見、忽発欽仰之志、欲厳飾之、自爾至寛文年中始終十三箇年之間都合廿一幅修成、之加焉山林田畠等寄附之給畢、寔是善根無量福徳無限、於茲我願既満衆檀望足焉、然者、則當寺歴代之住持、為利次尊君武運長久、毎朝勤行刻御祈祷一座宛永代可相勤者也、
伏冀
利次尊君、武運長久・家門安寧・国中快楽・伽藍昌盛、衆檀繁栄、至祝至祷、至祷至祝、
表具師
松平淡路守尊君御家禮松井庄右衛門宗有令表具畢、数年細工之砌及拝見、忽発宗門改転志、頂大乗妙典、成當寺檀那與信之、信力堅固之志願記茲矣
于時寛文拾弐壬子暦五月廿一日
越中国婦負郡楡原保内黒瀬谷
長松山本法寺常住
十二世住持 智詮院 敬書
日逞（花押）

【史料一】は本法寺住職の日逞が記した修理裏書で、その要旨は次のとおりである。

①修理前の表装の裏書に「明應六年（一四九七）五月二十一日に越中国婦負郡楡原保の本法寺の所有となった。時の住職である日順がこれを記した」と書かれていた。
②法華経曼荼羅図二十二幅は後土御門天皇の御代である明応年間（一四九二～一五〇一）に海底から出現し、そのころの富山城主である神保若狭守が本法寺日順のもとへ寄進した。
③寄進後一七〇年近くを経て損傷が著しい状態となっていた。
④万治年間（一六五八～六一）、富山城主（富山藩主）前田利次が法華経曼荼羅図を披見し、崇敬して寛文年間（一六六一～七三）に十三年かけて修理させた。合わせて本法

寺へ寺領を寄付した。

右記の【史料一】要旨のうち、②は寛文年間における法華経曼荼羅図に関する寺内伝承をまとめたものとみられる。まずこの伝承を史実と照合したい。寄進者とされる神保氏は、室町時代に本法寺がある越中国婦負郡の守護代を務めた家である。しかし明応年間前後で神保氏に若狭守を官途とする者はいない。この神保氏は婦負郡の北西にある越中国射水郡も守護代として管理していた。神保氏の本拠は、富山湾に面した射水郡の港湾都市である放生津（富山県射水市）にあり、明応年間の放生津神保氏当主である神保長誠は越前守を称していた。また②に見える法華経曼荼羅図出現地の「海底」は、本法寺が法華経曼荼羅図の出開帳を後年行った際に作成した縁起においてすべて放生津の海底とする点で一致している。(2)また神保氏の居城とされた富山城は、天文十二年（一五四三）ごろに放生津神保氏が築城したとみられていて、明応年間に存在していなかった。本法寺は住職が世襲をしない法華宗陣門流の寺院である。要旨②の叙述は、放生津城の神保氏が富山城を築城して本拠を移したという後世の史実が、寺内伝承に混乱が生じさせ、寛文十二年の修理裏書に反映されたとみられる。

次に、【史料一】や本法寺所蔵文書の先行研究者である原口志津子(3)と久保尚文(4)は、法華経曼荼羅図に関する基本情報を次のとおり抽出している。

- 法華経曼荼羅図は嘉暦元～同三年（一三二六～二八）にかけて僧浄信の勧進によって製作された。
- 寄進者は越中守護代の神保長誠である。
- 神保氏が本法寺へ納めた時期は、十五世紀第四四半世紀とみられる。

法華経曼荼羅図の中央最下部に、「勧進僧浄信」の墨書がある。僧浄信は、鎌倉時代末から南北朝時代にかけて京都一条堀川にあった恩徳院（一条戻橋寺）に止住した僧侶と推測される。そのため法華経曼荼羅図も畿内周辺で製作されたとみられている。【史料一】に見える海底出現伝承は、法華経曼荼羅図が京都周辺から海路で放生津に運ばれた事実を神秘化したものであろう。「法華経」提婆達多品第十二では、海底の竜宮に住む龍王の娘が八歳で成仏したと説き、女性の成仏の証拠として称揚されていた。

法華経曼荼羅図の寄進者とされる神保氏は、室町時代に越中の守護を世襲した畠山氏の被官（家臣）である。本論文の説明の上で不可欠であるため、ここで室町時代の越中の領域区分と支配体制について詳述したい。越中国は北西から国府・守護所がある射水郡、その南にあたる砺波郡、中央部に当たる婦負郡、そして東部の新川郡に分かれていた。神保氏は、射水郡・婦負郡のほか、富士山・白山と並ぶ日本三霊山とされた新川郡の立山を特別に管理する立場にあり(5)、新川郡守護代の椎名氏、砺波郡守護代の遊佐氏より上の地位にあったとみられる。

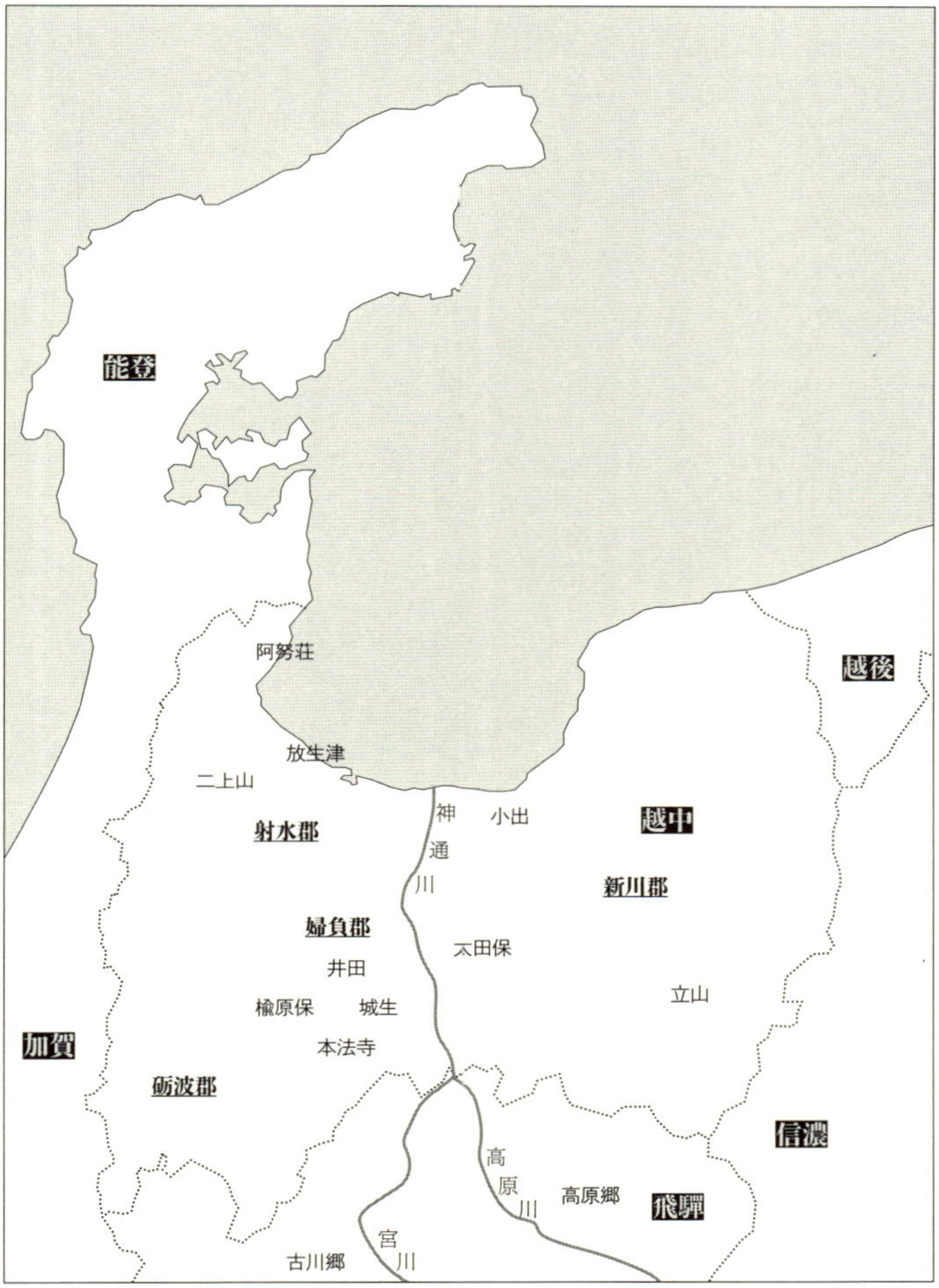

図1　明応年間の越中周辺地図

（2）研究史の課題

前項で法華経曼荼羅図の移入経緯に関する先学の整理を概説したが、積み残された課題もある。その中でも筆者が注目している点は、神保氏が本法寺へ法華経曼荼羅図を寄進した理由である。寄進理由は【史料一】に示されていない。

法華経曼荼羅図は最大のもので高さ一九二センチメートル、同じく軸先の幅は一三六センチメートルに及ぶ大型の掛け軸が二十二幅で一組を構成している(6)。この大規模な仏教絵画群の寄進理由について、原口志津子は神保氏の祈念に基づく行為であるとする。その願意は、明応二年（一四九三）に京都で起きた室町幕府の内紛である「明応の政変」を契機に、神保氏の本拠である放生津へ動座した室町幕府十代将軍足利義材の京都復帰を願うものであったとする(7)。

原口の主張は神保氏の宗教行為を重視するものである。

原口の指摘とは別に、改めて考えなければならない課題もある。第一点は神保氏の仏門に対する帰向性である。神保氏は、放生津の西にある射水郡二上山にあったという光厳寺（曹洞宗、現在は富山市に移転）に一族の子弟を住職として入寺させるなど、深く帰依していた(8)。第二点は守護権力下における本法寺の位置づけである。本法寺は南北朝・室町時代を通じて室町幕府や守護畠山家の祈願所という指定を受けていない。また神保氏が本法寺へ制札を発し、または寺領を寄進したとする記録もない。一方で、明応年間の本法寺は神保氏ではない有力な庇護者を有していた。この庇護者こそ、楡原保の国人（在地武士）であった斎藤氏である(9)。詳細は後述するが、斎藤氏は南北朝時代に室町幕府から楡原保を与えられた武士で、守護権力から独立した領主勢力として存在していた。

このように明応年間の本法寺を取り巻く世俗環境を考えると、庇護者である斎藤氏の存在を考慮せずに守護代神保氏が法華経曼荼羅図を寄進することは考えにくい。よって、本論文は神保氏による寄進伝承が成立した経緯について再検討し、法華経曼荼羅図が本法寺の所有となった理由を改めて考えたい。そのため、明応年間の越中及び楡原保の南端に国境を接する飛騨を舞台に、本項で登場した守護代神保長誠、婦負郡の国人である斎藤氏、そして放生津に在った将軍足利義材とその周囲の人々の動向を次章から探ることとする。

二、足利義材と神保長誠

（1）越中守護代神保長誠

まず本論の登場人物である神保長誠と足利義材、そして両者を結びつけた明応の政変について、前後の経緯と展開を整理したい。

南北朝時代の康暦二年（一三八〇）頃、越中守護に足利一門の畠山基国が補任された。畠山家は越中・紀伊・河内・能登を守護領国とした。基国の子の世代になると、幕府管領を務めた兄の畠山満家が越中・紀伊・河内守護、弟である畠山満慶が能登守護となり、その子孫が以後世襲した。満家系の畠山家は将軍を支える幕府管領を輩出する家として在京が求められていた。そのため前述したとおり畠山家は越中に被官の神保氏、遊佐氏、椎名氏を守護代として配置し、神保氏が射水郡及び婦負郡を管理した。放生津に入った神保氏初代とされる神保国宗の入国は、永享七年（一四三五）以前と推定される(10)。

長禄三年（一四五九）以後、管領・越中守護を務めた畠山持国（満家の子）の後継者を巡って畠山政長（持国の甥）と畠山義就（持国の庶子）が争い始めた。文正二年（一四六七）正月、両者の対立は頂点に達した。政長は、側近である越中守護代の神保長誠に勧められ、京都の御霊林（上御霊神社）に立てこもった。義就方は政長を攻め、政長・長誠は京都から没落した。この御霊林合戦は、このあと十一年続く応仁の乱の初戦とされている。

　神保長誠は国宗の後継者で、宗右衛門尉、次いで越前守を称し、放生津を流れる内川のそばにある放生津城に住み、京都と越中を往復していたようだ。放生津城は鎌倉時代以来の越中守護所を引き継いだ平城であり、越中西部の産物が河川交通で集まる放生津潟から唯一富山湾へ延びる内川の水源にあたる場所にあった。内川周辺は、富山湾海上交通、また河川交通、そして富山湾沿いに伸びて東西日本を結ぶ越中浜街道が交差する要衝でもあった。この放生津を管理することで、神保氏は多くの富を得ていたようだ(11)。

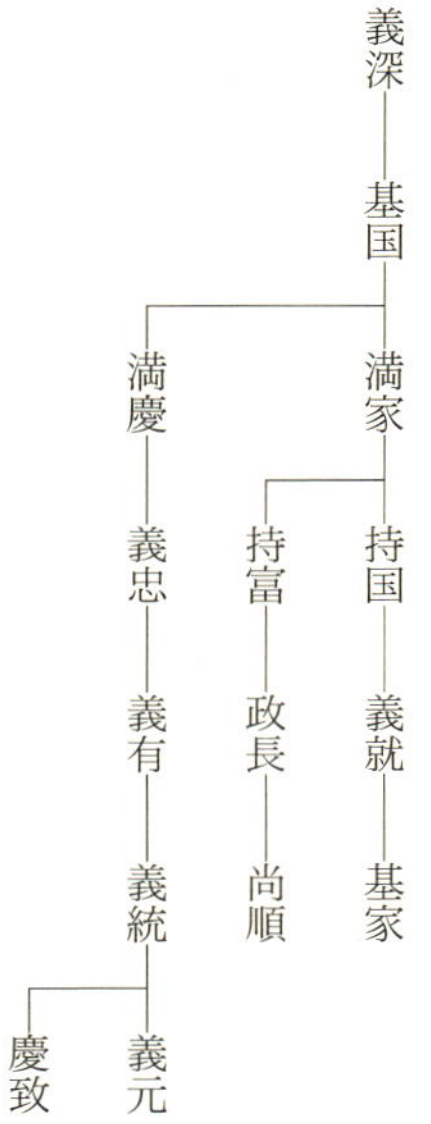

図2　畠山氏系図

（2）室町幕府将軍足利義材

　応仁の乱は、越中守護畠山家の家督争いに八代将軍足利義政の後継争いが加わって規模が拡大する。寛正五年（一四六四）義政は僧となっていた弟の足利義視を還俗させ、将軍後継者が最初に与えられる官位である従五位下・左馬頭に任じられるように取り計らった。翌年、義政と正室日野富子の間に足利義尚が生まれた。その後、幕府の重臣らと対立した義視は立場を失い、文明九年（一四七七）嫡子の足利義材とともに京都を離れ、美濃守護土岐成頼のもとへ向かった。義材は文正元年（一四六六）義視と日野良子（日野富子の妹）の間に生まれてい

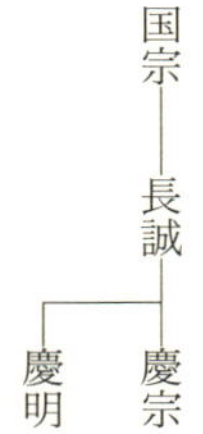

図3　神保氏系図

図4　神保長誠像（富山市婦中町富崎、本覚寺蔵）

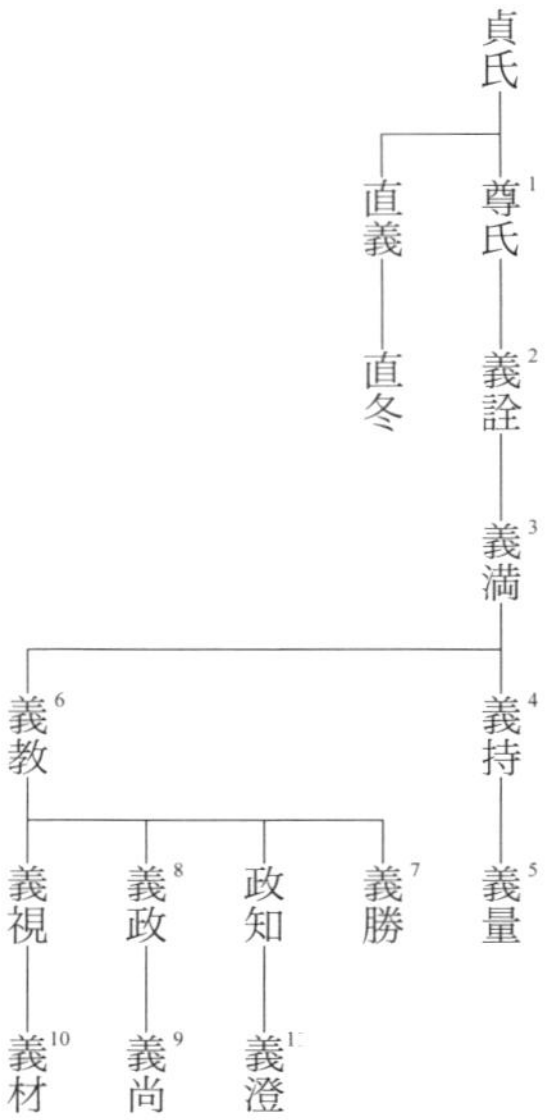

図5　室町幕府将軍足利氏系図（数字は将軍継承順）

て、義政・富子夫妻はともに伯父母にあたる。長享元年（一四八七）義材は元服し、九代将軍となっていた従兄弟の義尚の猶子となった。そして義尚の奏請により、朝廷は義材を従五位下・左馬頭としている。これは実子がいなかった義尚の後継者候補に義材が挙げられていたことを示す。長享三年（一四八九）に義尚が没したため、義視・義材父子は将軍候補に名乗りをあげるため美濃から帰京した。義視は富子や幕府関係者との調整を進め、義材が将軍の後継者になることが定められた。なお、義材は越前に在国していた明応八年（一四九九）に名を義尹と改め、また在京中の永正十年（一五一三）に義植と改名するが、ここでは越中在国期間に一貫して使用した義材で統一する。

（3）明応の政変

延徳二年（一四九〇）正月に義政が没したことで、義材は正式に将軍家の家督を継承し、同年七月に後土御門天皇から将軍宣下を受けた。ところが、応仁の乱のときの義視の行動や人間関係の齟齬を背景として、幕府内部に義視の子である義材の将軍就任に反対する勢力があった。その代表は幕府の財政を握る政所執事であった伊勢貞宗と、応仁の乱を通じて在京して幕府を支えていた最有力大名である細川政元である。翌延徳三年正月に義視が没した後も、貞宗や政元は引き続き義材の政務に非協力の姿勢を続けた。義材はこれに対抗する方策として、細川家と同じ管領を輩出する家柄であった畠山政長から支持を取り付けようとした。政長は幕府に復帰していたものの、畠山基家（義就の子）と河内で争いを続けていた。

明応二年（一四九三）二月、義材は政長の求めに応じ、諸大名や将軍に仕える直臣団を率いて出陣した。しかし貞宗・政元は政長と結び付きを強める義材の思惑に気づかないはずもなかった。同年四月二十二日、京都で貞宗・政元は天龍寺香厳院の清晃喝食（義材の従兄弟、後の十一代将軍足利義澄）を擁立して義材に代えることとし、義材の関係者の邸宅を破却する反乱を起こしたのである。貞宗は河内出陣中の将士に帰京を求める書状を送り、これに応じて大名や将軍直臣の多くが退却して京へ帰っていった。この反乱には、義材の将軍就任後に義視・義材との関係が悪化していた日野富子も深く関与していたとされる。義材の周囲には政長派の畠山一門と一部の将軍直臣の軍勢が残ったものの衆寡敵せず、閏四月二十五日に政長は子の畠山尚順を紀伊に逃して自害し、義材は細川方に投降した。この事件は年号を採って「明応の政変」と呼ばれている。

（4）義材の越中動座と「放生津幕府」

京都に護送された義材は、細川家の菩提寺である龍安寺に幽閉された。ここで日野富子が首謀者とみられる義材毒殺が謀られたため、一命を取り留めた義材は細川家被官の上原元秀の家へ移された。そして六月二十九日の暴風雨の夜、義材は側近の種村氏らの手引きで上原の家から脱出し、近江から美濃、そしておそらく飛騨を経て越中に走り、七月初めに放生津へ入ったのである。放生津城主の神保長誠は同年正月に中風（脳卒中カ）となり、花押も書けない体調であったため、故畠山政長の河内出陣に従軍していなかった。

【史料二】『大乗院寺社雑事記』明応二年条

廿六日（七月） 雨下、
一、（中略）公方（足利義材）越中国正光寺ニ御座、近国皆以奉随了、能登守護畠山（義統）大夫参申、越前国朝倉（貞景）参申、越後国上杉（房定）参申、加賀国守護トカセ（富樫泰高）参申、

十二日（八月）
一、（中略）将軍（足利義材）御所ハ越中ニ御座、七月一日ニ江州ニ御下向、自其越中御下向也、其後能登国守護参申、加賀国同参申、越後上杉以代官申入之、武田（元信）ハ細川（政元）与申合事在之、自身ハ京都ニ可罷上、若狭一国事ハ御上洛ニ可被召具之由申入之、近々各仰天云々、近習者七十人計ハ参申了、所々御内書以下被遣之、大内（政弘）方へ被仰遣事在之、御返事ハ不承及、罷上云々、

長誠は義材の越中動座を事前に把握していなかったが、放生津城の近くにあった正光寺（光正寺カ）を将軍御所に改装して迎え入れた。義材の越中動座が京都に伝わると、幕府内部の義視・義材派の直臣らおよそ七十人が越中へ走り、義材の下へ出仕した。こうした人々の宿所を整備するため、長誠は放生津城周辺の都市再開発にも乗り出したとみられている(12)。また北陸地方の越後守護上杉房定、能登守護畠山義統、京都の幕府から加賀守護職を解任されたばかりの富樫泰高、越前の朝倉貞景らが本人または使者を派遣して公式の挨拶である「御礼」を遂げ、協力を申し出た(13)。

ここに室町幕府の公権は京都と越中に分裂し、この後一世

図6　足利義材像（富山県射水市立町　放生津橋）

紀近く続く戦国争乱激化の契機となったのである。

義材は放生津でも将軍が花押を書く御内書、奉行人が発給する奉行人奉書や禁制を発出した(14)。義材の政治意思が及ぶ範囲は広くなかったものの、放生津の義材は「御威勢」があると畿内でも喧伝されていた(15)。一方の京都の幕府の求心力は低く(16)、後土御門天皇は義材支持の姿勢を示していた(17)。

久保尚文は、放生津の義材のもとへ集まった人々が義材の権力を支えていた組織を幕府的支配機構と捉え(18)、富田正弘は越中幕府ともいうべき様相を呈したと評価した(19)。近年では、応仁の乱後の足利将軍やその関係者が各地で作った政権と同じく、所在地名を採った「放生津幕府」という呼称も見える(20)。森成史が説くように、京都から遠く離れた「放生津幕府」の現出は、すでに幕府の要件の中に将軍の在京が含まれない事実を露呈させ(21)、丸山裕之はこうした足利将軍及びその関係者が京都の外で構成した政権について「地方幕府」という定義を提唱している(22)。

（5）「放生津幕府」内部の相克

義材と「放生津幕府」の第一目標は、義材の帰京と幕府公権の統一である。その方策として交渉に基づく和睦論と、討伐による主戦論があった。

放生津の幕府はまず主戦論に傾き、明応三年（一四九四）九月に神保長誠のいる放生津城に武家御幡が掲げられた(23)。武家御幡は正当な幕府の軍勢であることを示す旗である(24)。ところが義材に協力を約束した北陸周辺の大名はそれぞれに事情を抱えて動きが鈍く(25)、また義材から協力を求められて支持を打ち出した西日本の諸大名は遠距離であるため、その行動に即応性が無いといった困難が立ちはだかった。

求心力の無い京都の幕府側と軍事行動に支障がある放生津の幕府側がそれぞれ打開策を見いだせない中、神保長誠や義材に仕える外様衆（上級の将軍直臣）の吉見義隆らは、京都の細川政元との間に和睦を模索するようになる(26)。

ここまで、法華経曼荼羅図を奉納したとされる神保長誠、足利義材の経歴、また明応の政変の経緯とその後の展開について近年の研究動向に基づき概説した。次に、法華経曼荼羅図を受領した側である本法寺を保護していた斎藤氏について整理しよう。

三、国境を守る国人　斎藤氏

(1) 斎藤氏の楡原保支配

中世本法寺の庇護者は、楡原保を支配していた斎藤氏である。まず斎藤氏の楡原保領有の経緯を史料から整理したい。

【史料三】足利義詮御判御教書案（富山市　聞名寺文書）

判（足利義詮）

斎藤左衛門大夫入道常喜申、越中国楡原保事、早退小井手一族并甕信濃守等押妨、任御下文之旨、可沙汰常喜於下地之状、如件

貞治六年二月五日

桃井修理大夫（桃井直信）

【史料四】応永二十一年カ　斎藤国則訴状案（京都市　仁和寺文書）

斎藤次郎右衛門尉国則謹言上

欲早被停止小河殿（足利満詮）御代官非分押領、任代々知行蒙御成敗、越中国楡原保内猪谷・菅寺村事

副進

一巻　御下文并安堵御教書

一通　当御代安堵御判

右於当保者、去文和年中仁為勲功之賞、曽祖父左衛門大夫入道常喜拝領之、領知無其煩之処、御代官称窪寺参河守之跡押領之条、歎存者也、御料所ハ射水郡阿努中村窪寺三河守跡、此村々、猪谷者甕庶子分相伝、窪寺信濃小次郎跡、菅寺者甕十郎跡、共以為婦負郡楡原内、老父栄喜及至徳三年知行無相違之上者、非窪寺三河守庶子、仍其時分歎申之間、為阿努内歟、為楡原保内歟、御紀明之処、守護・国人皆以可為贔屓之由、御代官被支申之間、帯近国加賀・越後守護、雖被尋御教書、不注申之間、含愁訴者也、所詮重預御紀明、蒙理運之御下知、如元為知行、粗言上如件、

【史料三・四】によれば、南北朝時代の文和年間（一三五二～五六）、室町幕府は斎藤左衛門大夫入道常喜に勲功の賞として楡原保を給付した。勲功とは、これに先立つ観応元年（一三五〇）から三年にわたって続いた室町幕府の内紛である観応の擾乱に伴うものであろう。

観応の擾乱は、将軍足利尊氏とその弟である足利直義が対立し、各国の守護や武士も尊氏派と直義派に分かれて争乱を繰り広げた。越中守護の桃井直常は直義派の最有力武将で、

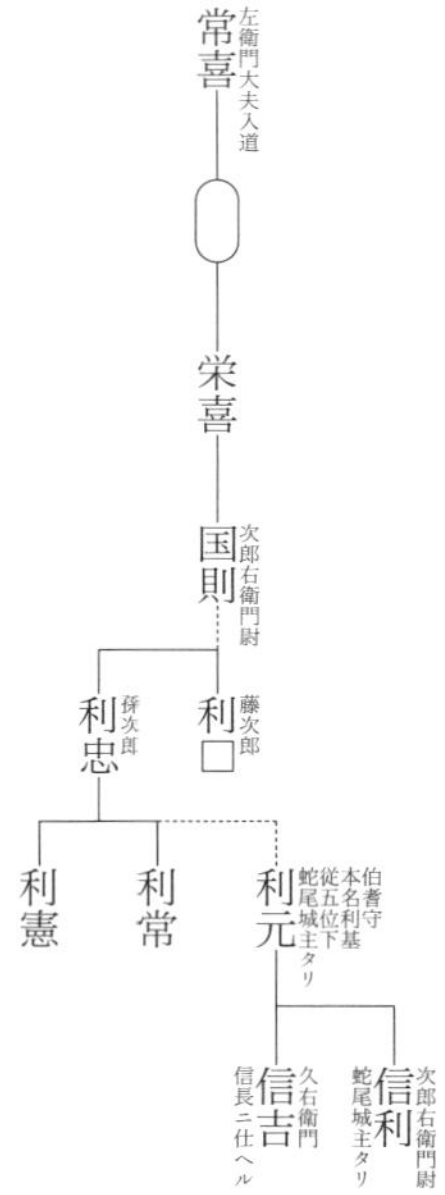

図7　楡原斎藤氏系図（『細入村史』久保尚文作成）

越中の多くの国人が桃井方として行動した。しかしこの擾乱は尊氏派が勝利したため、越中の多くの国人は所領を奪われ、領主がいない闕所地が多く生じた。(27) 本法寺の所在地として【史料一】に見える婦負郡楡原保もその一つである。楡原保は、越中の中央を南から北へ流れる神通川の上流部左岸に位置して、飛騨と国境を接する山間の地にあたる。楡原保の旧領主である小井手氏は、神通川河口の東、越中の北に接する富山湾にも近い新川郡小出（富山市水橋小出）を苗字の地とし、水運・海運にも関わることができる家であった。また小井手氏は神通川中流域の右岸に面した新川郡太田保の領主であった太田氏の庶流とみられている。(28)

神通川の水源は飛騨の西を流れる宮川と、東を流れる高原川である。二つの川が合流する場所から下流が神通川であり、合流位置が飛騨と越中の国境である。また宮川沿いに越中西街道が、また高原川に沿って越中東街道があり、それぞれ神通川の左岸、右岸へ続いていた。

楡原に入った斎藤氏の出自は、その子孫で徳川家康に仕えた斎藤利基の系図情報がある。利基は「藤原氏　利仁流　斎藤　今の呈譜に利基は越前権介為頼が十代掃部允利尚が男、掃部助利章が七代の孫なりといふ」とされている。(29)

斎藤利尚の祖父である斎藤利行は、鎌倉時代末の六波羅探題奉行人であり、娘婿に美濃の土岐頼員（頼兼）を迎えていて、美濃土岐氏との接点が生じている。(30)

利行の周辺で「左衛門大夫」と称された人物を探すと、利行の甥である斎藤利泰が該当する。初期室町幕府の奉行人であった斎藤利泰は足利直義の側近として活動し、幕府評定衆に列した。しかし観応の擾乱の際、観応二年（一三五一）三月に京都で刺客に襲われて死去している。「左衛門大夫」という官職から見て、楡原斎藤氏が利泰の子孫という可能性もある。久保尚文の整理によれば、楡原斎藤氏は**図7**の継承順である。

文和年間に楡原保の支配が認められた斎藤氏は、所領保全に苦労を重ねることとなる。応永二十一年（一四一四）ごろに常喜入道のひ孫である斎藤国則（次郎右衛門尉）は、小河殿（足利満詮）を相手に楡原保の支配を巡って訴訟を行った。【史料四】がその訴状であり、内容を見ていきたい。斎藤氏が支配する楡原保のうち、猪谷・菅寺（富山市）は旧桃井直常方とみられる窪寺氏の旧領であった。そのため、窪寺氏の旧領であった射水郡阿努荘（氷見市）の範囲内とする主張が阿努荘の領主から出されていた。元来、楡原保と阿努荘は直線距離で四八キロメートル以上離れていて、一体性はない。至徳三年（一三八六）ごろ斎藤栄喜（国則の父）が幕府に事の次第を究明することを求めた。ところが越中守護畠山基国や周辺の国人は、当時の阿努荘の領主が三代将軍足利義満の生母である紀良子であったため、その権威を畏れて訴訟に協力しなかった。困った栄喜は加賀守護富樫昌家、また越後守護上杉房方を頼って幕府の安堵を得ようとしたがうまくいかなかったという。斎藤氏が訴訟相手とした足利満詮は、足利義詮と紀良子の間に生まれた子であり、足利義満の同母弟である。結局この訴訟は斎藤氏側の主張が認められず、猪谷と菅寺は楡原保から除かれた。

この経緯を分析した久保尚文は、楡原斎藤氏が越中守護畠山家の守護領国制度の形成過程で孤立を強いられたとする。(31)つまり斎藤氏は楡原保で幕府に直属する国人という形で自立し、守護畠山家やその代理である守護代に臣従して被官となる道を選ばなかったといえるだろう。その後の楡原斎藤氏は、越中・飛騨国境を抑える有力な国人として中世末まで勢力を保持していくこととなる。(32)畠山家の守護領国制度が確立した十五世紀中期に神保氏が婦負郡守護代となって以降、守護権力と斎藤氏が対立したことを示す史料や伝承はない。その状況は、政変発生段階でも同じであったと考えられる。(33)

(2) 斎藤氏と本法寺の接点

明応の政変から少し時代が下がった大永七年（一五二七）、楡原斎藤氏の当主とみられる斎藤藤次郎（利□）は、越後国三条の本成寺（新潟県三条市）の九世住職である日覚を楡原保の井田（富山市）に迎え、その隠居所として菩提心院（現妙法寺）を設けた。(34)これに先立ち、斎藤氏の三男が日覚の弟子となり、日葉を称して大永元年（一五二一）に本法寺を中興したとされる。(35)本成寺は本法寺の本山にあたる寺院である。この経緯から、久保尚文は本法寺が既に十五世紀中期以降に斎藤氏の下で経営されていたと述べる。(36)換言すれば、明応の政変が起きた十五世紀末段階で、斎藤氏と本法寺は密接な関係を築いていたとみられる。

(3) 斎藤氏が期待される役割

楡原保は、婦負郡の南端にあたる。室町時代を通じて斎藤氏がこの地を支配できた理由は、越中と飛騨の国境の管理者という立場を維持したためである。後代であるが永正年間の事例を挙げよう。永正十六年（一五二〇）越中守護畠山尚順は越中守護代の神保慶宗（長誠の子）と対立し、越後守護代長尾為景に出陣を依頼して争乱が始まった。翌永正十七年、尚順が為景と交渉するために提示した覚書が残されている。

【史料五】畠山氏被官手日記(37)

越後江条々手日記

一、屋形（畠山尚順）息無下向事、此儀者、毎々慶明（神保）・慶親（遊佐）申儀ニ候へ共、無信用候、為景被申事候之間、如何様之儀候共、可有許容事候、雖然、此子細者、就家之儀、一段被成遠慮儀候之条、一端之非被申事候、さ様之子細、為景（長尾）無存知、自然慶宗（神保）事、真実不被思入様ニ、不審可有之候歟、既此成敗之儀者、飜宝印、以誓詞被申合上者、努々違篇之儀不可有之事

一、屋形下向事、為景如被申候、分国事候之間、暫時下向之儀者、望ニ被存候、殊為景条々懇切之被申事、誠以祝着無比類候、依世上之様体、不図可有下向候、只今者、しかと不及被相定候之間、先合点之段をハ心得可申事

一、越中事、春已来、早々可被仰下候之処、京都錯乱依落居之様、公方（足利義稙）御下知等、隣国之調儀、為可有申沙汰、延引事

一、行を可被急之儀簡要候事、越後衆数度之軍功、無休期候、雖然、為景被相談段者、於天下無其隠候、国之様体、去年之乱入ニよつて、一向無正体之由申候、当年之行可輙事

一、義総（畠山）自身進発之儀、堅被申下候、其上彼覚悟、去年ニハ可相替事

一、飛州口之儀、是又堅固ニ被申下候、斎藤々次郎可申談事

一、本願寺（実如）并賀州（一向一揆）之儀、連々其噯共候、今以同前事

一、於国手遣覚悟事、為景乱入之刻、慶明・慶親至東郡（新川郡）令渡海、彼郡堅固ニ相踏取出可令合戦事

一、於越中計儀事、為景へ慶明・慶親可示合事

一、為景江別而可被申談内証之事

以上

ここで注目される部分は第六条である。「斎藤々次郎」は本成寺日覚を迎えた斎藤藤次郎（利□）とみられ、畠山家は長尾氏に対し、越中での争乱に飛騨からの介入がないように、斎藤氏の協力を求めるべきであると述べている。

また山間部が多い飛騨にとって、越中からの糧穀移入は必要不可欠であり、その停滞は地域社会の不安につながった。こちらも後代の例を挙げておこう。天文十三年（一五四四）に飛騨で国人の江馬氏が絡んだ争乱が生じた(38)。飛騨の禅昌寺

（岐阜県下呂市）の僧瑞建が同寺へ送った書状の中で、「越中衆も可立之由風聞にて候」と越中の国人集団が進軍する可能性を伝えている。(39)またこのとき越中からの米の移入が止まったとみられ、騒乱の鎮圧にあたった飛騨南部の国人である三木直頼が「国中難儀者米不来候儀迄候、其段も信州木曽辺召寄候」と禅昌寺へ伝えている。(40)つまり越中からの米移入ができないため、信濃の木曽から運び込ませているのである。中世後期の越中から飛騨への物資輸送経路は、越中東街道に面する新川郡牛ケ増（富山市）から飛騨の横山（岐阜県飛騨市）へ通っていたとされ、楡原斎藤氏の支配領域に至近していた。(41)

以上の事例から、越中と飛騨の政治情勢の変化は双方の地域社会に大きな影響を生じることが多かった様子が分かる。飛騨との国境を支配する楡原斎藤氏は常に飛騨へ関心を向けていたことであろう。そして楡原斎藤氏の動向は、神保氏に代表される越中の守護権力も注目していたことは疑いなく、明応年間段階で神保氏も斎藤氏と対立することを望んでいなかったことであろう。次に、斎藤氏が相対した明応年間の飛騨の政治情勢を整理したい。

四、明応年間の飛騨情勢

（1）地域勢力の姉小路家

室町時代、越中と国境を接する飛騨には様々な地域勢力が存在し、室町幕府や飛騨守護京極氏の意に従わないといった例も生じていた。その代表は、南北朝時代に飛騨の北西部にある古川盆地に自立して「飛騨国司」と呼ばれた姉小路家である。神通川の源流のひとつである宮川は、古川盆地を流れている。(42)南北朝時代、姉小路家は北朝朝廷に仕える公家であったが、貞治二年（一三六三）以降に飛騨へ入って勢力を伸ばした。応安四年（一三七一）桃井直常が室町幕府に抗して越中を攻めた際、「飛騨国司」が兵を貸している。永和四年（一三七八）に姉小路家は京都の北朝朝廷に復帰するが、その後も飛騨と京都を行き来しながら守護から独立した地域権力を維持した。姉小路家は十五世紀に入ると小島・古川・向（小鷹利）の三流に分かれた。小島流・向流は室町幕府に従属する国人、古川流は在京する廷臣としての性格を持ちながらも、守護と並んで幕府の地域支配を担う存在となっていく。(43)

応仁の乱では、京極氏・姉小路家が東軍、美濃守護土岐氏は西軍に属している。古川流の姉小路基綱が在京して留守の間、京極氏は姉小路家の勢力を飛驒から排除しようと企て、文明三年（一四七一）に三木氏に命じて古川盆地を含む古川郷を攻めさせた。基綱は直ちに飛驒へ下向して三木氏を討ち、逆に飛驒一国を京極氏から奪おうとする勢いを見せた(44)。

そして明応の政変の直前段階になると、古川流の基綱が小島流の勢力も吸収し、向流の同調を得る形で支配の安定化を図っていた。基綱は京都と飛驒を往復し、地域勢力としての立場を維持していた(45)。

（2）明応の政変に対する姉小路基綱の対応

【史料二】で見たように、明応二年に放生津へ入った義材のもとへ、越中周辺諸国の守護や有力武将の当主または使者が参上して公式のあいさつに当たる御礼を行った。この御礼に来た大名や武将の中に、姉小路基綱は含まれていない。これは基綱が在京していたためである(46)。ここで放生津の義材に対する姉小路基綱の姿勢を検討してみたい。小川剛生は、在京する姉小路基綱が後土御門天皇に引き立てられ、天皇の側近である三條西実隆とも親近関係を築いていたとする(47)。森成史は政変後の京都の幕府に求心力はなく、後土御門天皇は義材に親近感を持っていたことを明らかにしたうえで、明応八年（一四九九）に義材が越前で義尹と改名したさい、後土御門天皇が新しい名を宸筆でしたためて義材へ送らせるなどの配慮をしていることを紹介している。三條西実隆は放生津の義材のもとに出仕していた公家の阿野季綱と盛んに情報を交わしていて(48)、姉小路基綱にも現地の情報が伝わっていたものとみられる。小川や森の説をふまえれば、姉小路基綱が天皇の意に背いて義材と対立することはなかったと推認される。

後年のことであるが、明応七年（一四九八）四月、細川政元と足利義材の間に和睦交渉が進められている中、具体性もある義材の帰京計画が明らかとなった。

【史料六】「大乗院寺社雑事記」明応七年四月十六日条

（中略）公方御上洛事来六月必定、面ハ自細川方申入分也、畠山(尚順)尾帳[張]守可然旨申之、申合種村之由也、尾帳守一家惣領ハ、此間越中在国之舎弟ニ与之、可有川内[河内]国也、今月卄日立国云々、尾帳守ハ参申、御迎毎事得上意可申沙汰云々、御迎衆者一色・山名・赤松・土岐・朝倉・飛驒国司(姉小路基綱)、自細川可進体名字未聞、武衛事御迎不定、雖中入御返事不聞云々、来六月必定々々、伊勢守(貞宗)ハ可為生涯也、但近日違例、存命不定也、悉以蒙御罰者也、細川一人相残、定而可有一色者也、西国方ハ於于今者無御憑分也、

【史料六】によると、義材の帰京が決定し、その出迎えに行く人々として「一色・山名・赤松・土岐・朝倉・飛驒国

司」の名が挙げられている。一色・山名・赤松・土岐らと並んで越前の朝倉貞景と飛騨国司（基綱）の名が挙げられ、姉小路基綱が義材支持者とみられていたことは事実であった。

（3）姉小路家の所領保全努力

義材に親近感を持つ後土御門天皇の廷臣という立場以外にも、姉小路基綱が放生津の義材に誼を通じなければならない事情を抱えていた。それは本領がある飛騨北部の支配安定である。明応の政変によって越中に義材が動座すると、政変に乗じて守護代や国人が越中周辺の寺社領や公家・武家の所領を押領した。代表例は前述した太田保である。楡原保から神通川を九キロメートル下った右岸に太田保がある。室町時代の太田保は細川家領であり、義材から明応の政変の主導者と目されていた細川政元が領主であった。政変後に太田保はさっそく押領されたとみられ、京都への年貢輸送が滞った。永正九年（一五一二）、細川高国（政元没後の細川家当主）が太田保の支配を回復した際、過去の未納年貢は徳政によって全額減免する措置がとられている。[49]

政変に伴う荘園押領によって経済面の困窮を強いられた公家・寺社は、放生津の義材と交渉して所領回復を依頼した。その動きを内通と捉えた京都の幕府は、公家や寺社が義材と交渉することを禁止するように朝廷へ要求したが、後土御門天皇に一蹴されている。[50]

姉小路家の本領である古川盆地と、越中・飛騨国境の距離は直線で二六キロメートルである。そのうえ、神通川（宮川）沿いに伸びる越中西街道という陸路でも結ばれていた。越中と飛騨北部は、地理上も交通上も密接している。姉小路基綱も、飛騨の家領について他の廷臣・寺社と同様に義材と交渉を持たざるを得ない立場にあった。

（4）足利義材と姉小路基綱の仲介者

足利義材と姉小路基綱を仲介できる人物は二人存在する。一人は前述した公家の阿野季綱である。もう一人は、放生津で義材の側近として活動した伊勢貞仍である。貞仍は、室町幕府政所を所管した伊勢氏の一門である伊勢貞牧（貞数）の子で、放生津へ入った義材を追って明応二年九月に越中へ下向している。歌人であった貞仍の私家集「下つふさ集」[51]には、明応の政変前後に貞仍が姉小路基綱・済継父子と様々な交流を行っている様子を伝える作品が複数見える。室町幕府は京都にあったため、公家と武士が日常交流を行い、公武の人々による歌会が親近関係の形成に大きな役割を果たした。[52]貞仍と古川流姉小路家との交流は政変の前から続いていることから、基綱にとって義材との交渉の窓口に最適な人物であったとみられる。「下つふさ集」を見ると、貞仍は義材の使者として西日本の大名のもとへ派遣されていたことが分かり(53)、義材の信任も厚い人物像が浮かび上がる。こうした人脈を介して姉小路基綱が飛騨の所領を巡る交渉を行っていても不思議ではない。

　ここまでの仮説を証明するように、義材が放生津にいた期間である明応二年から明応七年（一四九八）八月まで、飛騨北部において争乱や年貢収受に関する紛争記録は見えない。ところが明応八年（一四九九）二月、姉小路済継が飛騨へ下向した(54)。そして同年十二月に済継に代わって基綱が飛騨へ下向した(55)。基綱は飢饉と称していたようだが、同年二月に既に済継が下向していることから、すでに前年から現地は混乱していたとみてよい。基綱による直務支配は不調で、永正元年（一五〇四）春に基綱は飛騨で病の床に就いた。長年の知己である三條西実隆が後柏原天皇に懇奏し、危急のためとして基綱は姉小路家で十一代絶えていた権中納言に任じられた。そして間もなく飛騨で薨去したのである。古川流姉小路家の飛騨所領経営回復は、基綱の孫にあたる姉小路済俊が当主であった大永三年（一五二三）ごろを待たなければならなかった(56)。結果論となるが、義材の放生津滞在中、姉小路家の飛騨支配は安定していたのである。

（5）飛騨の不安定要素となる国人層

　在京を続ける姉小路家に対し、飛騨の現地支配を担う代官や飛騨周辺の武士たちが従順であるとは限らない。先に述べたとおり、文明三年に飛騨守護京極氏の策動で起きた反乱に基綱はすぐ下向してこれを撃破し、恐れをなした京極氏が美濃の有力武将である斎藤妙椿の助力を仰いだところ、妙椿は歌道を通じて基綱と交流があったことからその自重を促す書状を基綱に送り、基綱もこれを受け入れて撤兵した経緯がある(57)。この争乱の中で以前から知行が混乱していた公家の山科家領飛騨国岡本保などの回復が図られた(58)。同年十月五日に幕府は「姉小路中将家雑掌」「姉小路左衛門佐」「江馬左馬助」に返付の手続きを行うように命じている(59)。姉小路中将は基綱、江馬左馬助は神通川の源流の一つである高原川に面した飛騨高原郷（岐阜県飛騨市）を本拠とした国人である(60)。同月八日、幕府政所の伊勢貞宗は江馬左馬助に岡本保返付を順守するよう命じている(61)。ここに江馬氏と伊勢氏の接点が見いだせる点は注意されたい。

　延徳三年（一四九一）幕府は飛騨守護京極氏に北野社領飛騨国荒木郷の支配回復を取り計らうべきことを命じた。幕府は同じ指示を江馬氏にも出していて、その伝達を古川流姉小路家が担っていた(62)。この動きを分析した大藪海は、姉小路基綱や江馬氏が、幕府から直接命令を受けて守護京極氏の荒木郷に関する処置に協力しているとした。つまり姉小路家は守護と並んで幕府の地域支配を担う立場にあったと分析する。また江馬氏は幕府に直属する国人として守護京極氏の領国経営に協力していたとする(63)。

　政変が起きた明応年間は、姉小路家が飛騨の国人を被官化して現地支配を行っていたが(64)、本拠の古川郷の周囲で江馬氏や先の文明年間に討伐されて勢力を減退させていた三木氏をはじめとする国人が抑えられている状態であったとみられる。最大勢力とはいえ、姉小路基綱の不在は文明三年のような争乱を再び起こしかねない状態であった。明応の政変後、飛騨守護京極氏は義材派となっていたが、飛騨では政変前から守護の命令も十分に効力を果たさず、守護領国制が十分に機能していなかったようだ(65)。

　飛騨北部で姉小路家に抑えられている国人の筆頭は江馬氏であったとみられる。先に述べたように、江馬氏は文明年間に幕府政所執事の伊勢氏と接点があった。そしてこの江馬氏は伊勢氏と血縁関係も結んでいたのである。

【史料七】「証如上人日記」天文十一年十月三日条

　三日、飛州江馬左馬助為礼来臨、自伊賀守（渡辺）方、頼堯（下間）方へ
　　有書状也、以二献会候、相伴ニ経厚呼也、二献〆
　　者湯漬引物弐、菜七、盃江馬始之、酒中ニ太刀出之、
　　即又遣之、△伊勢守庶子之由候、起座之時於次
　　之間送之也、

　天文十一年（一五四二）、「伊勢守庶子」である飛騨の江馬左馬助が本願寺証如を訪ねて歓待された。「伊勢守」とは幕府政所執事伊勢氏の当主を指し、このころの伊勢守は貞孝（貞宗の養孫）である。この養嗣子関係は、幕府政所執事を世襲する伊勢氏と、飛騨の国人である江馬氏が昵懇であることを背景とする。小島道裕は、伊勢氏と江馬氏の交流は明応の政変前である一五世紀後半からすでに始まっていたとする(66)。つまり、江馬氏という反義材派の拠点が、神通川上流部で越中国境に近い飛騨北部に存在していたのである。

五、法華経曼荼羅図寄進の理由

（1）足利義材の帰京へ向けた動き

　法華経曼荼羅図が本法寺に納められた明応六年も暮れようとする十二月二十七日、細川政元は放生津の幕府側の和睦交渉の窓口を務めていた神保長誠、吉見義隆、そして畠山尚順に対して書状を送った。

【史料八】　書状（写）（九州大学付属図書館所蔵「宇土細川家文書」(67)）

（第一通）

文亀二とし

公方様《(足利義材)》御上洛之事、依調法於無相違者、雖為何事任之執申之旨可申請候、自然又自何方雖有申儀、就此一段者不可許容候、悉皆為其方被申分可為本意候、猶委細者沢蔵軒《(赤沢朝経)》・波々伯部《(波々伯部元教)》兵庫助可申候也、

十二月廿七日　政元《(細川)》在判

神保《(神保長誠)》越前守殿

（第二通）

今度重而被成下　御内書候、殊御文言等一段面目之至候、入魂之故候条、祝着無極候、仍御帰洛之事可奉待候、然者為御礼并御迎可差下右馬助《(細川政賢)》候、委細之段者沢蔵軒・波々伯部兵庫助可申候也

十二月廿七日　政元在判

神保越前守殿

（第三通）

御内書之旨、謹而以拝見仕候、抑御進退同世上之事、被任政元之由、於身面目至、忝畏入候、御帰洛之儀、此刻遅々候者不可然候間、為御礼并御迎可下進右馬助候、猶委細者神保越前守可令言上候、此旨可預御披露候、恐々謹言

十二月廿七日　政元在判

吉見殿《(吉見義隆)》

（第四通）

就今度重而被成　御内書義、委細承候、誠御文言等無比類候、本望之至候、併神保申合談候、仍御拝領

御内書之由、御面目之至候、於御帰洛之段者為御迎可下進右馬助之由、令申候也、恐々謹言

十二月二十七日　政元在判

尾張守殿《(畠山尚順)》　進覧候

第一通と第二通はどちらも神保長誠あて、第三通は義材に仕える吉見義隆あて、第四通は義材を支援する畠山尚順あてである。

第一通は、義材の帰京について、政元は事前合意の内容に間違いが無ければ何事についても合意に基づいて取り計らうことを約束している。また様々な意見が義材に出されるかもしれないが、帰京を見合わせることだけは絶対に防ぎ、何かと義材を説得してほしい。詳しいことは政元の有力被官である赤沢朝経（沢蔵軒）・波々伯部元教（兵庫助）から連絡させたいという趣旨である。

第二通は、義材から重ねて御内書を受け取り、特に記載されていた文言について感激しており、入念な計らいにこの上

なく喜んでいること、義材の帰京を期待していること、また公式の迎えの使者として細川政賢を越中へ向かわせること、詳しいことは赤沢朝経・波々伯部兵元教から連絡させたいという趣旨である。細川政賢は細川家の最有力一門である細川典厩家の当主である。

第三通は義材からの御内書を謹んで拝見したところ、義材本人の身柄と政務に関する取扱いを政元に一任するという文言があり、感激のうえ恐縮していること、帰京が遅れてはいけないので、迎えの使者として細川政賢を越中へ向かわせること、詳細については神保長誠から申し上げさせるため、その内容を義材に取り次いでほしいと依頼している。なおここで政元が伝えたかった詳細とは第一通・第二通の内容とみられる。

第四通は、このほど義材から御内書を再度頂戴し、内容について承知したこと、誠にありがたい文言もあり、自分の希望どおりであること、神保長誠と打合せの上、帰京について細川政賢を越中へ向かわせることになったのでお知らせするという内容である。

この一連の書状が出される直前の十二月四日、細川政元の被官である安富元家が越中へ向けて出発していて[68]、安富の下向・帰京に合わせて義材の御内書が政元へ送られたと考えられる。その内容は既に山田貴司が指摘するように、帰京した場合の義材の進退と政務について政元へ一任する内容であったとみられる[69]。これに合意した政元側が、越中の神保長誠のもとへ第一通・第二通、同じく越中の吉見義隆のもとへ第三通、そして紀伊・河内周辺にいるとみられる畠山尚順に第四通を送ったのである。政元は、将軍直臣の吉見義隆、守護畠山家の重臣である神保長誠を窓口としている。畠山家では現地の長誠が交渉を主管し、政元は守護畠山尚順に対して第一通のような詳細な連絡をしていない。車谷航は、京都と越中の和睦交渉は、尚順の同意なくしてありえなかったとしているが[70]、ここに交渉における越中神保氏の専決性が垣間見える。そしてこの神保氏の姿勢が、後年に尚順が神保氏の勢力拡大を警戒する背景となったのであろう。また政元は、義材が将軍直臣層にある上洛反対意見を容れないように長誠へ念押ししている。長誠は、経済基盤の上でも将軍直臣層へ一定の影響力を有していたとみられる。ただそれでも政元が義材の上洛中止を危惧している点に、直臣に支えられた義材の政治志向に対する一定の自主性を見出すべきであろう。

さて本論文を展開するうえで興味深い点は、第二通で御内書を再度いただいたと見える箇所である。これに先立つ一度目の御内書が義材から政元へ送られた時期について考えたい。

明応六年五月、奈良の興福寺大乗院門主尋尊は義材が六月に上洛するという情報を得た。情報源は美濃の小林寺にいた妹の是心院了高から届いた書状である。(71) 六月二十三日、神保長誠は被官の蔵河（鞍川）某に数千貫に及ぶ多額の銭貨を持たせて上京の途に着かせた。(72) 七月初めに入京した蔵河は、同月十四日に政元を訪ね、義材の帰京について交渉を行ったとみられる。(73) 長誠は放生津の港湾管理で得られた豊かな財力を要路に献金して交渉を進めたようだ。小池辰典は、明応六年五月段階で神保方と細川方の正式な交渉開始の日程は定まっていたとみる。(74)

(2) 和睦交渉をよしとしない伊勢氏

車谷航によれば、この義材と政元の和睦交渉は両者に限ったものであって、明応の政変を主導したもう一人の重要人物である伊勢貞宗や、京都の幕府の将軍である足利義澄の関与するところではなかった。(75)【史料六】で紹介したが、明応七年四月に和睦交渉が進められる中で貞宗は「生涯」（自害）に追い込まれるだろうという情報も広まっていた。不利な立場に置かれた伊勢氏が和睦交渉に反対し、その頓挫を期待していたことはいうまでもない。神保氏も、和睦を妨害したい伊勢氏と接点を持つ江馬氏が、越中との国境に近い飛騨北部に存在している点は大いに注視していたことであろう。傍証となるが、明応四年（一四九五）美濃守護土岐成頼の後継者争いで、足利義澄側に立つ土岐元頼（成頼の庶子）に対して伊勢貞宗・貞陸父子が支援を行っていて、(76) 伊勢氏は美濃に強い関心を向けていたことがうかがえる。美濃と飛騨の軍事上の近接性の高さは、文明三年の姉小路基綱と斎藤妙椿の交渉例について先に述べたとおりである。

(3) 法華経曼荼羅図の寄進時期と政治情勢

これまで見てきたように、明応六年五月、神保方と細川方による義材の帰京に向けた和睦交渉が本格化した。交渉の障害の一つである伊勢氏と通じる江馬氏が、飛騨・越中国境に拠点を持っていた。交渉を安定して進めたい神保氏にとって、地盤ともいうべき越中と近隣諸国の軍事上の安定は心を配るべき事案であっただろう。神保氏にとって、京都への通路である飛騨・加賀・能登の三国のうち、義材派を称する守護畠山氏が治める能登、義材と誼を通じているような態度を示していた一向一揆の席巻する加賀(77)に比べ、反義材派の可能性がある江馬氏がいる飛騨への対処は重要であった。神通川の源流部に江馬氏があり、中流域には押領されているとはいえ細川家領の太田保があるなど、越中近隣で反義材派が突然蜂起する拠点はいくつもあった。神保氏は、神通川に接して国境を守る楡原斎藤氏と良好な関係を結んでおく必要があった。

一方の楡原斎藤氏は、義材に親近性を持つ神通川上流の姉小路家と、下流を抑える守護代神保氏に挟まれた位置にあった。幕府に直属する国人という性格を持つ楡原斎藤氏が反義材派行動に走る選択肢はなく、義材を支持する側に立っていたと考えられる。

越中を取り囲むこうした政治情勢のもとで、【史料一】に記されていたとおり明応六年五月二十一日に法華経曼荼羅図は本法寺の有に帰した。

これまで説明した神保氏と楡原斎藤氏の政治関係、また本法寺と斎藤氏の師檀関係からみて、神保氏が楡原斎藤氏の存在を考慮せずに本法寺へ法華経曼荼羅図を寄進することはありえない。明応六年五月、義材の帰京交渉という高度な政治交渉日程を進めていた神保氏は、越中国境を守る楡原斎藤氏の了解や支持を得て法華経曼荼羅図を本法寺へ奉納したと考えるべきである。神保氏によるこの寄進行為は斎藤氏に対する厚遇として捉えるべきであり、これ以前から神保氏は斎藤氏に対して所領や得分、または押領の黙認なども含めた実利面の優遇も図っていたことであろう。

神保氏が、斎藤氏の保護する本法寺へ法華経曼荼羅図を寄進した意図は、義材への忠誠と協力を重ねて斎藤氏に求めることはもちろん、江馬氏の動向確認や姉小路家の所領保全などを大きな柱とする飛驒への万全な監視を期待したとみるべきである。

明応六年末の和睦交渉は義材にとって不本意であったとする見解もある[78]が、話し合いのなかで出された諸条件がそのまま実現されていれば、政変は平和に終結していたかもしれない。実際に翌明応七年正月末、吉見義隆は越中から近江坂本を経て河内へ入り、五月には上洛して下京で滞在して細川政元と交渉を進めている[79]。

しかし明応七年七月、越中の義材を迎えに行く使者として政元が指名していた細川政賢が河内の畠山基家方（反義材派）へ援軍を出す動きを急に示し、義材派との和議に対して反対を表明した。この結果、越中と京都の和睦交渉は破綻することとなった[80]。八月末に義材は放生津を去って越前一乗谷の朝倉氏のもとへ向かい、「放生津幕府」もまた解消されることとなったのである。

「放生津幕府」喪失後の越中では、楡原斎藤氏と神保氏の親近関係も越後長尾氏の侵攻や一向一揆を巡る対応差を背景に破綻していくこととなった[81]。

まとめ

論が多岐にわたったため、ここで本論の主張を箇条書きの形で再整理しておきたい。

（一）明応六年五月、神保長誠は国人の楡原斎藤氏と密接な師檀関係を持つ本法寺へ法華経曼荼羅図を寄進した。

（二）本法寺に法華経曼荼羅図が納められた時期は、明応の政変によって越中へ動座した足利義材の帰京に向けた高度な政治交渉を神保氏が進め始めた時期と重なる。

（三）楡原斎藤氏は、神保氏も含む守護権力から独立して越中・飛騨国境を守っていた。

（四）明応年間の飛騨の西北部は、義材派の姉小路家が最も有力な地域勢力であったが、当主が在京していて不在だった。

（五）明応年間の飛騨の東北部は、明応の政変の首謀者のひとりで反義材派の伊勢氏と接点を持つ国人の江馬氏が存在した。

（六）楡原斎藤氏は、足利義材・神保長誠から越中・飛騨国境の警備と飛騨の政情の監視を期待された。

（七）神保長誠は本法寺へ法華経曼荼羅図を寄進することで、本法寺の檀那であり越中・飛騨国境周辺地域を守る楡原斎藤氏の歓心を買おうとしたと考えられる。

　将軍・管領・大名や武将が絵画を下賜・献上・贈呈する例は室町時代後期に複数例があるもの[82]の、仏教絵画を贈与した例は少ない。また原口志津子の教示によれば、二十二幅を数える法華経曼荼羅図のような大型の仏画の贈与（寄進）先は、おのずから寺院・神社に限定される。換言すれば、神保長誠は本法寺に法華経曼荼羅図を寄進することで、その大檀那である斎藤氏の喜悦を想定して手配したと想像できる。そして義材の越中在国の間は飛騨・越中で大規模な長期の争乱が生じなかった。和睦論を主導しながら様々な策を講じた長誠の面目躍如といえる。

　戦国の世を始めた武将が和睦の道を模索し、権力基盤安定を企図して寄進した法華経曼荼羅図は、神保氏と斎藤氏が越中を去った後も本法寺に安置され続けた。近世領主前田氏の時代になると、婦負郡の正当な領主権を持つ者が保護すべき宝物とみなされていたことが【史料一】から読み取れる。そして嘉永五年（一八五二）正月、本法寺が富山藩主代替わりにあたり佳例として法華経曼荼羅図の開帳を企図した際、本法寺を管轄する富山藩の寺社奉行所は「黒瀬谷本法寺曼陀羅（曼荼羅）之儀、本法寺例宝（霊宝）にてはこれ無く、御国の例宝にて候」[83]と言明した。

　中世の越中守護権力の正当な継承者を自負する近世富山藩権力によって、本法寺のある婦負郡、そして「御国」を広義で捉えれば越中国の伝国の宝（レガリア）に擬えられた法華経曼荼羅図は、令和の現代に至るまで、五百年間余りにわたって守り受け継がれているのである。

注

(1)【史料二】の現状は、後年貼紙によって一部を書き改めた形となっている。本論文では、日逞が書き入れた当初の修理裏書を翻刻した。詳細は松山充宏「本法寺『絹本著色法華経曼荼羅図』裏書」（富山市教育委員会編・刊『日本海文化研究』、二〇一二年）を参照されたい。

(2) 本法寺は、享保四年（一七一九）及び宝暦十二年（一七六二）に江戸で法華経曼荼羅図の出開帳を実施した。その際作成された縁起として、享保四年は①「南閻浮州大日本国五畿七道ノ内北陸道七箇国其中第五越ノ中州楡原ノ保内黒瀬谷長松山実成院本法寺什物法華経二十八品図絵之由来」（本法寺日運の作、富山市立図書館八尾図書館ほんの森所蔵「本法寺宝暦以前由緒物語」所収）、宝暦十二年は②「海中出現法華経二十八品図貌略縁起」（本法寺日遥の作、国立公文書館所蔵）があり、いずれも法華経曼荼羅図の出現地を放生津の海中と述べる。①は松山充宏「近世寺院の由緒と宝物縁起」（『富山史壇』二〇五号、二〇二四年）に翻刻を掲載する。②は原口志津子『富山・本法寺蔵法華経曼荼羅図の研究』（法藏館、二〇一六年）三五九頁で翻刻がある。

(3) 原口志津子『富山・本法寺蔵法華経曼荼羅図の研究』（法藏館、二〇一六年）四四頁・三四七頁。

(4) 久保尚文『越中富山　山野川湊の中世史』（桂書房、二〇〇八年）三八五頁。

(5) 久保尚文『越中中世史の研究』（桂書房、一九八三年）四六頁。

(6) 法華経曼荼羅図の本紙寸法は、令和五年度射水市新湊博物館開館二十五周年記念特別展「海が支えた放生津幕府――明応の政変と足利義材」における展示に伴う調査に基づく。

(7) 前掲注3原口志津子『富山・本法寺蔵法華経曼荼羅図の研究』三四七頁。

(8) 富山県編・刊『富山県史』通史編Ⅱ中世（一九八四年）六七五頁（廣瀬良弘執筆部分）。

(9) 前掲注4久保尚文『越中富山　山野川湊の中世史』三九六頁。

(10) 松山充宏「畠山氏の領国支配と寺院」（稲葉伸道編『中世寺社と国家・地域・史料』法藏館、二〇一七年）。

(11) 松山充宏「中世越中の湊と水上流通」（中世都市研究会編『日本海交易と都市』山川出版社、二〇一六年）。

(12) 金三津英則・松山充宏「中世放生津の都市構造と変遷」（仁木宏・綿貫友子編『中世日本海の流通と港町』清文堂出版、二〇一五年）。前掲注11松山充宏「中世放生津の湊と水上交通」。松山充宏「明応の政変における将軍直臣団の行動」（『新湊市博物館研究紀要』、二〇〇四年）。

(13) 山田康弘『足利義稙』（戎光祥出版、二〇一六年）一〇一頁。明応の政変に関わる最新の研究史は、本書の髙鳥廉「足利義材と五山派禅宗寺院の人事」でまとめられているので参照されたい。

(14) 射水市新湊博物館『開館二五周年記念特別展　海が支えた放生津幕府　展示記録』（二〇二三年、松山充宏執筆部分）。

(15) 『大乗院寺社雑事記』明応三年五月二十四日条。

(16) 車谷航「明応年間における和平交渉の展開と『二人の将軍』」（『戦国史研究』八五号、二〇二三年）。

(17) 森成史「足利義材の『義尹』改名とその政治的意義」(『日本歴史』九〇六号、二〇二三年)。
(18) 前掲注8『富山県史』通史編Ⅱ中世、四五二頁(久保尚文執筆部分)。
(19) 富山大百科事典編集事務局編『富山大百科事典』上(北日本新聞社)、二一七頁(富田正弘執筆部分)。
(20) 前掲注4久保尚文『越中富山　山野川湊の中世史』三八六頁。木下昌規『足利義晴と畿内政権』(戎光祥出版、二〇二〇年)一七頁。従来は越中公方政権・放生津政権の称がある。
(21) 前掲注17森成史「足利義材の『義尹』改名とその政治的意義」。
(22) 丸山裕之『図説　室町幕府』増補改訂版(戎光祥出版、二〇二四年)一六四頁。
(23) 『大乗院寺社雑事記』明応三年十一月六日条。
(24) 奥野高広「錦御旗」(『日本歴史』二七九号、一九七七年)。
(25) 家永遵嗣「足利義材の北陸滞在の影響」(『加能史料会報』一二号、二〇〇〇年)。
(26) 前掲注5久保尚文『越中中世史の研究』六八頁。前掲注16車谷航「明応年間における和平交渉の展開と『二人の将軍』」。
(27) 松山充宏『桃井直常とその一族』(戎光祥出版、二〇二三年)。
(28) 前掲注4久保尚文『越中富山　山野川湊の中世史』一五八頁。
(29) 「寛政重修諸家譜」巻七百九十八。
(30) 森幸夫「南北朝動乱期の奉行人斎藤氏」(『鎌倉遺文研究』二六号、二〇一〇年)。なお斎藤氏及び後述する斎藤利泰の系図は、横山住雄『斎藤妙椿・妙純』(戎光祥出版、二〇二三年)二七頁ほかを参照されたい。
(31) 細入村編・刊『細入村史』(一九八七年)五九頁(久保尚文執筆部分)。
(32) 西島太郎は、明応の政変当時の室町幕府と地方武士との関わりの中で、将軍と主従関係にある御家人以外にも「幕府—守護に対する公役の納入責任者」という立場にあった人々がいたことを明らかにしている。こうした人々は従来の室町将軍直臣の枠組みの中で、外様衆の最末端に位置する国外様と呼ばれる層として把握されていたという。国外様は通常在国し、年末に上洛して歳暮と正月四日に将軍御所へ出仕した。そして将軍への対面儀礼を通じて、幕府が日本国を統治する公権であることを実感する立場にあったとする。西島の説をふまえると、楡原斎藤氏の名は将軍直臣の名簿である番帳に見えないものの、将軍からの所領給付、守護被官化を拒む姿勢からみて、こうした国外様にあたる層の武士であった可能性がある。国外様の詳細については、西島太郎『室町幕府将軍直臣と格式』(八木書店、二〇二四年)二六〇頁を参照されたい。また斎藤氏が知行した楡原保の西にあたる婦負郡野積保は、在庁官人系の国人である摂津渡辺党が鎌倉時代から拠点としていた。南北朝時代、野積保の渡辺氏は南朝に味方して公権を失ったものの、地域勢力としての地位は中世末まで維持し、近世は富山藩の農政の末端を担う十村(大百姓)として明治維新を迎えている。中世後期、楡原斎藤氏は渡辺氏も徐々に圧迫し、中世末には被官化したという。詳細は松山充宏「越中渡辺党の中世」(富山市教育委員会編・刊『日本海文化研究』二〇一二年)を参照されたい。
(33) 前掲注4久保尚文『越中富山　山野川湊の中世史』三九六頁。
(34) 前掲注31『細入村史』七八頁。
(35) 久保尚文『越中における中世信仰史の展開』(桂書房、一九八四年）六三頁。

(36) 前掲注4久保尚文『越中富山　山野川湊の中世史』三九六頁以下参照。

(37) 東京大学史料編纂所編『上杉家文書之二』二四〇号。

(38) 岡村守彦『飛騨史考』中世編（私家版）、一九七九年、二一四頁。

(39) 禅昌寺文書のうち（天文十三年）三月十日付け瑞建書状。長谷川忠崇『飛州志』巻第九で翻刻。

(40) 禅昌寺文書のうち（天文十三年）五月十四日付け三木直頼書状。長谷川忠崇『飛州志』巻第九で翻刻。

(41) 前掲注5久保尚文『越中中世史の研究』四三一頁。

(42) 大下永「飛騨北部における武家拠点周辺の構造と変遷」、仁木宏編『戦国・織豊期の地域社会と城下町　東国編』（戎光祥出版、二〇二一年）。

(43) 大薮海『室町幕府と地域権力』（吉川弘文館、二〇一三年）八〇頁。

(44) 小川剛生「姉小路基綱について」（『国文学研究資料館紀要』三一号、二〇〇五年）。

(45) 前掲注44小川剛生「姉小路基綱について」。

(46) 前掲注44小川剛生「姉小路基綱について」。飛騨市教育委員会編・刊『姉小路家城館跡総括報告書』二〇二二年、九七頁。

(47) 前掲注44小川剛生「姉小路基綱について」。

(48) 前掲注17森成史「足利義材の『義尹』改名とその政治的意義」。

(49) 「蜷川家古文書」永正九年五月十五日付室町幕府奉行人奉書（今谷明・高橋康夫編『室町幕府文書集成奉行人奉書篇』下（思文閣出版、一九八六年、二七二五号）。

(50) 前掲注17森成史「足利義材の『義尹』改名とその政治的意義」。

(51) 和歌史研究会編『私家集大成』6中世Ⅳ（明治書院、一九八六年）。

(52) 伊東正子「公家の所領維持策についての一考察」（『早稲田大学大学院文学研究科紀要』別冊第一三集 哲学文学編、一九八六年）。

(53) 川岡勉「戦国期但馬の守護と領主」（『愛媛大学教育学部紀要』六一巻、二〇一四年）。

(54) 『実隆公記』明応八年二月二日条。

(55) 『後法興院記』明応八年十二月二日条。

(56) 前掲注44小川剛生「姉小路基綱について」。

(57) 前掲注44小川剛生「姉小路基綱について」。

(58) 谷口研語『飛騨三木一族』（新人物往来社、二〇〇七年）三七頁。

(59) 「山科家礼記」文明三年十月五日付け室町幕府奉行人奉書（前掲注49『室町幕府文書集成奉行人奉書篇』上、八五九〜八六四号。

(50) 「小笠原系図」ほか（『信濃史料』巻八　寛正三年六月十五日条）によると、応仁の乱で西軍となった畠山義就、信濃守護小笠原持長及びこのころの江馬氏の嫡子はすべての同母兄弟であるとする。持長は生没年に齟齬があるものの、畠山義就と江馬氏の嫡子が兄弟であるという情報は興味深い。

(61) 「山科家礼記」同年同月八日伊勢貞宗書状。

(62) 「北野社家日記」延徳三年五月六日条、同四年四月十八日条・六月十一日条。

(63) 前掲注43大薮海『室町幕府と地域権力』八一頁。

(64) 前掲注46『姉小路家城館跡総括報告書』五一頁。

(65) 前掲注46『姉小路家城館跡総括報告書』六三頁。

(66) 小島道裕「江馬氏館と江馬氏」(『国立歴史民俗博物館研究報告』第一〇四集、二〇〇三年)。また文明十六年(一四八四)、江馬元経が日野一門の烏丸冬光の領地である飛騨小八賀郷の代官となり、江馬氏は日野一門とも接点を持っている(同年八月二十八日付江馬元経請文、『大日本史料』同月二十三日条)。冬光は日野富子の甥で、明応八年まで一貫して足利義澄に親近していた(森成史「戦国期初頭における日野家の政治動向について」『国史学』二三七号、二〇二三年)。

(67) 「宇土細川家文書」所在記号一二八七号。切紙二紙を続いである。竪一七三ミリメートル、横六三〇ミリメートル。江戸時代の写しとみられ、四通とも合点があり、朱字で「同」とあることから別の史書編纂に用いられた可能性がある。四通すべて年未詳であるが、同じ十二月二十七日の発信であるため同日に作成されたものとみられる。あて先である神保長誠・吉見義隆・畠山尚順のうち、吉見義隆は明応七年十月に没しているため(『大乗院寺社雑事記』明応七年閏十月十日条)、明応六年以前の発信である。山田貴司「足利義材の流浪と西国の地域権力」(天野忠幸ほか編『戦国・織豊期の西国社会』、日本史史料研究会企画部、二〇一二年)によれば、四通のうち第三通は熊本県立美術館所蔵「自家便覧」に文字情報が収められているといい、山田は明応六年の発信に比定する。本論文も山田の説に従い、写本袖部分にみえる「文亀二(一五〇二)」ではなく明応六年の発信と比定する。本文書閲覧調査及び翻刻掲載にあたり、九州大学付属図書館付設記録資料館九州文化史資料部門助教の梶嶋政司氏に協力いただいたことを特記し、深く謝意を表する。

(68) 『大乗院寺社雑事記』明応六年十二月四日条。

(69) 前掲注67山田貴司「足利義材の流浪と西国の地域権力」。

(70) 前掲注16車谷航「明応年間における和平交渉の展開と『二人の将軍』」。

(71) 『大乗院寺社雑事記』明応六年五月五日条。

(72) 『大乗院寺社雑事記』明応六年七月三日条。

(73) 『大乗院寺社雑事記』明応六年七月二十二日条。

(74) 小池辰典「明応の政変後の争乱における畠山義豊と足利義澄陣営」(『戦国史研究』八四号、二〇二二年)。

(75) 前掲注16車谷航「明応年間における和平交渉の展開と『二人の将軍』」。

(76) 明応四年八月十一日付伊勢貞宗書状案、同日付伊勢貞陸書状案(東京大学史料編纂所編『蜷川家文書之二』三〇〇号)。この年、土岐家は後継問題(当主成頼の嫡子である政房と、庶子の九郎元頼)、また守護代斎藤家(妙純と利藤)の対立から明応四年(一四九五)船田合戦が起き、義材派とされる政房・妙純(利国)側が勝利した(前掲注25家永遵嗣「足利義材の北陸滞在の影響」)。なお船田合戦で妙純側に立った斎藤利為(利藤の後継者)を、越中楡原斎藤氏の祖とする系図があり(佐藤清賢『日導上人の八重襷歌』雁思社、一九八一年、一七二頁)、越中と美濃の斎藤氏の間に養嗣子関係など何らかの連携があった可能性もある。斎藤利為については前掲注30横山住雄『斎藤妙椿・妙純』一七一頁・一九三頁参照。

(77) 明応の政変前後の加賀一向一揆の動向について、家永遵嗣は本願寺と姻戚関係を持つ伊勢貞仍を通じて加賀一向一揆が放生津の義材に誼を通じていたとする。家永遵嗣「北陸地方における戦国状況の形成」(『加能史料研究』一六号、二〇〇四年)を参照されたい。

(78) 前掲注67山田貴司「足利義材の流浪と西国の地域権力」。

(79) 「後法興院記」明応七年五月十九日条。

(80) 前掲注16車谷航「明応年間における和平交渉の展開と『二人の将軍』」。

(81) 前掲注4久保尚文『越中富山　山野川湊の中世史』三九六頁以下を参照されたい。

(82) 武家同士の絵画贈答、または将軍への献上については下記の事例が見える。文明十五年「伊達成宗上洛日記写」（『伊達家文書之一』四七号、将軍足利義尚から返礼として絵二幅を伊達成宗へ下賜する。）。永正十二年「足利義稙三条御所移徙次第」（『益田家文書之一』二六四号。伊勢貞陸が将軍足利義稙（義材）の自邸御成の一献の際に「絵」を献上する。）。永正十五年ごろ「細川高国書状」（『伊達家文書之一』七十三号。幕府管領細川高国から返礼として絵三幅「観音　月舟、脇　龍虎　牧溪筆」を伊達稙宗に贈与する。）。大永五年「北条氏綱書状」（『上杉家文書之一』三〇七号。相模の北条氏綱が「和尚絵」を越後の長尾為景に贈与するも返付されたため、別の絵を贈呈する予定であることを連絡する。）。大永五年「（細川家被官）斎藤元陸副状」（『上杉家文書之一』三二二号。細川高国が長尾為景に絵一幅「武江図　閻次平筆」を贈ったことを連絡する。）。

(83) 富山県公文書館所蔵写真帳「浜野家文書」のうち「嘉永五年、富山本寿寺にて本法寺曼陀羅開帳につき執行次第書上」。富山での本法寺宝物（法華経曼荼羅図）開帳は同年四月二十三日から同二十七日まで本寿寺を会場に実施された。開帳に先立ち同月二十日に本法寺から富山へ運び、二十一日に富山城本丸で富山藩前田家関係者による拝覧が行われている。往復の通路となった町は街路の清掃を求められるという丁重な扱いを受けた（『町吟味所御触留』〈高瀬保編、桂書房、一九九二年〉嘉永五年四月十八日条）。また元治元年（一八六四）六月十五・十六日には富山城そばの藩主別邸である千歳御殿へ本法寺宝物が運ばれ、富山藩関係者らが拝覧した。これに先立ち同十四日に本法寺から本寿寺へ宝物が運ばれ、十七日に本法寺へ返されている（『町吟味所御触留』元治元年六月十三日条）。

明応の政変と越中情勢に関する略年表　　（松山充宏作成）

明応2年	1493	2月	足利義材、畠山政長とともに河内へ出陣す、畠山基家を攻める。
		4月	細川政元・伊勢貞宗ら足利義澄を擁立し、義材の廃立を図る。（明応の政変）
		閏4月	畠山政長自害し、子の尚順は紀伊へ逃れる。義材、細川方へ投降する。随行の二番衆番頭の桃井政信ら遁世する。
		5月	義材、河内から京都へ護送され、龍安寺次いで上原元秀（政元家臣）の屋敷に幽閉される。
		6月	義材、上原元秀の屋敷から脱出して越中へ向かう。
		7月	義材、越中放生津に着く。
		8月	畠山基家軍、越中を攻め、翌月全滅する。
		11月	義材、大友材親・相良為続らに細川政元討伐への協力を求める。
		12月	神保長誠、勧修寺西林院へ義材の放生津動座を伝える。
明応3年	1494	1月	興福寺大乗院主尋尊、元日の日記に「武家大将軍義材、越中に御座なり」と書く。
		5月	越中の義材の勢威が強まっているという風聞がある。
		7月	大友氏、大内氏、菊池氏、島津氏、相良氏ら、義材の上洛に協力することを約束する文書を義材へ送る。
		8月	政元、朝廷に対して公家・寺社が放生津の義材と連絡を取り合うことを禁止するように求める。
		9月	義材、神保長誠に命じて放生津城に武家御幡を立てさせる。
明応4年	1495	1月	放生津の将軍御所が夜襲にあうも、義材は無事という風聞がある。
		7月	義材、吉見義隆に越中への随行の功を認め、所領を安堵する。
		11月	畠山基家軍、越中を攻めるも全滅する。
明応5年	1496	4月	義材、帰国する遣明船の略奪を大内氏・大友氏・島津氏に許し、上洛の際の戦費とするよう指示したと風聞がある。
明応6年	1497	5月	法華経曼荼羅図、本法寺の所有となる。
		6月	義材が6月に上洛するという風聞がある。 蔵川某（神保長誠家臣）、義材帰京交渉のため京都へ行く。
		12月	安富元家（細川政元家臣）が越中に来る。 細川政元、義材からの御内書に対して奉迎を約束する旨を伝える返書を神保長誠、吉見義隆、畠山尚順に送る。
明応7年	1498	2月	蔵川兵庫助・吉見義隆が河内に行く。
		4月	義材が6月に上洛するという風聞があり、有力守護とならんで姉小路基綱が奉迎のため下向する予定があるという。
		6月	義材の帰京交渉が頓挫し、蔵川兵庫助・吉見義隆が越中へ戻る。
		7月	義材と細川政元の和睦交渉が細川政賢の妨害により頓挫したという風聞がある。
		8月	義材の帰京を細川政元が承知したので、9月に帰京するという風聞がある。 義材、阿野季綱を通じて改名のため良い字を選ぶように東坊城和長へ依頼する。 明応の地震が発生する。 義材、放生津から越前へ動座し、朝倉貞景を頼る。
		10月	義材が吉見義隆に自害を命じたという風聞がある。
明応8年	1499	2月	姉小路済継、飛騨に下向する。
		12月	姉小路基綱、飛騨に下向する。

【Ⅰ　本法寺本の伝来・史的位置づけ】

足利義材と五山派禅宗寺院の人事

髙鳥　廉

足利義材の立場を考えるためには、父である義視の存在や、美濃在国の影響について考慮する必要がある。また、戦国期への一大画期となった明応の政変を考えるうえで、寺院勢力への目配りも欠かせない。本稿では、以上の点をふまえながら、義材期における五山派禅宗の人事を素材に、当該期特有の政治的背景について考える。

はじめに

足利義材は、足利義政の弟である義視の子で、十代将軍となった人物として知られる。明応の政変により失脚し、越中、次いで周防へと流浪し、永正五年（一五〇八）には大内義興の助力を得て上洛を果たして将軍に返り咲く。初名を義材といい、次いで義尹と改め、最終的に義稙と改名した（主な検討対象とする時期の都合上、以下義材に統一）。義材（義尹、義稙）政権に関する研究は、当該期が畿内における戦国期の本格的始期であることもあり、政治史を中心として膨大かつ着実に蓄積されてきた[1]。

一方、義材をとりまく仏教（宗教）的な背景についての検討は、弟が入室した醍醐寺三宝院との関係[2]を除くと手薄である。それは、義材が長期間にわたり逼塞を余儀なくされたため、彼をとりまく仏教的環境を物語る史料が少ないからであろう。ただでさえ義材は、青年期を美濃で過ごし、明応の政変後は越中・周防を拠点とした。したがって、将軍に返り咲いた晩年を除き、京都の諸寺社と特別な関係を結ぶこと自体

たかとり・れん――北海道武蔵女子短期大学教養学科専任講師。専門は日本中世史。主な著書に『足利将軍家の政治秩序と寺院』（吉川弘文館、二〇二二年）、論文に「室町・戦国期の大徳寺と尼寺」（『仏教史学研究』六三巻二号、二〇二二年）、「室町期の門跡寺院における仁和寺御室の優位性」（『日本歴史』九〇九号、二〇二四年）などがある。

が困難であったと推察しうる。

そうしたなか、『本化別頭仏祖統紀』下巻は、法華宗僧侶の日順が義材（史料上は「義植〔稙〕」）から寺地の提供を受けて摂津本澄寺を創建したと記している[3]。原口志津子氏は、富山の長松山本法寺（法華宗）に伝わる「法華経曼陀羅図」の「古表具之裏書」に「明応第六丁巳伍月廿一日　法印日順」の文言があることに注目しつつ、本作を越中で施入ないし修復した人物を、義材の上洛成就を祈願した神保長誠と推測した[4]。ここにみられる二人の日順が同一人物であるかは今のところ不詳であり、筆者に「法華経曼陀羅図」と義材との関わりを論じる力量はないが、『本化別頭仏祖統紀』の記述は後世の史料とはいえ義材と日蓮宗系寺院との関係を示す数少ない情報といえる。

そこで、義材と日蓮宗系寺院との関係につき若干の整理をすると、まず、日順が死去した永正八年には、前将軍の足利義澄と結んだ細川澄元が京都に進軍し、義材は丹波へ向かう。義材は、八月に船岡山の戦いで澄元軍を破り、翌九月に京都へ帰還した。その際に義材の宿所となった場所について、『守光公記』同年九月一日条が「自二高雄一御二帰‐洛妙本寺一」と記し、『実隆公記』同日条も「二条西洞院日蓮宗妙本寺為二御所一云々」と記すように、京都へ凱旋した義材は、日蓮宗寺院の妙本寺（妙顕寺）を御所としている[5]。

義材の周辺に目を向けると、『後法興院記』明応七年（一四九八）七月二十五日条によれば、山城頂妙寺の住持が明応七年の二月ごろから河内国へ下向し、義材を支えて連携する畠山尚順と対面したといい、住持が法華宗の法文を説いたところ、尚順が帰依して住持から受法するに至ったという[6]。また、義材の側近公家衆の一人であった高倉永康とその周辺にも日蓮宗系寺院との関係がみられる。木下昌規氏によると、永康は葉室光忠に次ぐ義材の側近で、光忠のように義材への披露や、義材から蔭凉職の亀泉集証へ出される命令・諮問内容を伝達する役割を担い、明応の政変後も（のちに帰洛するが）義材のいる正覚寺の陣所に祗候し続けたという[7]。永康父の永継は、生前に妙顕寺へ土地を売却しており[8]、永継孫の永家も本能寺に土地を売却するなど[9]、高倉家は日蓮宗系寺院と接点をもっていた。その高倉家の被官「粟津四郎右衛門」[10]は、かつて義材の上洛に協力する姿勢をみせたようで、「就二進退儀一、種々忠節無二比類一候、仍於二恩賞一者任レ望也」との御内書を与えられている[11]。卑見では、以上が義材と日蓮宗系寺院との関係を示す主要な事例であり、「古表具之裏書」にみえる明応六年以前に義材が日蓮宗系寺院といかほどの関係を有したかは判然としない。

一方、義材の一度目の将軍在任期に、東坊城和長の日記が「大樹（足利義材）以二禅宗一所レ好」と記している点は興味深い[12]。五山派禅宗と足利将軍家との密接な関係をふまえると、義材自身も禅宗を好んだであろうことは想像に難くない。幸い、『蔭涼軒日録』などから、義材と禅宗との関わりをある程度復元することができる。五山派禅宗を素材に義材と寺院勢力との関係を検討することで、義材の信仰を探るための糸口を得られるのではなかろうか。

また近年、明応の政変の具体相も明らかにされつつあり、その内容も精緻化している[13]。一方、政変に関する歴史叙述は、それが政治史上きわめて重大な出来事であることから、やはり政治史の範疇のみで論じられる傾向にある。したがって、政変に至るまでの流れのなかに宗教勢力の動向を組み込んだ検討は未だ十全ではない。五山派禅宗の人事からは、義材や政変の主導者たちのあいだにある人間関係を窺うことができるように思われる。

以上をふまえ本稿では、時期を義材が没落する明応の政変前に絞り、五山派禅宗寺院の人事を素材にして義材をとりまく環境や五山派禅宗に対する態度とその特質について検討してみたい。そのうえで、それが当該期の政治史といかに関係するのかについても言及する。

一、足利義視・義材父子による公帖発給の特質

（1）足利義視が発給した公帖

足利義視・義材父子は、しばらくのあいだ美濃在国を余儀なくされた。『蔭涼軒日録』をひもとくと、禅林の人事に美濃在国時代の影響が及んでいることがわかる。例えば義視は、応仁・文明の乱の最中に秉払[14]を勤めていない美濃の遠湖宗樹という僧侶に西軍方の南禅寺公帖（住持任命書）を出したが、のちにそれが無効とされたため遠湖の身分回復を兄の義政に依頼し、南禅寺坐公文が発給されたことが明らかにされている[15]。義政の死後にも、義視は自身が発給した公帖の効力回復を企図した事例が確認される。

【史料①】『蔭涼軒日録』延徳二年（一四九〇）四月十六日・十八日・十九日条

（十六日）自二三条御所一被レ召レ僧、（中略）大館（視綱）礼部伝二台命一云、当年祥雲院珠渓和尚丁二十三年一、在二敵領一、南禅公帖、東山殿（足利義政）被レ改二敵方公帖一命厳也、雖レ然此人死去上者、不レ改而可レ為二南禅前住一之事如何、御返答急度可レ白レ之、乃遣二賢上司於鹿苑（惟明瑞智）一云、台命如レ此如何、御返答可レ白哉、院主云、御返答一大事也、以レ参

面稟云々、（中略）孫以清来云、珠渓十三年忌、南禅公帖不レ改レ之而為二南禅前住分一者珍重、自二公方一此子細被二仰出一者、愚御返事可レ為二簡要一之由、我師兄宗伊上司白レ之、愚云、可レ為二後之例一事如何、与二鹿苑一相議評可レ白二御返答一云々、（前後略）
（十八日）祥雲院珠渓和尚、南禅公帖事、此御所《足利義視》被レ成二御判一乎、又義廉《斯波》武衛被レ成二御教書一乎如何、礼部《大館視綱》云、乱中大略此御所被レ成二御判一、殊更彼珠渓事者、別而御近付也、必可レ被レ成二御判一云々、愚云、此御所様被レ成二御判一者無二余義一乎、雖レ然為二私一人一不レ及二御返答一子細也、鹿苑院主相定、而相議定、而御返答可レ白云々、（前後略）
（十九日）相公御返答曰、祥雲珠渓長老十三年忌、来廿五日也、相二尋鹿苑一、帰住者可レ在二何日一、雖レ不レ受二鹿苑命一、可レ開レ影之由可レ白、祥雲存生時、別而被レ懸二御目一之仁也、已死去上者、不レ可レ為二自余之引懸一、於二此一人一如レ初不レ改二御判一、為二南禅前住分一可レ開レ影之由可レ白云々、（前後略）

かつて義政は、応仁・文明の乱で敵方である西軍が発給した公帖を無効とする厳命を出した。これにより、西軍方から南禅寺の公帖を受けていた珠渓なる禅僧も、南禅寺住持の経歴を抹消されてしまっていた。そこで義視側は、すでに珠渓が亡くなっていることや珠渓の十三回忌を迎えることを挙げ、西軍が発給した公帖の効力を認めたうえで南禅寺前住の肩書をも認めたいという考えを蔭凉職の亀泉集証に伝えた。亀泉は、それが後例となることの是非につき鹿苑僧録と相談すると返答している（十六日条）。なお、この公帖は義視が発給したものであった。義視の側近たる大館視綱は、珠渓が義視に「別而御近付」であったことを強調しており（十八日条）、義視側も珠渓は「別而被レ懸二御目一之仁」だとして自身の考えを押し通そうとしている（十九日条）。

亀泉は、月翁周鏡（大智院栖芳軒）、横川景三（常徳院小補軒）、春陽景杲（崇寿院）の三大老に意見を求めた。月翁は、自分はもはや「閑人」であるから是非の返答はできないと回答した。横川と春陽は、上意である以上は是非について述べるべきではないが、以前は「御禁法」であったことを義視に伝えるべきだとし、今回の措置が珠渓だけに認められる特例であれば「苦」とすべきではないのではないかと意見した。[16]

亀泉は三大老の意見を義視に伝えたが、亀泉の日録には「以前被レ改二御判一之事、東山相公《足利義政》不レ在二御本意一、為二寺家一堅禁法之由被二聞召及一、以外御腹立之由、礼部《大館視綱》被レ告レ愚」とみえる。[17] 義視が立腹した背景には、自身のそば近くで活動した珠渓の名誉回復を図りつつ、義政の死を契機に、自身が発給した公帖の正当性を部分的にでも回復しようという目論みがあるように思われる。

なお、義視が発給した公帖は、後世の五山派禅林における人事にも影響を与えている。

【史料②】『鹿苑日録』明応九年三月十一日条

（前略）香厳春首座来曰、昨日詣二公府（足利義高）一、言二公文之事一也、来四月三日、則勝幢院殿（足利政知）年忌也、依レ之美濃之僧善旦西堂求二建長寺公文一也、此西堂初住仏心寺十刹安国寺、両処嘗領二大智院殿（足利義視）御判一、以転位者也、以レ故不レ能二出頭一矣、今以二今川殿局一言レ之、相公曰、可下与二鹿苑一相謀上焉、因二相公一問曰、此僧勤二秉払一否、春言曰、昔於二南禅一勤二秉払一者也、今有下勤二秉払一之証状上也、然則仏心安国両寺大智所レ命者、相公可レ免レ焉云爾、曰、可下与二鹿苑一相謀上焉、予曰、大智為レ敵、以命レ之者、今相公免レ焉、則謹聞レ命、已聞レ命、則可レ賜二建長公文一者、無二異論一矣、若此僧不レ勤二秉払一者、則両寺公文免レ焉者可レ禁レ之、其謂者、甲刹十刹今始而賜レ之者也、大智之命則濫巾也、雖レ然、已勤二秉払一、則無二異論一也、今免二両寺大智之判一、則可レ出二帯其判一者也、万一無二其判一、則濫巾之又濫巾也、在二彼国一者、可レ有二相府弁当院未断之誚一乎、視二大智両判一、則何疑レ之有哉、方今関東十刹甲刹、例賜二鎌倉殿御判一、到二五山一、則雖レ曰二関東之僧一、必賜二相府之御判一也、言二五山公文一、則必出二帯十刹関東之御判一、而鎌倉殿、或管領、或建長・円覚有名尊宿、以二証状一副レ焉、故今余所レ言、可レ視二仏心安国両公文一也、春首座曰、可下以二此儀一令二今川局一達中之公府上也、

香厳院清晃（足利義遐、義高、義澄。以下、義澄に統一）が擁立された政変から約七年の歳月を経た明応九年三月、将軍足利義澄は父である故政知の年忌仏事に際し、美濃国の善旦なる禅僧に建長寺公帖（坐公文であろう）を発給するか否かについて、鹿苑僧録の景徐周麟と議論している。善旦は、南禅寺で秉払を勤めたあと諸山仏心寺と十刹安国寺の公帖を義視から受給したという。景徐は、義視の公帖を敵方の公帖とする認識を示しつつも、上意に従うとしている。ただし、秉払の経験は必須条件であり、仏心・安国両寺の公帖が義視の御判で発給されたものであるか確認する必要性を強調している。なお景徐は、関東公方の諸山・十刹公帖を根拠として五山へ出世する際は京都において公帖確認を行なっていることを挙げ、将軍による公帖確認の正当性を論じている。このように、乱の当事者であった義視が発給した西軍方の公帖は、後世の

五山派寺院人事に影響を与えているのである。

（2）足利義材の公帖発給と美濃在国の影響

義材も少なからず美濃在国の影響を受けている。美濃承隆寺の僧である祖庭敬教という僧には、秉払を勤めていないにもかかわらず諸山・十刹公帖が出されているし、[18] かつて西軍方の諸山・十刹公帖を受けた受継なる僧に対して、正式に真如寺公帖を発給してもいる。[19] 義材期にみられるやや恣意的な人事は、蔭涼職たる亀泉の辞意を強くさせた。

【史料③】『蔭涼軒日録』延徳二年十一月十八日条

早旦湯沐謁㆓相府《足利義材》㆒、（中略）又景曄喝食度僧事、広進喝食度僧事被㆓仰出㆒、孰破㆓御法㆒、如㆑此直白㆑之事太無㆑謂云々、葉室公《光忠》云、度僧事理運之由白㆑之、以㆑故被㆓仰出㆒也、愚云、全非㆓理運之儀㆒、両人共就㆑愚望㆑之、雖㆑然破㆓壁書㆒白㆑之無㆑謂、遂不㆑能㆓許容㆒、以㆑故直白㆑之也、壁書御判持㆑之、以経㆓葉室公一覧㆒、以前供㆓台覧㆒、御失念歟、（中略）葉室公云、壁書御覧事、誠以㆓御失念之儀㆒被㆓仰出㆒也、此両人事許者、被㆓白達㆒可㆑然、愚云、愚所㆑白先被㆑歴㆓台聴㆒可㆑然、葉室公乃達㆓台聴㆒、相公曰、已被㆓仰出㆒上者、此両人許事者可㆑達㆓寺家㆒、於㆓後々㆒以㆓内儀㆒白事可㆑有㆓御停止㆒云々、愚云、台命不㆑可㆑辞㆑之、可㆑達㆓方丈㆒、々々返答如何可㆑白哉云々、又龍華昌準西堂事、為㆓大衆㆒擯㆓出之㆒、然《於》不㆑及㆓御尋㆒出頭事、被㆑成㆓奉書㆒、近頃聊爾之御成敗也、雖㆑為㆓何事㆒僧家事者、先可㆑有㆑御㆓尋愚㆒、為㆑其被㆑置㆓蔭涼《涼》㆒事也、後々事者可㆑有㆓御意得㆒、其旨必可㆑致㆓披露㆒云々、（後略）

ここでは、景曄喝食と広進喝食を度僧とすることにつき義材が指示を出している。義材の側近である葉室光忠は、この人事は「理運」であるというが、亀泉は全く「理運」などではないと反論している。この両人は、亀泉にねだって度僧となることを望んだが、沙弥を経ずに度僧となることを禁じる壁書[20]を破ることになるため許容されなかった。それゆえ義材に直接願い出たのである。この壁書は、以前も光忠を介して義材の一覧を経ているが、失念されたのかと亀泉は怒りをあらわにした。義材は失念していたことを認めつつ、すでに命じてしまったからには二人を度僧とすることを許可してやりたいこと、今後は「内儀」による人事を停止することを亀泉に伝えている。亀泉は、「近ごろの御成敗には問題が多い。五山派禅宗のことについては、何事であろうともまず私にお尋ねいただきたい。そのために蔭涼職が置かれているのだ」と光忠に披露を依頼している。むろん、こうした恣意的な人事は義材に限ったことではないが、禅林行政に疎い義材期に顕著にみられることは事実であろう。

　次の史料も、義材と美濃との関係や、近しい僧を優遇する義材の傾向を示している。

【史料④】『蔭凉軒日録』延徳四年二月十六日条

自二富小路(俊通)方一召レ僧、乃遣二桂子(竺英有桂)一、則云、為二上意(足利義材)一被二仰出一、濃州瑞庸(梅心)西堂乱中領二承国寺公帖一、来廿一日故持是院(斎藤妙椿)十三年忌也、其前臨川寺公帖事、御免之由 台命有レ之、今日中可レ被二書上一、可レ被レ成二御判一云々、乃又遣二桂子一云、此事者慈照院殿(足利義政)、常徳院殿(足利義尚)、両御代尽レ善尽レ美雖レ致二訴訟一、終無二御承引一事也、予存分之通白レ之、雖レ然不レ拘二前御両代一、可レ被レ成二御判一之上意者、其分可レ達二鹿苑一云々、非二 公方様御返事一、以二内々一白レ之、御免事不レ可レ然也、以前大智院奉加之時者可レ出二三万疋一之由白レ之、其後者又云、公帖御免有レ之者、相国寺殿堂一可二造立一之由白レ之、雖レ然不二相叶一子細也、以二此旨一被レ達二葉室殿(光忠)一可レ然云々、(中略)富小路云、瑞庸西堂臨川公帖事、已前之時宜公方様無二御知一、如レ此被二仰出一、以二代御僧一子細御白可レ然、遣二葉室殿一一行出レ之乃命二季材一令二参陳一、条々書二立之一、(前後略)

梅心瑞庸は、かつて諸山である美濃承国寺の公帖を得ていた。富小路俊通は、義材が斎藤妙椿の十三回忌にあたり梅心に臨川寺公帖を発給する命を出したことを亀泉に伝えている。しかし、どうやら承国寺公帖は西軍が発給したようで、亀泉は、かつて義政も義尚も梅心の出世を認めなかったことを指摘しつつ、上意であればそれに従い鹿苑僧録に伝達すると伝えた。ただし、以前も大智院の奉加に三万疋を献上することや、相国寺の殿堂を一つ造立することを条件に公帖発給をせがんだが、それが果たされなかった事実を葉室光忠に伝えてほしいと俊通に求めた。俊通は亀泉に対し、義材が義政・義尚の意向を把握していなかったと弁明している。[21] 結局、義材は作善のためとして梅心への臨川寺公帖発給を指示し、亀泉も「此上者不レ及二是非一子細也」と上意に従っている。[22] このように、政変前の義材期は期間が短いにもかかわらず、私情を挟んだ強引な人事が相対的に目立つのである。[23]

　美濃で育ち、急遽将軍家を継承することになった義材が、京都において盤石な政治基盤を有したとは考え難い。そうしたなかで、まずは美濃で自身を支えた禅僧の身分を保障することが、義視・義材父子にとって重要な政治課題であったと思しい。特に、義視が発給した公帖の正当性を回復することは、過去を含めて彼らの政治的立場を擁護することに繋がる。また、禅僧らの忠節に報いることで、自己への奉仕が高い価値をもつことを諸方面に印象づける効果もあったとみられる。明応の政変に至るまでの義視・義材による五山派禅宗寺院の人事に私情を挟んだ人事が散見されるのは、彼らが置かれていた政治的立場の弱さにあった。

二、義材期における禅僧の動向と明応の政変

義材が廃された明応の政変では細川政元が主たる役割を担い、日野富子がその背後にいたという(24)。細川政国（典厩家）や禅僧の葦洲等縁など、細川一門が政元とともに政変で重要な役割を果たしていることも注目される(25)。以下では、政変を主導した人々の周縁に目を向け、特に禅僧の動向や人事を素材に、政変に至るまでの流れを追ってみたい。

(1) 日野富子と葦洲等縁

【史料⑤】『蔭凉軒日録』延徳二年十二月二十日条

功叔(周全)云、上様(日野富子)被二仰出一子細有レ之云、等縁(葦洲)蔵主后板事可二登庸一之旨被レ命、方丈可レ有二御悦喜一云々、返答云、可レ伝二其命於方丈一云々、（前後略）

本史料は、日野富子が葦洲等縁の後堂首座への昇進を取り計らったことを示すものである。このこと自体は旧稿において言及したが、富子が葦洲を支援する背景については具体的に論じることができなかった。ここでは、両者の繋がりについて少しく考えてみたい。

【史料⑥】『翰林葫蘆集』所収「畝苗正秀禅定尼尽七日拈香」

維文明十九年、歳次丁未、五月十有七日、夫人藤氏法諱正秀道号畝苗、年三十六以レ疾卒、夫人故三川守従四位松波(兼興)某之息女、今中書源国範(細川天竺)之賢室、嫁而十四年、生二三男四女一、皆如レ玉尚幼、其長子(東啓瑞朝)典厩源公(細川政国)養而為レ子、帰二之釈氏一(26)、

これによれば、葦洲の父とされる細川天竺国範は、故松波三河守の息女を妻としていたという(27)。ただし、ここで登場する細川政国の養子となった国範子息は東啓瑞朝で、禅僧としての経歴からみて、葦洲は東啓より年長であろうから、葦洲の生母は故松波三河守の息女ではないのであろう(28)。とはいえ、国範の夫人に関する情報は、富子と葦洲との関係を考えるうえで重要である。それは、『長禄二年以来申次記』(29)が「上様御被官人」の一人として「松波次郎」を挙げたように、松波氏が「上様」富子の被官人とされているからである。

この松波三河守とは松波兼興のことで、文明七年（一四七五）正月二十八日に三河守、同八年六月六日に従四位下に叙され、長享元年（一四八七）十二月二十日に死去した(30)。菅原正子氏によれば、兼興は日野勝光の家司で、相国寺崇寿院領和泉国堺南荘の代官を経験するなど、日野家と結びつくこ

とで将軍家にも接近したという。[31] しかも、兼興の弟で禅僧となっていた惟久聖松は、「当時自二御台(日野富子)一毎端被レ仰二付之一、頗権勢之僧也」と評されたように、富子の周辺で活動する権勢を誇った僧だったというのである。[32] こうなると、松波氏を介して富子と葦洲が繫がりを有していたとしても不思議ではなかろう。

(2) 日野富子と功叔周全

次に注目するのは功叔周全である。玉村竹二氏は、功叔は近習衆の家柄出身で、義政の信頼厚い南堂居士なる人物の俗弟であるとした。[33] その後、この南堂居士が奉公衆の久世大和守であること、功叔が奉公衆久世大和守の弟であったことが、森幸夫氏によって明らかにされている。[34] 功叔の動向を追うと、富子との深い関係を読み取ることができる。文明十七年四月に功叔が秉払を遂げた際には、「上様(日野富子)御二成御桟敷一、秉払御聴聞、以後御二成于大智院本坊一、有二御宴一云々」と記録されるように、富子が功叔の秉払を聴聞したあと、功叔が属した鹿王門派の拠点寺院たる大智院に御成し宴が催されたという。[35] 功叔は、文明十八年十月二十三日に亡くなった富子の娘である因山理勝(宝鏡寺慈光院)の五七日仏事を亀泉に報じてもいる。[36] 功叔が富子の周辺で取次役を務めた徴証には枚挙に遑がなく、富子の山荘であった岩倉金龍寺の作事を主導したのも功叔であった。[37] また、富子の出家に際しても剃手を担当したのは功叔であったほどである。[38] 官寺の住持を経ずに日野重子の菩提所である嵯峨勝智院の住持を務めていることも、功叔と将軍家・日野家の近さを物語る。[39]

なお、朝倉尚氏が指摘するように、功叔の活動からは義政や義尚の側近僧としての側面を読み取ることができる。[40] 義政が危篤状態に陥った際には、蔭凉職たる亀泉、義政が崇敬する横川景三、猶子の就山永崇、そして功叔の四僧が義政を囲んで座したという。その場にいた人々は、富子や将軍家出身の尼僧、義政に仕える女房衆や細川政元など、将軍家に近いごく限られた人々であった。[41] 功叔がいかに将軍家に近い存在であったことが解される。

その一方、義政や義尚は、功叔に対してかなり手厳しい評価を下すこともあった。三村氏が、功叔には「不行蹟の所があった」と評したそのあたりの状況について概観しておこう。例えば、文明十七年六月、義政の女房で取次役を担った堀川局は、「白二全(功叔周全)之事一則相公(足利義政)御気色不可也、後々彼事不レ可レ有二御白一」と密かに亀泉に伝えている。[42] 文明十九年正月には、功叔が殿中から逐電している。亀泉は「不レ知二其罪一」としているが、近衛政家は「就二結城七郎(尚隆)儀一全首座失二面目一逐電云々」としており、詳細不明ながら義尚の寵愛を受けた結城尚隆(尚豊)の件が関係しているらしい。[43] 亀泉は、功叔の身上について「太難義」とし、義尚の命を受けた何者かが功叔を捜索していることを、惣持院（義政息女）から密かに伝え聞いた話として日録に記している。[44] 三月には赦免の噂もあったが、実際に赦免されたのは五月で、殿中に出仕を果たしたのは六月のことであった。[45] 功叔とともに罪に問われた清父珠瞳も無罪として赦されているところをみると、功叔も無罪と判断されたのであろう。[46]

　続いて、義材期における功叔の動きに目を向けてみたい。延徳二年十二月、功叔に対して景徳寺（諸山）の公帖が発給された。[47] ところが、功叔はこの公帖を返すという前代未聞の行動に出てしまう。[48] その際の状況を次に示す史料から整理してみたい。

【史料⑦】『蔭凉軒日録』延徳二年十二月五日条

斎罷謁二西御所一、以二高倉殿一白、（中略）次全首座(功叔周全)公帖返レ之、無二其例一、太無レ謂働也、可レ有二出頭一之由被二仰出一者可レ然、（中略）又全首座事聴レ命、雖二公帖出一固辞之由白レ之、上様(日野富子)曰、公帖出上者難渋無レ謂、如二文首座(競秀軒秀文カ)・玲首座(春岩周玲)一始終嫌二出世一山居為二本意一然也、全首座事者在寺諸方出頭、固二辞公帖一之事無レ謂、如レ此被二仰聞一也云々、愚云、彼出頭事上様御一言有レ之、乃可レ有二出頭一云々、高云、可二出頭一之旨上様者不レ可レ被二仰出一、理之前者、以前一往被レ仰畢矣、大蔵卿云、伊豆次郎殿一昨日死去云々、往二妙厳一打話半、昌子来云、自二相府(足利義材)一有レ命、早々可レ謁、於レ爰主翁勧以二赤雲一、喫了乃謁二相府一、曇花院(祝渓聖寿)召レ愚也、乃詣二曇花一、以二侍者比丘一云、全首座出頭事太早、公帖事先々蔭凉(涼)可二預置一云々、愚返答云、出世事者老少不二相定一事也、歳七十八十者、雖レ有二其望一不レ叶者往々有レ之、又三十余四十者、雖レ嫌レ之不二相叶一、出世者又往々有レ之、其上御判出上者兎角被レ白事太無レ謂、上様被レ仰分如レ此云々、固辞不レ可レ叶之旨、堅可レ被レ仰二付奉行一、□成奉書等返レ之則為二緩怠一、況相公御判返レ之事先例無レ之、曇花曰、所レ白無二余儀一被二思召一云々、（前後略）

　功叔から公帖を返された亀泉は富子の西御所[49]に向かい、富子に仕える高倉殿を介して状況説明を行なうとともに、功叔の行ないは先例のない不当な行為であることを伝え、富子からも出世を促すよう依頼している。富子からも、「公帖が発給された以上、それに難渋するとは不当なことである。文首座や玲首座のごとく常に出世を嫌い、山居を本意とするような者であればよいが、功叔はそのような者ではない。公帖の受け取りを拒むのは不当である」という趣旨の情報を得ている。亀泉は、富子からの一言があれば功叔も出世を受諾するだろうと推察している。なお、高倉殿は、富子はすでに功叔にひととおりの説得を済ませていることから、出世を受け入れるよう改めて命じるには及ばないとの見解を示した。

そして亀泉は、義材に呼び出される。その後、義材御連枝の曇華院祝渓聖寿に召された亀泉は、「功叔の出世はあまりにも早すぎるため、公帖は蔭凉軒で保管すべきだ」と伝えられた。これに対して亀泉は、五山僧の出世は老少によって決められるわけではないことを述べつつ、七十歳や八十歳の僧が希望しても出世できない例は往々にしてあり、三十歳や四十歳で出世を望まない僧が出世することもまた少なくないと論じている。そして、御判（ここでは公帖）が発給された以上はそれにああだこうだといって難渋するのはきわめて不当であるという富子の意向を伝達して祝渓を納得させた。後日、高倉局を通じて翻意を促されたとみられる功叔は公帖受給を承諾し、本件はひとまず落着することとなった[50]。

この事例の構図を整理すると、以下のようになろう。まず、富子に近しい僧である功叔が義材発給の公帖を返却するという行為に出る。これは功叔単独の行為とみられるものの、義材の意向に反する行為であり、功叔の背後にいる富子と義材とのあいだに生じていた軋轢をさらに深めた可能性は十分にあろう。なお、祝渓が功叔に対する公帖発給は時期尚早であるとした理由については判然としない。すでに義材が公帖を発給してしまっていることをふまえると、義材の面目を保つために祝渓が一計を案じたとしてもおかしくはない[51]。

年が明けたこの翌月、義視が死去する。その際に、執紼の役者を誰にするかが問題となった。紼とはいわゆる善の綱のことで、「棺（龕）に結びつけてその前方または後方に伸ばし、人がそれにつかまって引く綱」を指すという。そしてこの紼を引くのは、十五世紀の足利将軍家ではその後継者が引くのが一般的であったとされている[52]。なお、義視の葬礼では義材の左肩に紼がかけられた[53]。恐らく、これを差配するのが執紼の役割なのであろう。それでは、実際に義視の葬礼時の史料をみてみよう。

【史料⑧】『蔭凉軒日録』延徳三年正月十三日条

又来廿五日執紼之事、去年愚勤レ之、這回事者可レ令二斟酌一、然者全西堂（功叔周全）勤レ之者可レ然、常徳院殿（足利義尚）御時細河右京兆（政元）被二挽紼一、其時執紼之事全首座（功叔周全）勤レ之、勝智院殿（日野重子）御茶毘時執紼之仁無レ之、以レ故季瓊（真蘂）西堂俄勤レ之、以二其例一去年慈照院殿（足利義政）御時愚勤レ之、両年勤レ之者定而傍観之者可レ非レ之、然者御二為公方一不レ可レ然乎、葉公（葉室光忠）云、全西堂之事者一向不レ可レ及二披露一、余人誰可レ勤レ之哉、愚

云、差レ之可レ申仁体無レ之為二如何一、葉公云、如二去年一被レ勤レ之者可レ然、自余之役者亦皆同前也、如何々々、傍有二飯尾加賀守・東蔵坊一、皆云、如二葉公被レ仰被レ勤レ之者可レ然、愚云、為二上意一被二仰出一者不レ及二異議一可レ勤レ之、葉公則達二台聴一、則相公（足利義材）曰、如二去年一可レ勤レ之、全西堂之事者一段子細有レ之、故上意以外不可也之由、葉公被レ話、東蔵・飯賀両人聞レ之、皆顰レ眉驚歎、愚耳聾故不レ聴二一段子細云事一退出、（中略）執紼之事愚勤レ之由話二功叔一、（前後略）

亀泉は、義尚の葬礼時に功叔が執紼役を担当した先例を挙げつつ、功叔がよいのではと進言した。ところが、義材の側近たる葉室光忠に「功叔についてはまったく披露することはできない」と拒絶されてしまう。光忠は、「功叔のことは一段の理由があり、義材公はもってのほかご不快に思われている」とも伝えており、義材が功叔に対してきわめて強い嫌悪感を抱いていたことは疑いない。この背景には、最終的には受給したとはいえ功叔が公帖を返すという挙に出たことが背景にあるのであろう。そして、次に示す事例も、義材と功叔、そして義材と富子との関係をさらに悪化させたと思しい。それは、将軍家の家刹であり十刹第一位の官寺である等持寺への入院が取り沙汰された際に起こった。

【史料⑨】『蔭涼軒日録』延徳四年七月二十七日条

自二養花一瑞蔵主来云、等持寺新命事、只今先可レ令二斟酌一、上様（日野富子）江借用事白レ之、不レ可レ叶之由御返答有レ之、依レ之入寺之儀難レ成云々、（前後略）

等持寺住持に内定していた功叔であったが、またもや辞退を申し出ている。しかもその理由は、功叔の庇護者ともいうべき富子が入院費用を貸与しなかったからだというのである[54]。富子としては、幾度も問題を惹き起こす功叔を見放したのかもしれないが、等持寺住持は将軍の御相伴衆を務める重要な役割を担っており、他の一般官寺とは一線を画する寺院といえる[55]。そうした重要寺院の住持職への就任を断ることは、再び義材の逆鱗に触れる可能性を高めることを意味する。しかも、富子が入院費用を工面しないことが理由で功叔の等持寺入院が果たされないということになると、それは富子が義材の顔に泥を塗るということにも繋がっていくであろう。亀泉は功叔の等持寺入院を「好時節」と惜しみつつ、結局は功叔の申し出を了承している[56]。以上のように、功叔の人事に関する二つの事例をみても、富子と義材との関係が良好に保たれていたとは思われないのである。

また、功叔の特筆すべき活動として詩歌の活動を挙げることができる[57]。特に、細川一門出身の五山僧と親密であったとみられ、史料上では「遊初軒（葦洲等縁）、東叔（等元）、功叔（周全）、東啓（瑞朝）亦同然」などと細川一族とともに記されることもあった[58]。葦洲の景徳寺入院に際しては、江湖疏を作成してもいる[59]。なお、細川一門の天沢等恩や葦洲らは、富子の生母である苗子の尽七日忌仏事に参仕しているように日野家との関係も深く、功叔も苗子の死に際して亀泉の弔問を受けたことが指摘されている[60]。これらはいずれも明応の政変前の状況を示すものであり、政変を主導した細川政元や富子の周辺を理解するうえできわめて重要な事実といえよう。先行研究の理解もふまえると、富子が義材を見限り政元と提携して香厳院清晃を取り立てようとしたのは延徳二年の四月から五月にかけてのこととみられる[61]。富子が葦洲の後堂首座昇格を取り計らったのも、富子の周辺で活動する功叔が義材の人事に否定的な態度をとったのも、富子と義視・義材父子との関係が決裂したあとの出来事である。こうした事実も、政変主導者たちの連携の一端を物語る事例として理解することができよう。

おわりに

本稿では、義視・義材父子による五山派禅宗の人事にみられる特徴を瞥見して義材と禅宗寺院との関わりの一端を確認するとともに、明応の政変の一前提を探るべく禅僧の動向に注目してきた。最後に、これまで述べてきた内容を整理しておこう。

第一章では、義視が応仁・文明の乱の当事者であったために、義視が発給した西軍方の公帖が後世の五山派寺院人事に影響を与えていたことを確認した。また、京都に確たる政治基盤をもたなかった義視・義材父子にとって、美濃で彼らを支えた禅僧の身分を保障することは政治的な意味を有したものと推察される。義視が発給した公帖の正当性を回復するとともに、忠節を尽くした禅僧に報いることで、義視・義材父子が自身らの立場を固めようとしていたように思われる。

第二章では、明応の政変に至るまでの流れについて、日野富子と禅僧（葦洲等縁・功叔周全）との関係を素材に概観した。まず、富子と葦洲が繋がる背景の一つとして、葦洲の父とされる細川天竺国範の妻が、日野家に奉公し富子の周辺でも活動する松波氏の出身女性であったことに注目した。葦洲が細川政元の近くで活動する細川一門出身者であることもさることながら、間接的に富子との関係を有することにも留意すべきであろう。また、功叔周全の人事にみる義材と富子との関係からは、両者の関係が悪化の一途を辿っていたことを想像させる。禅僧の動向を追うことも、政治史を理解するうえで有用だといえよう。

以上のようにみると、明応の政変以前の義材は五山派禅宗との関係が深く、東坊城秀長の「大樹（足利義材）以二禅宗一所レ好」なる言は、やはり信ずべきものとみられる。本稿で論じてきたとおり、五山僧の人事を政治利用していることからも、少なくとも政変前の義材は、禅宗に重きを置いていたといえよう。

一方、冒頭で整理したように、政変前における義材の周辺での日蓮宗の影は薄いといわざるを得ない。義材周辺と日蓮宗系寺院との関係を示唆する史料が散見されるようになるのは政変以降である。その意味では、義材が当初から日蓮宗系寺院に強い関心を抱いていたとは思われない。むろん、義材が「法華経」に関心をもっていた可能性は残るものの、それが示唆される時期が二度目の将軍在任期にあたる永正年間である点には改めて留意しておきたい(62)。史料の残存状況に難はあるが、今後、義材と日蓮宗系寺院との直接的な関わりを考えていくためには、さらに時代の下った明応年間の後半から永正年間にかけての期間を主たる検討対象に据える必要があることを述べて擱筆する。

注

（1）代表的な研究として、上杉剛「足利義材政権についての一考察」（『史友』一七号、一九八五年、副題省略。以下同）、設楽薫A「将軍足利義材の政務決裁」（『史学雑誌』九六編七号、一九八七年）、同B「足利義材の没落と将軍直臣団」（『日本史研究』三〇一号、一九八七年）、家永遵嗣「足利義材の北陸滞在の影響」（『加能史料会報』一二号、二〇〇〇年）、今岡典和「足利義稙政権と大内義興」（上横手雅敬編『中世公武権力の構造と展開』吉川弘文館、二〇〇一年）、木下昌規A「足利義稙の側近公家衆の役割をめぐって」（『戦国期足利将軍家の権力構造』岩田書院、二〇一四年、初出二〇〇八・二〇一〇年）、同B「第十代　足利義稙」（榎原雅治・清水克行編『室町幕府将軍列伝』戎光祥出版、二〇一七年）、末柄豊「足利義稙の源氏長者就任」（『日本歴史』七四八号、二〇一〇年）、湯川敏治「足利義材側近の公家、葉室光忠とその時代」（大乗院寺社雑事記研究会編『大乗院寺社雑事記研究論集』第四巻、和泉書院、二〇一一年）、萩原大輔「足利義尹政権考」（『ヒストリア』二二九号、二〇一一年）、山田貴司「足利義材の流浪と西国の地域権力」（天野忠幸ほか編『戦国・織豊期の西国社会』日本史史料研究会企画部、二〇一二年）、山田康弘『足利義稙』（戎光祥出版、二〇一六年）、松園潤一朗「将軍足利義稙期の幕府訴訟制度について」（『一橋法学』一八巻三号、二〇一九年）、石原比伊呂「足利義材の笙始儀と豊原統秋」（『聖心女子大学論叢』一二八号、二〇一七年）、同「笙器「達智門」にみる足利義材の近江出陣」（『聖心女子大学論叢』一三二号、二〇一八年）、同「足利義稙にとっての笙と義満先例」（『聖心女子大学論叢』一三六号、二〇二〇年）、松山充宏「『放生津幕府』論」（『富山史壇』二〇〇号、二〇二三年）、森成史「足利義材の「義尹」改名とその政治的意義」（『日本歴史』九〇六号、二〇二三年）などがある。

（2）佐藤稜介「三宝院持厳考」（『奈良国立博物館研究紀要　鹿園雑集』二二号、二〇二〇年）。

(3) 日蓮宗全書出版会編『日蓮宗全書』(史伝部、須原屋書店、一九一一年)。

(4) 原口志津子「本法寺現蔵の経緯」(『富山・本法寺蔵法華経曼陀羅図の研究』法藏館、二〇一六年、初出二〇〇四年)。「法華経曼陀羅図」の伝来や詳細については、本書を参照。

(5) 史料はその背景を語らないが、すでに日蓮宗寺院が上京した武士たちを受け入れる役割を担いはじめていた点を想定しうる。例えば義材初政期の延徳~明応ごろには、本能寺や妙蓮寺などが赤松氏とその被官の宿所となっており(河内将芳「中世妙蓮寺の寺地と立地について」『興風』三三号、二〇二一年)、義稙がそれを知らなかったとは思われない。

(6) 辻善之助『日本仏教史』(第五巻中世篇之四、岩波書店、一九五〇年、四〇八頁)。義材と畠山尚順との関係については、山田前掲注1著書(特に一〇七―一一二頁)を参照。

(7) 木下前掲注1、A論文。

(8) 永正十六年五月七日付粟津頼清奉書ほか(「妙顕寺文書」一『大日本史料』第九編之九、二〇八―二〇九頁)、河内将芳「日廿妙顕寺の寺地と立地」(『興風』三〇号、二〇一八年)。

(9) 高倉永家書状(「本能寺文書」藤井学ほか編『本能寺史料 中世篇』思文閣出版、二〇〇六年、七八号)。

(10)『忠富王記』文亀三年五月四日条。

(11)(明応八年ヵ)四月二十九日付足利義材御内書(「松本文書」〈木下聡編『足利義視・足利義稙文書集』戦国史研究会、二〇一九年、一〇〇号〉)。

(12)『和長卿記』延徳四年六月十八日条(国立公文書館所蔵写本、請求番号【一六二一―〇二五三】。同所デジタルアーカイブ〈https://www.digital.archives.go.jp/〉にて閲覧。『後鑑』同日条も参照)。

(13) 堀本一繁「明応の政変と少弐氏」(『福岡市博物館研究紀要』一〇号、二〇〇〇年)、小池辰典「明応の政変における諸大名の動向」(『白山史学』五一号、二〇一五年)、同「明応の政変後の争乱における畠山義豊と足利義澄陣営」(『戦国史研究』八四号、二〇二二年)など。

(14)「住持に代わって普通の僧が説法すること」を秉払といい、「日本ではこの秉払が重視されて、秉払を済ませていない僧は官寺任命の辞令である公帖を受けることができなかった」とされる(今泉淑夫『禅僧たちの室町時代』吉川弘文館、二〇一〇年、六八頁)。

(15) 蔭木英雄『蔭凉軒日録』(そしえて、一九八七年)、斎藤夏来「足利政権の坐公文発給と政治統合」(『五山僧がつなぐ列島史』名古屋大学出版会、二〇一八年、初出二〇〇四年)、今泉淑夫『人物叢書 亀泉集証』(吉川弘文館、二〇一二年)。『蔭凉軒日録』文明十九年八月三日・五日・八日・十二日・十三日条、長享元年閏十一月七日・八日条、延徳二年正月二十三日条などを参照。

(16)『蔭凉軒日録』延徳二年四月二十日条。

(17)『蔭凉軒日録』延徳二年四月二十一日・二十二日条。

(18) 山田前掲注1著書、三六―四一頁(「教敬」は「敬教」が正しい)。『蔭凉軒日録』延徳二年閏八月六日・七日・九日条も参照。

(19) 今泉淑夫『人物叢書 亀泉集証』(吉川弘文館、二〇一二年)、拙稿「室町・戦国期の大徳寺と尼寺」(『仏教史学研究』六三巻二号、二〇二二年)。『蔭凉軒日録』延徳二年閏八月十一日・十二日・十八日条、九月二十七日・二十九日条、十月三日条、十二月十一日・十五日条などを参照。

(20) 蔭木前掲注15著書、五九―六一頁。

(21) 以上、本件の概要については、苗代田敏明「中世後期地下官人の一形態」（『日本社会史研究』三〇号、一九九一年）を、梅心瑞庸については、玉村竹二「中世前期の美濃に於ける禅宗の発展」（『日本禅宗史論集』下之二、思文閣出版、一九八一年、初出一九七五年）を参照。苗代田氏は上記論文において、俊通が「浄土寺侍法師石見法橋」の子であり（『尊卑分脈』）、かつて浄土寺門主であった義視との関係を深めていた可能性に言及している。

(22) 『蔭凉軒日録』延徳四年二月十七日条。

(23) このほか一般的な事例として、義材が偏諱を与えた京極材宗の申請で、未了龍縁に建仁寺公帖を発給した事例を挙げておく（『蔭凉軒日録』延徳三年二月二十一日・二十六日条）。また、母を介して義視との血縁関係をもつ問鼎瑞重は、秉払を勤めていないにもかかわらず、景徳寺発給が強行された。その際も、「瑞重首座事者、与二大智院殿一同母弟兄」や「先考大智院殿乳兄弟也」と、義視との関係から特例的に出世が認められている（『蔭凉軒日録』『鹿苑日録』明応元年十二月二十七日条）。

(24) 山田康弘「明応の政変直後の幕府内体制」（『戦国期室町幕府と将軍』吉川弘文館、二〇〇〇年、初出一九九三年）。

(25) 『晴富宿禰記』明応二年四月二十三日条、拙稿「戦国期の蔭凉職と幕府政治」（『足利将軍家の政治秩序と寺院』吉川弘文館、二〇二二年、当該箇所の初出は二〇二〇年。以下、特に断らない限り本文中の「旧稿」は本論文を指す）。設楽薫氏が注目したように、『金言和歌集』巻第八（『続群書類従』第三十三輯下雑部）のなかには「右京大夫 政元に 申あわする 右馬のかみ 道勝入道 とりもちて 一家一門 しよ大みやう きんしゆとさましゆ かたらひて 明応二年 四月の 廿二日のさるのとき 香厳院殿を とり申」とあり、一家一門も香厳院清晃を擁立に尽力したとみえる（設楽前掲注1B論文）。

(26) 上村観光編『五山文学全集』（第四巻、五山文学全集刊行会、一九三六年）六〇九―六一一頁。

(27) 勝浦令子「女の地獄と談義」（『女の信心』平凡社選書、初出一九八六年）二二六頁。【史料⑥】および勝浦氏のいう「源国範」は細川天竺国範を指す。

(28) 玉村竹二「蔭凉軒及び蔭凉職考」（『日本禅宗史論集』上、思文閣出版、一九七六年、初出一九四〇年）が指摘するとおり、葦洲が細川天竺氏の出身者であることは、『補庵京華前集』（同編『五山文学新集』第一巻、東京大学出版会、一九六七年、二五二―二五三頁）所収「葦洲字説」からも疑いない。ただし、実父が国範ではなく細川天竺氏の別人である可能性についても考慮に入れる必要があるかもしれない。東啓についても同論文を参照。玉村氏は、東啓を葦洲の「俗の兄弟」としている（一三五頁）。

(29) 『群書類従』第二十二輯武家部。

(30) 「地下家伝」十八、下北面、松波（加能史料編纂委員会編『加能史料 戦国Ⅱ』石川県、二〇〇〇年、五―八頁）。

(31) 菅原正子A「日野家領の研究」（『中世公家の経済と文化』吉川弘文館、一九九八年、当該箇所の初出は一九九三年）一七三―一七五頁、同B「家司になった人々」（日本史史料研究会監修・中脇聖編『家司と呼ばれた人々』ミネルヴァ書房、二〇二一年）、『蔭凉軒日録』寛正六年十月十六日条、長享二年二月四日条、十二月三日条などを参照。なお、松波氏については、木下聡「室町幕府将軍御台被官と附庸奉公衆」（倉本一宏編『貴族とは何か、武士とは何か』思文閣出版、二〇二四年）でも言及されている。

(32) 『晴富宿禰記』文明十一年七月十一日条、菅原前掲注31B

論文。惟久聖松《（梵松）》については、片岡秀樹「中世因幡の禅宗の展開」（『鳥取地域史研究』一九号、二〇一七年）も参照。

(33) 玉村竹二「功叔周全」（『五山禅僧伝記集成』新装版、思文閣出版、二〇〇三年、初刊一九八三年）。以下、玉村氏の功叔に関する見解は本書による。

(34) 森幸夫「室町幕府奉公衆の成立時期について」（『中世の武家官僚と奉行人』同成社、二〇一六年、初出一九九三年）。関連史料は、『蔭凉軒日録』文明十七年十月十九日条、『補庵京華新集』所収「和南堂居士挽詩并序」（玉村前掲注28編著、六四七—六四八頁）、『翰林葫蘆集』（上村前掲注26編著、一二六頁）所収「題睡足斎図」などを参照。

(35) 『蔭凉軒日録』文明十七年四月十五日条。

(36) 『実隆公記』『長興宿禰記』文明十八年十月二十三日条、『蔭凉軒日録』同年十一月十五日条。

(37) 『後法興院記』長享二年正月二十五日条。

(38) 「慈照院殿諒闇総簿」（『大日本史料』第八編之三十五、三九—四五頁）。

(39) 『蔭凉軒日録』文明十七年七月十日・十八日・二十五日条。

(40) 朝倉尚「詩文活動について」（『就山永崇・宗山等貴』清文堂出版、一九九〇年、初出一九七七年）。

(41) 『蔭凉軒日録』延徳二年正月六日条。

(42) 『蔭凉軒日録』文明十七年六月九日条。

(43) 『蔭凉軒日録』文明十九年正月二十六日条、『後法興院記』文明十九年正月二十七日条。結城尚隆が義尚の寵愛を受けたことは、百瀬今朝雄「応仁・文明の乱」（『岩波講座日本歴史』7中世3、岩波書店、一九七六年）、設楽薫「足利義尚政権考」（『史学雑誌』九八編二号、一九八九年）、木下聡「幕府奉公衆結城氏の基礎的研究」（戦国史研究会編『戦国期政治史論集西国編』岩田書院、二〇一七年。同論文は、功叔の逐電史料に触れている）を参照。

(44) 『蔭凉軒日録』文明十九年二月二日条。義政息女については、湯之上隆「足利氏の女性たちと比丘尼御所」（『日本中世の政治権力と仏教』思文閣出版、二〇〇一年、初出一九九〇年）九六—九七頁を参照。

(45) 『蔭凉軒日録』文明十九年三月二十七日・二十八日条、五月十六日条、『後法興院記』同年六月十一日条。この事件については、朝倉尚「連句活動について」（前掲注40著書、初出一九八〇年）一六四頁に若干の言及がある。

(46) 『蔭凉軒日録』文明十九年八月三日条。

(47) 『蔭凉軒日録』延徳二年十一月二十七日条、十二月二日条。

(48) 功叔が公帖を返却した事実については、朝倉尚「景徐周麟の文筆活動」（『広島大学総合科学部紀要Ⅰ　地域文化研究』二五巻、一九九九年）を参照。

(49) 川上貢「義政の御所」（『日本中世住宅の研究〔新訂〕』中央公論美術出版、二〇〇二年、初刊一九六七年）。

(50) 以上、『蔭凉軒日録』延徳二年十二月七日・八日条。なお、『翰林葫蘆集』（上村前掲注27編著、五八二—五八三頁）に、「前住景徳功叔西堂秉炬」法語がみえる。

(51) 祝渓が発言力を有したことについては、前掲注19拙稿を参照されたい。

(52) 以上、勝田至「中世後期の葬送儀礼」（『日本中世の墓と葬送』吉川弘文館、二〇〇六年）一八一—一八七頁。

(53) 『蔭凉軒日録』延徳三年正月二十五日条。

(54) 本件について、朝倉尚「景徐周麟の文筆活動」（『鈴峯女子短期大学人文社会科学研究集報』六〇号、二〇一三年）は借用依頼先を義材とするが、富子とみるのが穏当である。

(55) 拙稿「等持寺住持職の歴史的展開」(前掲注25拙著、初出二〇一九年)を参照。

(56)『蔭凉軒日録』延徳四年七月二十八日条。

(57) 朝倉尚「景徐周麟の文筆活動」(『鈴峯女子短期大学人文社会科学研究集報』五四号、二〇〇七年)。

(58)『蔭凉軒日録』明応二年四月三日条。東叔については、玉村前掲注28論文、前掲注25拙稿などを参照。

(59)『蔭凉軒日録』明応二年正月二十八日条、二月五日条。

(60) 朝倉尚「景徐周麟の文筆活動」(『鈴峯女子短期大学人文社会科学研究集報』五六号、二〇〇九年)、『蔭凉軒日録』延徳三年七月一日・二十五日条。

(61)『蔭凉軒日録』延徳二年四月二十八日条、『後法興院記』延徳二年五月十八日条など。上杉前掲注1論文、二九―三二頁、家永遵嗣「明応二年の政変と堀越公方」(『室町幕府将軍権力の研究』東京大学日本史学研究室、一九九五年)三七〇―三七四頁も参照。

(62) 原口前掲注4論文、三四九頁。『永正十三年記』(『大日本史料』第九編之六、四八五―四八六頁)十一月二十九日条、『永正十七年記』(『続群書類従』第二十九輯下雑部)八月五日条。

附記　校正前に、拙稿「足利将軍家所縁の五山派禅宗寺院にみる政治秩序」(『歴史学研究』一〇五四号、二〇二四年)が刊行された。関連する内容を含んでいるため、併せて参照されたい。

本法寺蔵「法華経曼荼羅図」に見る浄土のイメージ
——宝樹を中心に

鴈野佳世子

かりの・かよこ——帝京大学文学部史学科准教授。専門は中世日本絵画史、技法材料史、文化財復元。主な著書に『日本画　名作から読み解く技法の謎』（共著、世界文化社、二〇一四年）、論文に「春日大社所蔵《春日社寺曼荼羅》の仏尊表現について」（『仏教藝術』第三三六、二〇一四年）、「本法寺蔵《法華経曼荼羅図》の絵師に関する試論」（『仏教芸術』第七号、二〇二一年）などがある。

本稿では、本法寺本の画中に多出する「宝樹」の作画・表現手法を通して、本法寺本に見る「浄土」のイメージについて論じた。特徴的な楕円串刺し型宝樹の形態や、第十一幅「妙法蓮華経見宝塔品第十一」に見られる七重の宝樹に注目しながら、本図の宝樹表現に関しては『観経』に基づく浄土図にイメージソースがあった可能性を指摘する。

はじめに

筆者は「富山・本法寺蔵『法華経曼荼羅図』の総合的研究」（基盤研究（B）16H03374、代表・原口志津子氏）をきっかけに、本法寺蔵「法華経曼荼羅図」（以下、本法寺本）の絵師について、江戸期の補作である第一幅と、補彩が著しく線質の判断が難しい第二幅を除く二十幅における分担状況を検討した(1)。絵師の筆分けを試みた際、近赤外線撮影画像を含めて作品の細部を観察し、特に画中に頻出する宝樹の表現に関心を持ったため、本稿ではその形態的特徴や関連する図像について、若干の考察を加えることとする。

本法寺本の絵師が作画にあたって何を参照し、どのような絵画的効果を期待してモチーフや表現を選択していたのか検討することで、本法寺本に見る「浄土」のイメージについて、作画・表現手法の観点から論じてみたい。

一、絵師の検討と作画手法の特徴

宝樹の作画手法を論じるにあたり、絵師の別についても触れる必要があるため、はじめに前稿で論じた本法寺本の造形的特徴と絵師の分担状況についてまとめておく。なお、本法寺本の作品情報の詳細はすでに先行研究や本書にて提示されているため、説明を省く。

筆者は近年撮影された高精細画像を活用しながら、本法寺本の構成要素である諸尊・人物・動植物・建造物といったモチーフ毎の表現的特徴を比較し、絵師の筆分けを試みた。本法寺本の絵師としては画中の墨書銘から(2)「画工堪明」「画工□叟」の二名が知られているが、墨書銘が確認されている画幅以外について、具体的な担当内訳は不明であった。前稿ではまず、絵師の判断に関わる補彩補筆箇所を検討し、それを踏まえてモチーフおよび場面毎の筆致の分析を行うことで、本法寺本における絵師の分業状況を考察した。

補筆補彩に関しては赤外線撮影画像も併せて確認したが、補彩に比べて線描の加筆は比較的少ないように見受けられ、モチーフの形態そのものに大きな改変はないと判断した。モチーフ毎の観察では、人物のみならず動植物や建物にも筆致の巧拙の差や作画精度に差を見出すことができ、主筆とみられる二種類の画風と、補助的な役割を担ったとみられる複数の画風を確認した。

説法図の人物表現の観察から、ひとまず主導的な絵師をA、Bの二名と仮定し、画幅毎の分担状況を整理した結果、墨書銘にある「画工堪明」が絵師B、「画工□叟」が絵師Aの画風を示すと考えられた。画技に優れ、構成の中心となる第十一幅「妙法蓮華経見宝塔品第十一」を手掛けることから、絵師B(堪明)が筆頭絵師であったと推察している。また、墨書銘の年記と絵師の分担を照合し、本法寺本の制作期間、作業体制に関しても考察を加えた。(3)補彩の問題もあるため場面単位の担当分布の把握までには至っていないが、画幅単位での担当状況が大掴みできたと考えている。

本法寺本では、画幅毎の線描を一人の主筆絵師が担当しているわけではなく、助手の筆致も混在していることから、厳格な分業制ではなく、主筆絵師がさほど権威的でない雰囲気が感じられる。土佐派や狩野派が工房制度の確立に向けて粉本管理や画学習整備を進めていく中世後期と対照的な、未だおおらかな工房制作の実態が垣間見られて興味深い。大画面説話画の制作手法を考える上でも示唆的であり、中世の作画技法を伝える点でも改めて重要な作品として位置づけることができた。

本法寺本の作画手法としては、障子絵の大画面法華経曼荼羅図が前身としてあったこと、法華経見返絵・宝塔曼荼羅・絵巻物・六道絵などから図柄を引用し構成されていることとなどが指摘されてきた(4)。また、拙稿では本法寺本の作図に際してかなり高精度の下図、紙形を用いた可能性を指摘した。繰り返し登場するモチーフにも図柄の使い回しは少なく、本法寺本を手掛けた絵師工房が豊富な紙形を有していたことが考えられる。本書掲載の小林知美論文、五月女晴恵論文では、さらに法華経版本や絵巻物との主題や画面構成の比較も提示されている。

図像の系譜に関する研究の他、太田昌子は大画面掛幅画としての構成・構図分析を行っている(5)。構図法に関して、筆者は特に各場面が独立傾向にあるという作図的特徴に注目した。大画面説話画では霞や山水、家屋などが場面転換装置として機能することが多く、本法寺本についても同様の分節法は多く見られるが、一方で各場面が隣接せず、明確な余白をもって分けられている箇所も多い。大画面の法華経変相図の多くは、各場面が自然景で有機的につながれ、風景画的な趣を感じさせる。それに対して本法寺本では、場面の背景や舞台として山水、家屋などが描かれてはいるが、全体をひとつの風景画として仕立てるような姿勢は希薄である(6)。これは見返絵・宝塔曼荼羅・絵巻物といった様々な形式の絵画モチーフを組み合わせる手法に起因するとともに、同時に二十二幅もの巨大な掛幅を仕上げるにあたり、絵師の共同制作という観点からも効率的な構成であったとみられる。そして、それは法華経に説かれる幻想的・超現実的イメージを現世の描写から切り離して誇張することにも寄与している。

二、宝樹表現のバリエーション

『妙法蓮華経』(以下、『法華経』)「見宝塔品第十一」から「嘱累品第二十二」には、壮大な虚空会の宗教空間が語り出される。「如来寿量品第十六」は釈迦説法の様相を説き、説法相の釈迦を中心に、まわりに菩薩、十大弟子、四天王、八部衆、獅子等が参集し、虚空には賛嘆の音声飛天、釈迦の背景は宝頂・宝樹で飾るという釈迦説法図の構成要素を決定づけた(7)。本法寺本は二十二幅という大規模な構成で法華経二十八品の経意を忠実に絵画化しており、多くの説法場面を描く。そして、現世における釈迦の説法図だけでなく、天空での説法や過去世・未来世の諸仏が住まう仏国土のイメージが画中に散りばめられている。

こうした浄土のイメージを構成する要素として、仏菩薩・楼閣・宝池・宝樹などがある。筆者は前稿にて、本法寺本の絵師の画技水準の差を如実に示すモチーフのひとつとして宝樹に注目したが、本稿では浄土を示す標識としての宝樹の役割について考えてみたい。

本法寺本には、大小様々な多くの宝樹が描かれる。丁寧な描写による端正で自然な表現の宝樹もあれば、形式化したものを写した、あるいは写し崩れかと見られる宝樹もある。赤外線撮影画像で見ると輪郭の楕円のみを墨線で描き、葉の描き起こしは色線とみられるものもあり、形だけでなく描画方法そのものにも違いがみられることは、絵師の筆分けにも関わる要素として注目された。

宝樹が配されるのは主に説法場面と浄土に通じる場面であり、意図的に場の聖性を示すアイコンとして用いられている。しかし、樹頂に宝珠を配すことで通常の樹木と明確に区別されているものの、宝樹そのものの形態は多様である。本法寺本の宝樹の形態を大まかに分類すると、以下のようになる。

（第一群）楕円串刺し型

最も多く見られるのが、楕円形の葉叢を真っ直ぐな幹で串刺しにしたような形態である（**図1a**）。ほぼ同寸、あるいは下から上へ徐々に小さくなるよう差をつけて、葉叢が串団子状に三〜五層連なり、各層の間には枝分かれした幹を描く。全体的に幹は直立しており、自然な樹木表現に見られるような複雑な枝ぶりや屈曲した幹は描かず、多くの場合、根も描写されない。

宝樹であることを示す特徴として花菓をつけることも挙げられるが、基本的に花は赤く彩り、花びらの重なりを白線で描き加え、花の周囲に放射状に葉を描く。これを複数集めて楕円形の葉叢を成している。葉の描写は一枚一枚明確なものもあれば、絵具が剥落し描き起こしの線描が失われているものもある。下描き線を見ると、葉の形を意識してややギザギザの縁取りで葉叢の形をとるものと、単純な楕円形を線描するものがある。

第六幅「妙法蓮華経授記品第六」までに登場する宝樹はすべてこの形状であり、それ以降も全幅を通して登場する。ただし、デフォルメの手法は同じであっても画技の巧拙は顕著に現れる。特に主要でない場面では、楕円形が歪み樹の中心軸がずれるなど、画技の拙さを感じさせるものも見られる（**図1b**）。

（第二群）楕円串刺し型＋羅網

楕円形の葉叢の下辺を覆うように羅網をかけるものを第二群とした（**図2a**）。羅網は線的に網目を描写するのでなく円筒型に白や緑色で塗りつぶされ、各層の葉叢を包んで垂れている。この型の宝樹は第七幅「妙法蓮華経化城喩品第七」から登場する。第十一幅「妙法蓮華経見宝塔品第十一」では羅網部分に截金を施した装飾性の高い表現が確認でき、他の宝樹についても現状では剥落してしまっているが、網部分を彩

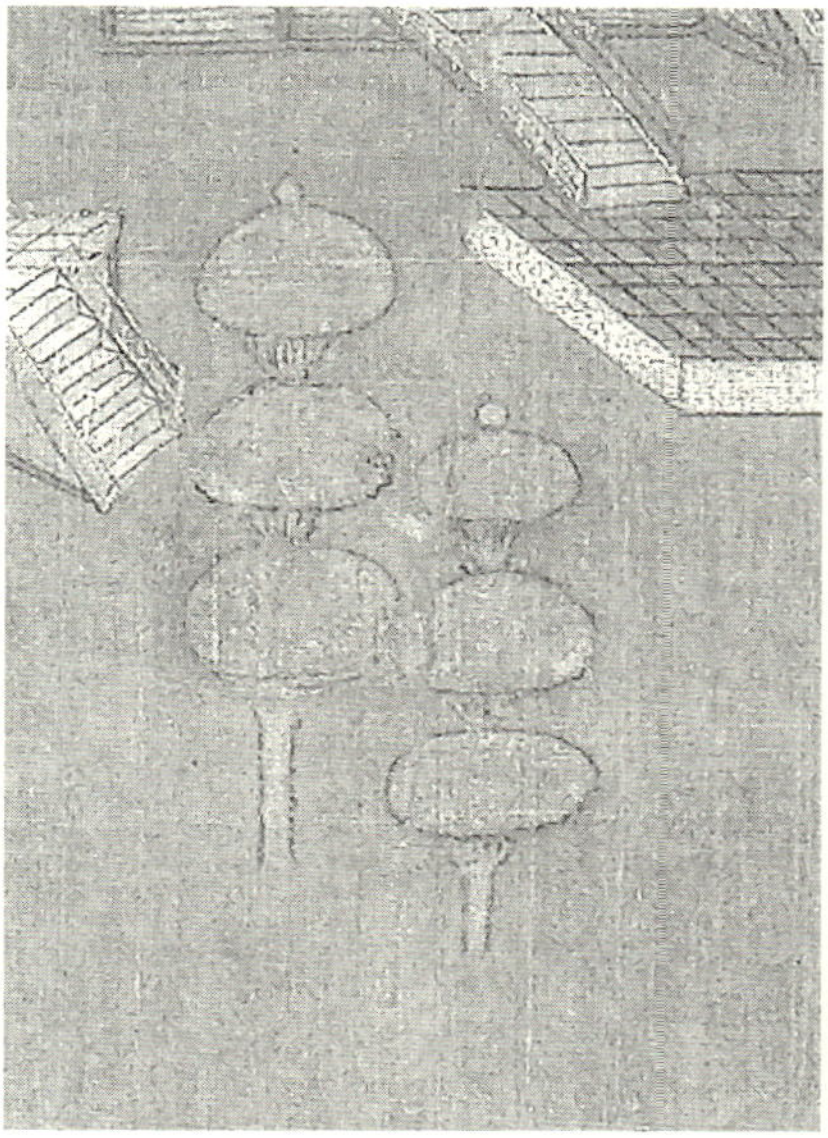

図1b　やや拙い筆致の楕円串刺し型宝樹（第九幅より）

図1a　楕円串刺し型の宝樹（第十三幅より）

色した後、截金や色線で網目や珠を加える表現であった可能性がある。花の表現は基本的に第一群と同じであるが、「見宝塔品第十一」の宝樹だけは花果の色に三色を用いており、他の宝樹に比べて華やかな印象を受ける（図2b）。

（第三群）雲形串刺し型＋羅網

第二群に近いが、葉叢の外郭線に起伏があり、楕円というより雲形で描かれるものを第三群とした（図3a）。羅網も葉の形に沿っており、水色で彩色されるものや白（あるいは金）で網目を描き入れるものなど、いくつかのバリエーションが第十四幅「妙法蓮華経従地涌出品第十五」部分、第十五幅「妙法蓮華経分別功徳品第十七」部分、第二十二幅「妙法蓮華経普賢菩薩勧発品第二十八」部分に登場する。やや様相が異なるものとして、花を白色で彩り、網を白い格子線でより実体的に表現したものも第十六幅「妙法蓮華経法師功徳品第十九」に描かれるが（図3b）、これらはすべて絵師Aが主筆とみられる画幅である。

（第四群）楕円串刺し型＋宮殿

樹頂に宝珠を配し、楕円形の葉叢の各段に宮殿を描いている（図4）。花果は表さず、葉はふっくらと生い茂る。宮殿は屋根を群青、白緑で異国風に彩り、白壁に朱で柱や高欄、扉を描くなど、小さいながらも細やかに描画される。宮殿を伴う宝樹は第十八幅「妙法蓮華経嘱累品第二十二・薬王菩薩本事品第二十三」のみに見られる。

図2a　楕円形の葉叢に羅網をかけた串刺し型宝樹（第七幅より）

図2b　第十一幅「妙法蓮華経見宝塔品第十一」より（「各在宝樹下」）

（第五群）自然な樹木に近い表現

葉叢が形式的な楕円や雲型でなく、通常の樹木のように描写されるもの（図5a）。樹頂に宝珠を配し、葉叢は三層～五

図3a　雲形の葉叢に羅網をかけた串刺し型宝樹（第十五幅より）

図3b　第十六幅「妙法蓮華経法師功徳品第十九」より（「常精進菩薩」）

層連なるが、幹の質感や虚の表現、分岐する枝などは現実的で、形式化した「串刺し型」の印象とは異なる。羅網は描写せず、枝の表現がより複雑で巧みである。第十九幅「妙法蓮華経妙音菩薩品第二十四」、第二十一幅「妙法蓮華経陀羅尼品第二十六」にのみ見られる宝樹で、いずれも絵師B担当の画幅である。第十九幅では花果に赤・青の二色を用い、中心部を明るくして変化をつけている（**図5b**）。

（その他）樹頂に宝珠のみ描く表現

第一群〜第五群は葉叢が縦に連なり、幹が直立するという点で形態が共通しているが、例外的な宝樹も見られる。これは平面的な葉叢を縦一直線に連ねるのではなく、自然な枝ぶりで葉を立体的に振り分け、華やかな色の花果もつけない。一見すると自然の樹木であるが、樹頂に宝珠を描くことから宝樹とわかる（**図6**）。第十八幅「妙法蓮華経嘱累品第二十

図4　楕円串刺し型で葉上に宮殿を乗せる宝樹（第十八幅より）

図5a　串刺し型ではあるが、自然な樹木表現に近い宝樹（第二十一幅より）

図5b　花果を二色に彩る宝樹（第十九幅より）

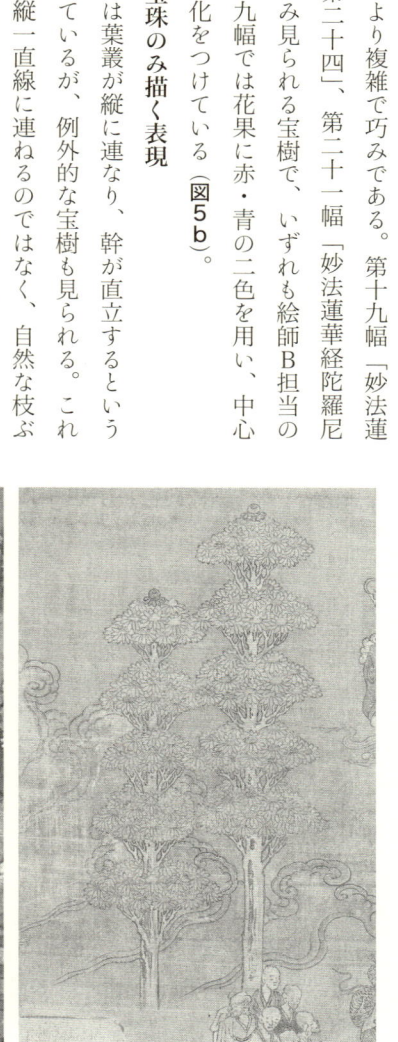

図6　樹頂に宝珠のみ描く宝樹表現（第十八幅より）

二・薬王菩薩本事品第二十三」の一箇所のみに見られる特異な表現である。堅実な筆致であり、絵師Bの筆と見ることができる。

なお、第十七幅「常不軽菩薩品第二十・如来神力品第二十一」「(不軽)皆号日月燈明仏」場面なども如来のそばに自然な樹木が描かれる。通例であれば宝樹として描かれて然るべき場面であるが、この樹木については樹頂の宝珠が確認できない。補彩によって覆われてしまった可能性も考えられる。

作画手法を比較すると、最も多い串刺し型では輪郭のあたりをつけてから全面に彩色し、葉や花果を線描し、花果にはさらに彩色したと見られる。それに対して絵師Bが手掛けたとみられる自然な樹木に近い形態の宝樹には露骨な下描きは見られず、即興的かつ的確に作画している。即ち、葉叢の外郭をしっかりと下描きし、その枠内に葉を描画するぎこちない描き方と、外郭を明確な下措き線で括ることなく、即興的に葉が繁茂する自然な様を描画する手慣れた描き方が看取されるのである。

作画的な水準の差は宝樹以外のモチーフでも確認できる。たとえば説法図の下描き線が観察できる部分があるが、光背の中心線を何度も引き直し、左右の対称性を整えた上で彩色している。手慣れた絵仏師などであればこうした作業は不要であるはずで、担当絵師の熟練度を推し測ることができる。

また、複雑な構成の建物では異なる粉本(絵手本)を組み合わせて使用しているとみられ、建物を端まで描画した後、別棟を組み合わせて増築するように描き進めた痕跡が見て取れる箇所がある。これも、熟練の絵師であれば即興的に接続部の処理、整形を行えると考えられ、建築物の作画に不慣れな様子を感じさせる。多くの建物が複雑な構造を破綻なく描画する一方、一部に不整合な構造描写や、後世の参詣曼荼羅に見られるような素朴な処理も見られる。空間把握や筆致がいかにも拙いものには往々にして修正痕も多く、絵師の苦心が垣間見える。

本法寺本の画風については、しばしば描写の硬さや作画の拙さが指摘されてきた。[8] このように一流の画工とはいえないと感じさせる要因は、筆頭絵師以外の、画技に劣る助手の手がかなり入っていることが大きく影響していると考える。

さて、本法寺本には上記のような複数の宝樹の形態が確認できたが、その他の大画面法華経変相図において宝樹はどのように表現されているのだろうか。いくつかの現存作例と比較してみたい。

図7　葉叢が三角形に近い串刺し型宝樹（奈良博本第五幅より）（撮影者：西川夏永）

鎌倉初期の制作と考えられる海住山寺蔵「法華経曼荼羅図」[9]（以下、海住山寺本）には、楕円形というよりは三角形に近い葉叢を串刺し状に何層か連ねた宝樹が描かれる。串刺し型の宝樹と見ることはできるものの、未だ葉叢の形式化が決定的ではない様相が感じられる。

鎌倉時代中期に遡るとされる奈良国立博物館蔵「法華経曼荼羅図」七幅（以下、奈良博本）[10]は本法寺本と同じく複数の絵師によるもので、宝樹の表現にも数種みられる。葉叢の形は楕円に近いもの、三角形に近いもの、不定形のものと様々で、いずれも葉叢下部に羅網をかける。剥落が多く花菓や装飾の詳細は読み取れないが、仏尊の背後、頭上に配して天蓋と一体化させるものが多い。第五幅では一部、左右に配される宝樹に串刺し型の形態も見られるが、葉叢は三角形（山型）で本法寺本ほどデフォルメは進んでいない（**図7**）。

十三世紀後半期、鎌倉時代後期の西明寺三重塔壁画法華経曼荼羅図（以下、西明寺壁画）にも楕円串刺し型の宝樹が見える。[11] 楕円串刺し型の他にも、たとえば方便品第二の釈迦説法集会部分では、釈迦の背後に大きな楕円形の葉叢を配し、下に網を筒状に垂らしている。幹は直下にのび、一番上の葉叢が一番大きく、その左右下に少し小さくなる葉叢を配して三角に配置する。楕円串刺し型ではないが、葉叢の形は本法寺本宝樹の第二群と近似している。

静岡・本興寺蔵「法華経曼荼羅図」四幅（以下、本興寺本）[12]は本法寺本からやや下る一三三五年頃の制作とされる。細緻な用筆と濃密な賦彩から、祖本に宋元画の法華経変相図が想定されている[13]。宝池のほとりに描かれる宝樹を見ると、楕円の葉叢を複数集めて塊とするが規則性があまりない。葉叢の外郭が楕円であること以外は自然な樹木の枝ぶりにも見える。各葉叢には花をつけ、網や瓔珞は描くものと描かないものがある。

十四、十五世紀の旧宇佐八幡神輿障子絵[14]では宝樹にかなり特異なデフォルメが見られる。花菓を中心とした葉叢を霊雲に散りばめるように配する表現や、葉叢三つを一セットとして三角状に配し、全体を羅網でつなぐように描く表現があるが、いずれも幹や枝は描かず、樹木といえないほどに簡略化されている。宝樹というより宝蓋や後屏のように描く感覚は、後述する金銀泥経典見返絵の宝樹表現に近い。一方で、如来寿量品の釈迦説法図には五重の楕円串刺し型宝樹も描かれており、剥落のため花果や装飾の詳細は不明瞭であるが、楕円形の外郭線をはっきりと下描きしている。

以上、細部に違いはあるものの、五作品の中では本興寺本を除く全ての作品に串刺し型の宝樹が確認できた。大画面の法華経絵は現存作例が少ないため、これだけで宝樹の形態の変遷を追うことは難しいが、少なくとも串刺し型の宝樹が鎌倉期における複数の法華経変相図で共有された表現であったことがわかる。画幅はやや小振りになるが室町時代十四世紀の奈良国立博物館蔵「法華経曼荼羅」[15]には、本法寺本に見るような定型化した楕円串刺し型の宝樹が描かれており、十三世紀から十四世紀にかけて、不定形な葉叢から楕円形の葉叢へと次第に定型化が進んでいった様相が窺える。

三、宝樹表現の系譜

（1）楕円串刺し型の宝樹

本法寺本に描かれる宝樹の大半を占める楕円串刺し型の形状について、さらに他の絵画作品にも視野を広げて探ってみたい。宝樹のルーツはもちろん経典に説かれる七宝宝樹にあり、造形的な淵源は大陸美術に求められるが、本稿では日本の絵画に限定して見ていく。「宝樹」は仏典の中で、主に仏の説法場面や浄土の描写に付随して説かれる。美術においても、これらに基づく樹下説法図や浄土変相図に宝樹が表され

図8　奈良国立博物館蔵「紺紙金泥法華経」巻第六（鎌倉時代・12〜13世紀）見返絵部分（撮影者：矢沢邑一）

てきた。

まず、法華経絵として重要な位置を占める金字法華経見返絵では、縦一列に楕円串刺し型の宝樹はほとんど見られない。膨大な作例をすべて確認したわけではないが、図版で確認できた一部の経典見返絵においては、仏の背後、頭上に葉叢を三角状に配して宝蓋とする表現（**図8**）が主流と見られた。装飾経が盛行した平安時代の金銀泥経典見返絵に見られる宝樹について、須藤弘敏は「釈迦説法図の背後に天蓋や後屏のように描かれる羅網のかかった宝樹」を定型としている。[16] 描画法についても、鎌倉期の法華経変相図に見られたような、葉を省略して楕円形の外郭をとる画法ではなく、速筆ではあるが葉を一枚一枚描くものが多い。彩色画では形状を簡略化しても緑青で彩色することで葉と認識できるが、金銀泥経典見返絵は紺や紫の地に金銀泥で描く線描画であるため、デフォルメの方向性が異なったものと考えられる。また、縦幅の狭い小画面であるため、必然的に縦長に伸びる宝樹表現は適さず、天蓋と一体化して説法図の背景に広がる構図が主流となったのではないだろうか。縦に葉叢を連ねる場合も二、三層に留めるものが多いようである。河原由雄が「樹葉をめぐらした宝蓋」という表現を用いているが、[17] そのように天蓋と一体化したものがよく見られ、幹や枝が省略されることもある。縦長の画面である金字宝塔曼荼羅においても同様の傾向が見られ、線描画という表現形式では極端な形態のデフォルメや筆数の省略が忌避されたのであろう。このような特徴をまとめてみると、本法寺本の宝樹表現とは異なる系譜と位置づけることができる。

ただし、彩色の経典見返絵の中には楕円串刺し型の宝樹が描かれているものが見出せる。たとえば福井・称念寺蔵「浄土三部経」四巻では彩色の見返絵に串団子状の宝樹が見られる。描画サイズはかなり小さく、三尊の背景に楼閣と宝池も伴うことから浄土の簡略的表現と判断できる。葉叢を縦に五層連ね、非常に小さな図であるが経典が説く樹高の高い宝樹を表現し得ている。この装飾経には奥書はないが鎌倉時代の制作と考えられ、浄土三部経の装飾経の遺例として知られている。[18]

このように宝樹を小サイズで描写する際の工夫として、金銀泥経典見返絵では葉や花、幹を線描で簡略化するが、彩色の経典見返絵では輪郭を簡略化する表現が見られ、楕円串刺し型の形態は彩色の宝樹表現であらわれたものと考えられる。

さらに、法華経絵以外の作品における宝樹表現を見ていきたい。仏伝図には宝樹を伴う釈迦の説法場面が多く描かれる。本法寺本と時代の近い作例で見ると、鎌倉時代後期の常楽寺蔵「釈迦八相図」の説法場面に、雲型や楕円に近い葉叢を縦に連ね、各層に網をかける宝樹が配されている。[19]葉は一枚ずつ描写する丁寧な表現もあるが、外郭を楕円形にくくる線描も見えており、本法寺本の宝樹の様式、描画法と共通性がある。

一方、葉の線描まで省略した極端な楕円串刺し型のデフォルメは、より小サイズの宝樹表現に通じるものと見ることができる。たとえば九品往生図の上品上生を表す際に、小サイズの楕円串刺し型宝樹がしばしば描かれる。『観無量寿経』(以下、『観経』)が説く九品往生の最上位である上品上生では、阿弥陀仏が菩薩、聖衆ら大勢を従え、七宝の宮殿を現して来迎する。絵画では雲上に宮殿と宝樹を乗せることで、簡略的に彼方の浄土、あるいは現前する浄土を表している。これは画面中では非常に小さな描写となることが多く、だからこそ楕円形の葉叢を串刺しにした特異な形状が鑑賞者の目を引く効果を発揮するのである。

九品往生図は観経浄土変相図の下辺等に描かれ、独立した主題としてもさかんに描かれた。[20]知恩院蔵「阿弥陀二十五菩薩来迎図(早来迎)」には楼閣の背景にデフォルメされた宝樹が見え、楕円串刺し型の形態を思わせる。楼閣・宝池・宝樹を簡略的にセットにして浄土を記号化したのであろう。滝上寺蔵「九品来迎図」でも上品上生の来迎は雲に乗った宮殿と宝樹を伴うが、その宝樹が記号的な楕円串刺し型である。[21]そして、絵巻形式の光明寺蔵「当麻曼荼羅縁起絵」や絵巻・掛幅形式の法然上人伝においても往生場面に七宝宮殿が描かれ、同様の宝樹表現が見られる。おそらくこうした『観経』が説く上品上生の往生図における浄土のミニチュア化の過程で、宝樹を小さく簡略化して描くことが行われ、特に鎌倉期以降、楕円串刺し型のデフォルメが波及し、法華経変相図とも共有されたものと推察する。

本法寺本には、説法図であっても天蓋と一体化した宝樹は描かれず、楕円串刺し型の宝樹を背景や周囲に配する表現となっている。絵の手本として、浄土教絵画や説話画に描かれた、尚且ある程度形式化が進んだ宝樹を参照している可能性が指摘できよう。

(2) 七重宝樹

本法寺本の宝樹は一部の例外を除き、串刺し型宝樹のバリエーションとして理解できるが、「見宝塔品第十一」の宝樹はその中でも非常に丹念に描写され、特異である。

『法華経』で「宝樹」の語が登場するのは主に仏国土の描写で、その浄土に立ち並び荘厳する有様を説く。また、樹下説法や、樹下の獅子座に諸仏が坐すようすを説く場面にも「宝樹」の語が見える。本法寺本でも基本的に『法華経』の経文に基づいて宝樹を配する姿勢が窺える（**表1**）。

宝樹の樹容については簡潔に記されるが、「見宝塔品第十一」では比較的詳しく言及されている。

「是時諸仏、各将一大菩薩、以為侍者。至娑婆世界、各到宝樹下。一一宝樹、高五百由旬、枝葉華果、次第荘厳。諸宝樹下、皆有師子之座[22]」

即ち、高さが五百由旬であること、枝や葉は豊かにしげり、花や果実で輝いていたこと、樹下に獅子座があり諸仏が坐したことを説く。

奝然が寛和二年（九八六）に請来した京都・清凉寺の釈迦如来栴檀端像の像内納入品の一つに版画霊山変相図がある。ここには「見宝塔品第十一」に説かれる宝塔涌出の奇瑞と「如来寿量品第十六」の釈尊の常寂光土との情景が描かれるが[23]、宝塔周辺の宝樹には特にその高さを強調するような表現は見られず、花を咲かせ、宝蓋と一体化して描かれている。本法寺本とはかなり異なる表現であり、その後の法華経変相図でも見宝塔品の宝樹に定形の描き方は見出せない。

しかし、本法寺本の「見宝塔品第十一」幅に描かれる宝樹は『法華経』に説かれる以上に具体的・特徴的な姿で描かれている。高さが高いことは掛幅の画面を大きく使って感じさせるが、宝塔の左右に二本ずつ配した宝樹はいずれも葉叢を七層とし、花果を彩り、各層の葉叢下部に羅網を掛けて瓔珞を垂らしている。特に、その葉叢が七重に連なることが注目される。

図9　奈良国立博物館蔵「当麻曼荼羅図」（鎌倉時代・13世紀）より七重宝樹（撮影者：森村欣司）

これは阿弥陀仏の西方極楽浄土にある七宝からなる樹、七重宝樹のイメージといえるのではないだろうか。七重宝樹は金・銀・瑠璃・玻璃・珊瑚・瑪瑙・硨磲の七宝からなる樹の並木で、西方極楽浄土の荘厳の一つとして、『観経』第四宝樹観に説かれる。

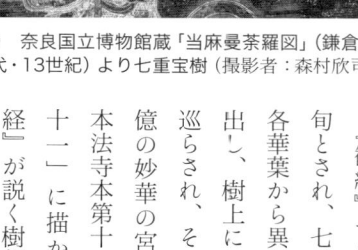

「観宝樹者、一一観之、作七重行樹想。一一樹高、八千由旬。其諸宝樹、七宝華葉、無不具足。一一華葉、作異宝色。瑠璃色中、出金色光、玻瓈色中、出紅色光、碼碯色中、出硨磲光、硨磲色中、出緑真珠光。珊瑚・琥珀一切衆宝　以為映飾。妙真珠網、弥覆樹上。一一樹上、有七重網。一一網間、有五百億、妙華宮殿、如梵王宮。[24]」

『観経』では樹の高さ八千由旬とされ、七重の並木を成して、各華葉から異なる宝色の光を放出し、樹上には七重の網が張り巡らされ、その網の目に五〇〇億の妙華の宮殿があるという。本法寺本第十一幅「見宝塔品第十一」に描かれる宝樹は『観経』が説く樹想の観想法に説かれる七重宝樹の表現であり、それに基づく浄土図にイメージソースがあったのではないかと考える。

鎌倉期に流布していた浄土変相図と比較してみると、当麻曼荼羅の典型的図像では七層の宝樹が立つ樹下会を左右対称に配置し、各樹下説法の阿弥陀坐像と供養菩薩を描き、各樹葉には小楼閣を配置する[25]（**図9**）。基本的に『観経』が説く阿弥陀の浄土を表すのが七重宝樹であり、当麻曼荼羅、観経変相図の宝樹が七重に描かれている。また、『阿弥陀経』の「七重行樹」も『観経』・「宝樹観」の宝樹と同一視され[26]、京都・知恩院「阿弥陀経曼荼羅（阿弥陀浄土曼荼羅）」の宝樹なども七重に描かれる。一方、『大無量寿経』に基づく智光曼茶羅では宝樹を七層としないものが多いが、[27]宝樹上には小楼閣が描かれている。

なお、本法寺本「見宝塔品第十一」幅の宝樹には小楼閣は描かれないが、第十八幅「嘱累品第二十二・薬王菩薩本事品第二十三」には葉上に宮殿を配した宝樹が描かれている。『法華経』「薬王菩薩本事品第二十三」には宝樹に付随して宝玉を連ねた網、宝玉の花々をつけた幡を垂らしている様が説かれるが、樹上の宮殿についての記述はなく、これも『法華経』本文に依拠するものではない。ただし、樹下に七宝の高楼が建てられたことを説くため、その絵画表現として『観経』由来の宮殿付き宝樹の図像を利用したのかもしれない。

本法寺本において七重宝樹や小楼閣を伴う宝樹が描かれるのは、いずれも絵師Bが主筆とみられる画幅である。主に絵師Bのグループが、『観経』に基づく浄土図の宝樹[28]を参照していた可能性が指摘できる。

原口は本法寺本のいくつかの塔の描写角度が「阿弥陀浄土図」や「当麻曼荼羅」の虚空段に見える塔と共通すること指摘しているが、[29]本稿では宝樹の表現にも浄土教絵画との関連性を確認した。鎌倉時代に当麻曼荼羅の転写本や来迎図など多くの浄土教絵画が流布する中で、本法寺本の絵師にもこうした作品を受容する機会があったのであろうか。二河白道図と法華経絵に共通のモチーフが認められることや、[30]法然上人絵伝に法華経霊験図の図像が参照されたことなども指摘があり、[31]異なる宗教環境と絵画制作の環境が複雑に交錯していた様相が窺える。

なお、室町期以降の法華経変相図については今後調査を進めたいが、たとえば十六世紀中頃の長満寺蔵「法華経絵曼荼羅」[32]では見宝塔品部分の多宝塔の左右に七層の楕円串刺し型宝樹が描かれており、『観経』の七重宝樹イメージが法華経絵と融合した図像を継承している。

四、本法寺本に見る「浄土」の絵画的記号

林温は、西明寺本の宝樹について、やまと絵的表現で表された日本的な山水風景の中に楕円形を串で貫いたような宝樹が標識のように描かれていることに注目し、「現実の自然景の中に、超自然的宗教空間を嵌め込むにあたっての工夫」と意義づけている。[33]本法寺本においても、まさに浄土や説法図の「標識」としていくつかのモチーフが機能している。

《表1》に示したように、本法寺本で宝樹が描かれるのは主に未来世・過去世の仏国土と霊鷲山説法の場面である。そして、仏国土の表現はその主たる諸尊に加え、楼閣・宝樹を伴う描写が多く、本法寺本において「浄土」を示す標識の機

宝樹の表現	羅網	葉叢の層数	その他備考	担当絵師
雲型串刺し型	なし		樹頂宝珠なし　最上部に雲、飛天(「上至有頂天」)	(補作)
楕円串刺し型	なし	三重		?
楕円串刺し型	なし	三重	楼閣・宝池・雲	A・B
楕円串刺し型	なし	五重	彩雲	
			霊鷲山説法には宝樹なし、雲・飛天あり	A
			霊鷲山説法には宝樹なし、彩雲あり	B
楕円串刺し型	なし	三重、五重	楼閣・宝池　霊鷲山説法には宝樹なし、白州浜あり	A
楕円串刺し型	なし	三重	楼閣・宝池・白州浜	
楕円串刺し型	なし	三重	楼閣・宝池・白州浜	
楕円串刺し型	なし	三重	楼閣・白州浜・彩雲	
楕円串刺し型	あり	五重		B
楕円串刺し型	なし	三重		
楕円串刺し型	あり	三重		
楕円串刺し型	なし	三重		
楕円串刺し型	なし	三重	楼閣・彩雲・飛天	A
楕円串刺し型	なし	三重、四重	楼閣	
楕円串刺し型	なし	四重か	湧雲	A
楕円串刺し型	なし	三重		
楕円串刺し型	なし	三重	楼閣	
楕円串刺し型	なし	三重	楼閣	
楕円串刺し型	なし	三重		
楕円串刺し型	なし	三重	楼閣	
楕円串刺し型	なし	三重	楼閣	B
楕円串刺し型	なし	不明	楼閣	B(一部Aか)
楕円串刺し型	あり	七重	羅網は二色、花果は三色　彩雲・飛天・散華	
楕円串刺し型	なし	五重		B
楕円串刺し型	なし	四重	虚空会は彩雲上に表す	B
雲型？串刺し型	あり	三重	飛天、散華	A(一部Bか)
雲型？串刺し型	あり	三重か	彩雲、飛天、雲上に小楼閣、浮遊楽器	
雲型串刺し型	あり	三重、四重	彩雲、飛天、浮遊楽器、散華	A
雲型串刺し型	あり	三重	彩雲、飛天	A
楕円串刺し型	あり	三重		B
自然な樹容	なし		樹頂宝珠の有無は不明　楼閣・彩雲・飛天	
楕円串刺し型	なし	不明		
自然な樹容	なし		樹頂宝珠の有無は不明	
楕円串刺し型＋小楼閣	あり	三重	楼閣・宝池	B
楕円串刺し型＋小楼閣	あり	三重	楼閣・彩雲	
自然な樹容	なし		樹頂に宝珠あり	
自然な葉叢	なし	三重	楼閣・彩雲	B
			霊鷲山説法には宝樹なし、涌雲あり	B
自然な葉叢	なし	五重	多宝塔・彩雲・散華	B
雲型(楕円)串刺し型	あり	三重	飛天・散華	A
雲型串刺し型	あり	三重	宝台	A

表1　宝樹の登場場面と分類

	『法華経』巻次	短冊銘または場面
第一幅	序品第一	「釈迦牟尼仏」霊鷲山説法
第二幅	方便品第二	「於三七日中思惟如是事」
第三幅	譬喩品第三	「華光如来」「国名離垢」
		霊鷲山説法
第四幅	信解品第四	
第五幅	薬草喩品第五	
第六幅	授記品第六	「光明如来」
		「国名宝生」
		「金光如来」
		「栴檀香如来」
第七幅	化城喩品第七	霊鷲山説法
		十六王子が仏となる
		「大通智勝仏」
		「即入静室」
第八幅	五百弟子受記品第八	「法名如来」「其国名善浄」
		「普明如来」
第九幅	授学無学人記品第九	霊鷲山説法
		「空王仏」
		「宝相如来」
		「自在通王如来」「国名常立勝幡」
		「常供養諸仏」
		「踏七宝華如来」
第十幅	法師品第十	「成就阿耨多羅三藐三菩提」
第十一幅	見宝塔品第十一	「国名宝浄」
		釈迦・多宝仏併坐、「各在宝樹下」
第十二幅	提婆達多品第十二	「釈迦」「多宝仏」虚空会
第十三幅	勧持品第十三・安楽行品第十四	「勧／具足千万光相如来」
第十四幅	従地湧出品第十五・如来寿量品第十六	「釈迦」「多宝」「諸宝樹下」
		「寿／我此土安穏」
第十五幅	分別功徳品第十七・随喜功徳品第十八	「弥勒菩薩」多宝塔内に二仏併坐
第十六幅	法師功徳品第十九	「常精進菩薩」二仏併坐
第十七幅	常不軽菩薩品第二十・如来神力品第二十一	(神)「宝樹下諸仏」二仏併坐
		(不軽)「威音王如来」「国名大成」
		(不軽)「同号雲自在燈王」
		(不軽)「皆号日月燈明仏」
第十八幅	嘱累品第二十二・薬王菩薩本事品第二十三	(嘱)多宝如来が自らの宝座に帰還
		(薬)日月浄明徳仏の法華経説法「百億諸天」
		(薬)「銘文欠(書写か)」楼閣の背後
第十九幅	妙音菩薩品第二十四	「名浄光荘厳」浄光荘厳世界のさま
第二十幅	観世音菩薩普門品第二十五	
第二十一幅	陀羅尼品第二十六	霊鷲山の釈迦仏が薬王菩薩に法華経の功徳を説き、陀羅尼の祈祷文を授ける
第二十二幅	妙荘厳王本事品第二十七・普賢菩薩勧発品第二十八	(荘厳)霊鷲山で釈迦仏が四大菩薩等に法華経を説く
		(普賢)「浄説夫人」「出家修道」「妙荘厳王」

※短冊銘、場面分類は太田注5論文および原口注4著書を参照した。※絵師の分類は注1拙稿《表1》絵師分類一覧によ

能は楼閣と宝樹が大部分を担っているといえる。豪奢な楼閣は現世、比喩譚の場面などにも描かれるが、その場合は宝樹を描くことはないため明確に判別できる。雲も同じく仏国土や説法場面に多く描かれ、聖なる空間の現出を象徴する。さらに仏の功徳を賛嘆するモチーフとして飛天や浮遊楽器にも注目できる。こうしたいくつかの特定モチーフによって画中の浄土は構成されており、また、本来「浄土」ではない現世の説法図や供養図もまた、これらのモチーフを伴うことで浄土に準じる清浄な空間として印象付けられている。

霊鷲山説法に関しては、すべてに宝樹を伴うわけではなく、色鮮やかな湧雲を背景に配すことで宗教空間として荘厳する表現も目立つ。ここまでは主に宝樹について述べてきたが、彩雲についてもその機能を確認しておきたい。

霞や雲は日本絵画において、絵巻・掛幅画・障屏画など形式を問わずフレームや場面転換装置として機能している。本法寺本にも場面転換装置としての「雲分け」[34]の雲が多出するが、それ以外にも多彩な雲が見られる。色とりどりの雲は異国のイメージ、法華経の超現実的イメージを絵画化するために効果的に用いられている。

彩色の雲というと、聖衆が来迎の際に乗る五色雲や瑞兆としての紫雲などが多くの仏教説話、縁起絵や高僧絵伝に登場するが、白色を基調として染料などで淡く色味をつける表現が主流である。同じく場面転換装置としても用いられる霞については、平安時代の自然で情緒的な表現から形骸化が進み室町時代にかけて輪郭や色彩が濃くなることが知られるが[35]、雲もまた次第に装飾的な表現傾向が強まるといえる。本法寺本には染料系の淡い彩色も見られるが、顔料で濃密に彩色された雲も見られ、強い存在感を放っている。彩雲の色の使い分けについては、《表2》にまとめた。

一見すると諸天や仏菩薩が乗る雲は白・黄・青・緑と様々である。明確に区別されているのは龍や雷神の乗雲であり、墨か濃青で彩色され、稲妻を伴う。この濃青色は後世の補彩で、本来は墨による黒雲の表現だったのではないかと考えられる。また、修羅道の合戦の場面では、天の軍勢の足下に黄色い雲、修羅の軍勢の足下に濃青（黒）の雲が描かれ、配色の規範があったと考えられる。

説法図や楼閣の背景に現れる湧雲は乗雲と同じく白・黄・青・緑と様々であるが、黒色は用いない。場面を区画する役割にとどまらずその場面の舞台としても機能しており、超現実的な世界を画中に劇的に挿入する。

雲の色分けに細かな法則性は見出せなかったが、絵師の別に注目してみると、水色や緑色など鮮やかな色彩の雲は絵師

表2　雲の色と形状

雲の色	形状・表現	幅	短冊銘または場面
白	湧雲・たなびく	第二幅	説法図の背後に湧出
白（やや赤味）	湧雲	第二幅	「以貪愛自蔽」（楼閣の背後に湧出）
白	浮遊・上空にかかる	第二幅	「精進禅智等」（堂の上空に浮かぶ、霞と交錯）
白（やや黄味）	浮遊・たなびく	第三幅	「華光如来」「国名離垢」（如来が座す建物の背後に）
白（褐色）	乗雲	第三幅	「諸天伎楽」（奏楽する天人が乗る）
白	上空にたなびく	第五幅	「日光掩遮」（日輪の上空にたなびく）
白（やや紫味）	上空にたなびく	第五幅	「現世安穏」（楼閣の背後、上空にたなびく）
白（やや黄味）	湧雲	第六幅	「栴檀香如来」（楼閣の左背後に湧出）
白（やや黄味）	乗雲	第六幅	「栴檀香如来」（楼閣に向かって飛来か）
白（褐色）	湧雲・たなびく	第七幅	「廻絶多毒獣」（虎のいる山の背後から湧出し、前面にたなびく）
白	湧雲	第九幅	「鷲峯大會」（説法図の背後に湧出）
白	湧雲	第九幅	「阿難涅槃」（河の左から湧出し、場面を区切る）
白（黄味）	湧雲	第九幅	仏弟子が修行する山海の上空に湧出
白	湧雲	第十幅	「著於如来衣而坐如来座」他（建物の背後に湧出）
白	たなびく	第十一幅	「鷲峯山會」（説法図の上空、山の前面にかかってたなびく）
白（やや黄味）	乗雲	第十二幅	「変成男子」（男子が乗る）
白（褐色）	乗雲	第十六幅	「周旋遊戯時」（天女らが乗る）
白（褐色）	乗雲	第十六幅	「龍女夜叉女等」（龍女夜叉女らが乗る）
白（やや黄味）	乗雲	第十六幅	「常念而守護或時為現身」（仏、僧らが乗る）
白	たなびく	第十七幅	「於虚空中」（光明を発する緑の雲の下方にたなびく）
白	たなびく	第二十幅	「如日虚空住」（日輪の左側にたなびく）
白（褐色）	湧雲	第二十幅	説法図の背後に湧出背後に湧出
白	たなびく	第二十一幅	最上部の山の背後にたなびく（供養図、二仏が座す塔の背景）
白	湧雲	第二十二幅	画面右端、供養者たちの右側に湧出
白	乗雲	第二十二幅	「雲雷音王仏」（宮殿、仏、人々が乗る）
黄（やや赤味、白）	浮遊～着地か	第二幅	「修羅道」へ向かう天らが乗る（同場面、修羅の足下の黒雲は不明瞭）
黄	湧雲	第四幅	説法図（仏弟子の横）
黄	湧雲・たなびく	第四幅	「長者自実報土移方便土」　「求衣食」カの場面
黄	乗雲	第四幅	「大目犍連」（仏弟子が乗る）
黄	乗雲	第七幅	「皆以童子出家」　「抃作衆伎楽」（天人と楽器が乗る）
黄	乗雲	第七幅	「皆以童子出家」「諸天龍王」（天人と楼閣が乗る）
黄	湧雲・浮遊	第八幅	「飛行自在」（天人らが乗る＋楼閣の後ろに湧く）
黄	湧雲・たなびく	第八幅	「方等会」（仏の背後に湧出、尾がたなびく）
黄	地面として	第八幅	天・修羅の合戦（天・右陣営が乗る）
黄	乗雲	第十四幅	「寿／説法教化」（仏の蓮華座が乗る）
黄	湧雲・たなびく	第十五幅	二仏が座す塔の背後に湧出、尾がたなびく
黄	湧雲	第十六幅	画面右端に湧出し、二仏の説法と「志堅固坐禅読経」の前面にかかる
黄	地面・舞台として	第十六幅	天・修羅の合戦（天・左陣営が乗る）
黄	乗雲	第十七幅	天神らが乗り、二仏の左頭上に飛来
黄	湧雲	第十八幅	「百億諸天」「諸宝台上」（楼閣・宝樹の背後に湧出）
水色	湧雲・たなびく	第三幅	説法図（画面左端から湧出し、天部の前面にかかる）

水色(補彩か)	湧雲	第三幅	画面右端から湧出し、火宅と「更増他疾」「或復致死」の間にかかる
水色	湧雲・たなびく	第五幅	画面左端にたなびき、説法図の天部の背景にかかる
水色	湧雲	第五幅	「度無量億百千衆生」(建物の背後に湧出)
水色	浮遊	第七幅	「皆以童子出家」「名救一切」(天人と塔が乗る)
水色	湧雲	第七幅	「前入化城」(楼閣の背後に湧出)
水色	湧雲	第九幅	仏弟子が修行する山海の下に湧出
水色	乗雲・舞台として	第十一幅	二仏が座す宝塔、宝樹、供養者たちを乗せる
水色	乗雲	第十二幅	「従海湧出」(菩薩らが乗る)
水色	湧雲	第十四幅	「寿／我此土安隠」(説法図の背後に湧出、楼閣・浮遊楽器を伴う)
水色	湧雲	第十七幅	如来が座す塔・楼閣の背後に湧出し、左側の山岳前面にかかる
水色	湧雲	第十八幅	「釈迦牟尼仏従法座起」(説法図の背後に湧出)
水色か	湧雲	第十九幅	右上部説法図、二仏の背後に湧出
水色	舞台として	第十九幅	諸王、諸天らが乗る
水色	湧雲	第二十一幅	二仏が座す中央宝塔の両脇から湧出
濃青(補彩か)	湧雲	第四幅	「大目犍連」(龍が乗る、稲妻を伴う)
濃青(補彩か)	湧雲・たなびく	第五幅	「蜜雲弥布」(雷神が乗る、稲妻を伴う)
濃青(補彩か)	舞台として	第八幅	天・修羅の合戦(修羅・左陣営が乗る)
濃青(補彩か)	湧雲	第十二幅	龍宮の下方から湧出
濃青(補彩か)	舞台として	第十六幅	天・修羅の合戦(修羅・右陣営が乗る)
濃青	乗雲	第十七幅	「神／六種震動空中唱声」(雷神が乗る、稲妻を伴う)
濃青	湧雲	第二十幅	「入於大海」の鬼の左に湧出し、「飲食衣服臥具医薬」と場面を区切る
黒(墨)	湧雲	第四幅	「大目犍連」(龍が乗る青い雲と海原の前面にかかる)
黒(墨)	乗雲	第九幅	「粟穀洲」「羅睺羅」(龍虎図の龍が乗る、稲妻なし)
黒(墨)	浮遊か	第十二幅	「六変震動」(雷神が乗る、稲妻を伴う)
黒(墨)	浮遊か	第十六幅	「龍声」(龍虎図の龍が乗る、稲妻を伴う)
黒(墨)	浮遊か	第十八幅	「(読めず)」(塔の左上空、霞と霞の間に表れ、稲妻を伴う。雷神や龍は描かれない)
黒(墨)	浮遊か	第十九幅	「六種震動」(「還帰本土」の左上空に表れ、稲妻を伴う。雷神や龍は描かれない)
黒(墨)	乗雲	第二十幅	「雲雷鼓掣電」(雷神が乗る、稲妻を伴う)
緑	乗雲	第十二幅	「受勝妙楽」(天人が乗る)
緑	舞台として	第十三幅	勧持品の舞台として、釈尊、諸菩薩、羅漢らを乗せる
緑か	浮遊～着地	第十六幅	「乗其宮殿倶来聴法」(宮殿、天人らが乗る)
緑	浮遊か	第十七幅	「於虚空中」(雲中より三筋の光明を発する)
緑	乗雲	第十九幅	「上昇虚空」(仏・菩薩らが乗る)
緑	乗雲	第二十一幅	左上空より二仏が座す中央宝塔に向かって飛来か(菩薩・天人・天部らが乗る)
褐色(不明)	湧雲	第四幅	説法図の背後に湧出
褐色(青・緑味か)	乗雲	第八幅	「須臾還本国」(天人が乗る)
褐色(青味か)	上空にかかる	第十五幅	「種々供養」(舞楽を見物する人々の上空にかかる、霞のような用途か)
五色	乗雲	第八幅	「諸天宮殿」(宮殿の上空に浮遊し、楼閣が乗る)
五色	湧雲・乗雲	第十四幅	「釈迦」「多宝」の間から湧出し、宝塔を乗せる
五色	湧雲・乗雲	第十八幅	「(読めず)」(仏・菩薩の頭光から湧出し、天蓋にかかり楼閣を乗せる)

B主導の画幅に偏っている。絵師Bの表現方針として、より大胆に色鮮やかな表現を追求する姿勢が窺える。一方、絵師A主導の画幅では白や黄色など無難な色味を用いる雲が多い他、褐色に変色した雲が確認され、制作当初は染料をかけた淡い彩雲表現であったかと見える。

南北朝～室町時代の持光寺蔵「釈迦八相図」や京都国立博物館蔵「温泉寺縁起絵」[36]には本法寺本と似た雰囲気の彩雲が見られる。初唐の大画面変相図における雲のモチーフについては肥田路美の研究があるが[37]、本法寺本は日本における雲の色分けの法則や彩色技法の変遷を考える上で重要な参考作品となろう。

また、天人と浮遊楽器も、浄土、説法、供養などの場面に登場する。飛天は画中二十箇所以上に登場するが、大きさ・ポーズともに敷き写しのように完全に一致するものはなく、共通の紙形など用いず絵師の裁量に任せて描かれたようである。手には蓮華や花籠、香炉を捧げ持つもの、合掌するものが多い。いずれも下向きに飛来する姿で描かれる[38]。浮遊楽器をともなう場合もあり、笛、笙、鼓などが描かれている。天衣を翻して飛来する天人や楽器は画面に幻想的な華やぎを加え、浄土で奏でられる音楽をも感じさせる。宗教空間を演出するために、伝統的な浄土変相図から荘厳の図像を引用したものと解釈できる[39]。飛天や彩雲は瑞兆であり、塔などの供養によってその場が聖なる空間となったことを示すアイコンとしても機能している。本法寺本のような大画面の中でそこが清浄な場であることを視覚的に強調するために、宝樹の形態デフォルメや雲の濃彩化が進んでいったと想像する。

本法寺本に見る浄土のイメージについては、第七幅「妙法蓮華経化城喩品第七」の楼閣（化城）に、当時の理想的な浄土式庭園の造形が反映されているという指摘[40]や、第六幅「妙法蓮華経授記品第六」に見えるような「白い州浜」には日本的な「海の浄土」観が現れているという見方がある[41]。過去・未来の仏国土を美しく飾り、現世における釈迦説法にも多分に浄土的イメージを重ねて描くこうした表現には、当時の人々の浄土への憧憬が強く現れていると考えられる。鎌倉時代には来迎図や宮曼荼羅などにおいて、現実の景観に浄土のイメージを重ねる表現が盛行するが、本法寺本では経典が説く諸尊の浄土を個別に荘厳し、むしろ浄土の超越的な美しさ、清らかさ、祝祭的なムードを現実世界と対比的に描き出しているといえるだろう。

こうした幻想的・劇的な表現の多用は本法寺本の大きな特徴であるといえる。中でも「見宝塔品第十一」における多宝塔涌出場面の壮大さは、他の法華経変相図と比較しても群を抜いている（図10）。

「見宝塔品第十一」の絵画表現に注目すると、海住山寺本では画幅の最上部に配されるものの、同幅の序品に比べて描画は小さい。西明寺壁画においても、宝塔は飛天や浮遊楽器を伴い荘厳されるが、山容のもとに聖衆を描き自然景との調和を保った表現に留めている。本興寺本でも散華や浮遊楽器を伴う多宝塔が目を引きはするが、隣接する場面と山水景で有機的に結びついており、やはり調和的である。奈良博本に至っては下方に多宝塔が描かれるものの説法図自体は他品の説法図と同様、画一的に描かれており、見分けがつきにくい（図11）。林は同画幅の中での宝樹表現の違いに注目し、見宝塔品では特徴的な形状の宝樹と雲上の菩薩によって壮大な場面を表していると解釈している。(42) 本法寺本でも特異な形状の宝樹と色彩豊かな湧雲が多宝塔出現、二仏併坐の舞台を演出

図10　第十一幅「妙法蓮華経見宝塔品第十一」より多宝塔湧出場面

図11　奈良博本（第三幅、見宝塔品部分）より多宝塔湧出場面（撮影者：西川夏永）

しているが、奈良博本に比べて格段に華やかな表現である。

本法寺本は虚空会が始まる劇的な場面を巨大な宝塔、宝樹、色鮮やかな雲によってきわめて壮麗に演出している。しかも宝樹は『観経』の浄土図に見られる七重宝樹とし、あきらかに他の宝樹表現と格差をつけ、重要場面の装飾性を高める効果を意識している。太田が「全幅中もっとも単純で強い礼拝性をもった目眩い世界」(43)と評するように、第十一幅「見宝塔品第十一」は本法寺本二十二幅の構成上の中心でありクライマックスということができる。原口は口演唱導の場で本作が用いられた可能性を示唆しているが(44)、他作品との作画、構成の指向性の違いを鑑みるに、十分に首肯される。

本法寺本において、第二十幅「観世音菩薩普門品第二十五」には宝樹が描かれない。これは観音菩薩の功徳としてあらゆる災禍からの救済を説くにあたり、現実世界が主な舞台となっているためである。本法寺本ではそれでも説法場面に超現実的な湧雲を描くが、主題を同じくする本土寺蔵「観音経絵」では宝樹や彩雲が描かれず、自然な山水や現実的な建物で場面を区画している。本土寺本については画中に宝積寺の本尊でもある十一面観音が描かれることから、「経絵」であると同時に「縁起絵」的な性格を持つことが指摘されている(45)。実在の本尊を画中に描き、現実とリンクさせる効果を狙ったからこそ、非現実的空間の現出を示唆する宝樹や彩雲の表現を避けたのではないだろうか。宝樹や雲は画中において添景的なモチーフではあるが、現実と非現実の境界を示し、宗教的空間へと鑑賞者を誘う重要な記号なのである。

おわりに

以上、本稿では本法寺本に描かれる宝樹の表現を分類し、特徴的な「楕円串刺し型」の形態や、第十一幅「妙法蓮華経見宝塔品第十一」に見られる七重の宝樹に注目しながら、宝樹の絵画的系譜と機能を明らかにすることを試みた。

経典には衆生を救う諸仏が住まう仏国土、即ち浄土の有様が説かれている。阿弥陀如来の西方極楽浄土をはじめ、釈迦仏の霊山浄土、薬師如来の浄瑠璃浄土、弥勒仏の兜率天などが知られる。日本美術に圧倒的な影響を及ぼしたのは阿弥陀の浄土と言えるが、その荘厳のさまは『大無量寿経』や『阿弥陀経』、『観経』に詳しい。本法寺本では『法華経』に語られる過去世、未来世の諸仏の浄土を絵画化するために、『法華経』以外の経典に基づいて制作された先行作品からもイメージを引用し、補うことが行われたとみられる。太田が「絵では画面ひとつの場面を描き出すためには、周辺の人物や道具立ても描き込む必要がある。(中略)仏菩薩の服飾や浄土の宮殿などもテキストに記述がなくてもそれらしく描かねばならない。(46)」と述べる通り、絵師は先行図像に倣い、創意工夫を凝らして、テキストの不足を補いながら作画するのである。

これまで本法寺本には『法華経』以外にも『法華経』注釈書、仏伝、『維摩経』等に基づく図像が指摘され、典拠や制作主体についての議論が深められてきたが、本稿では宝樹の表現から浄土教美術との関わりに注目した。本法寺本における宝樹の表現に関しては経典見返絵や金字宝塔曼荼羅よりむしろ、浄土図との関係性が密接であること、特に「見宝塔品第十一」幅に描かれる宝樹は『観経』の宝樹観に説かれる七重宝樹の表現であり、『観経』に基づく浄土図にイメージソースがあったのではないかと考えられた。本法寺本に描かれる宝樹は日本において多くの説法図、浄土図、来迎図が作られる中で、ミニチュア化された浄土の標識として機能が定着し、定型化が進んだ段階の形状を示しており、当時幅広く流布していた『観経』の浄土図からの引用も含む。まさしく鎌倉末期の時代相をよく反映しているということができよう。

宝樹表現は世界中に見られるさまざまな聖樹信仰の造形と、仏典に説く宝樹のイメージが複雑に混ざり合って発展してきたことが想像される。本稿ではあくまで本法寺本における宝樹の機能を明らかにするため、主に鎌倉期の法華経絵との比較に終始し、時代や地域を超えて「宝樹」というモチーフそのものを網羅的に見ることはしなかった。宝樹表現の淵源や形態分類、デフォルメの過程については大陸作品にまで視野を広げて論じる必要があり、別稿に譲りたい。

注

(1) 拙稿「本法寺蔵《法華経曼荼羅図》の絵師に関する試論」(『仏教芸術』第七号、二〇二一年)九三―一一一頁。

(2) 東京文化財研究所美術部・情報資料部編『日本絵画史年紀資料集成　十世紀―十四世紀』(中央公論美術出版、一九八四年)一九七頁。

(3) 前掲注1拙稿、表2参照。

(4) 図柄の引用に関しては、原口志津子『富山・本法寺蔵法華経曼荼羅図の研究』(法蔵館、二〇一六年)第二部参照。

(5) 太田昌子「本法寺の法華経曼荼羅を読み解く――巨大掛幅のなかで共鳴し合う礼拝像と物語場面」(金沢美術工芸大学『芸術学　学報』第十七号、二〇一一年)一―五二頁。

(6) 有賀祥隆は本法寺本について「個々の場面を一画面にまとめるというよりは、各場面の描写に意が注がれている」と評している(有賀祥隆「法華経絵」『日本の美術』至文堂、一九八八年、三三頁)。また、林温も「統一した景観の意識が薄い」点を指摘している(林温「西明寺三重塔壁画法華経曼荼羅図」『仏教美術論集3図像学II――イメージの成立と伝承(浄土教・説話画)』(竹林舎、二〇一四年、一四八頁)。

(7) 河原由雄「浄土図」(『日本の美術』至文堂、一九八九年)

一八頁。

(8) たとえば林温は本法寺本について、「大作とはいえ当時京都や南都で活躍した一流の画工を起用したとは言い難い特異な作風である」と評している（林温「奈良国立博物館蔵『法華経曼荼羅図』下」『芸術学』二三、二〇一九年、一四頁）。

(9) 奈良国立博物館『解脱上人貞慶』展覧会図録（二〇一二年）にカラー図版掲載。作品情報は田多井さやか「海住山寺蔵法華経曼荼羅図に関する一考察——解脱上人貞慶の関与を中心に」（『美術研究』四五、二〇〇七年、一三三—一五四頁）などを参照。

(10) 奈良国立博物館ウェブサイト収蔵品データベース https://www.narahaku.go.jp/collection/809-0.html（二〇二四年四月一日閲覧）。

(11) 真保亨編『日本の障壁画 飛鳥——室町編』（毎日新聞社、一九七九年）に全図カラー図版掲載。林前掲注6論文一二五頁でも、「楕円形を串で貫いたような宝樹」と表現されている。

(12) 神奈川県立金沢文庫『廃墟とイメージ』展覧会図録（二〇二三年）にカラー図版掲載。

(13) 有賀前掲注6著書、三三頁。

(14) 現在は宇佐神宮および大分県立歴史博物館、早稲田大学會津八一記念博物館に分蔵。関口正之「宇佐神宮の神輿障子絵について」（『美術研究』第二八九号、八一～一〇一頁）、同「図版解説 富岡美術館蔵法華経絵（二幅）」（『美術研究』第三四〇号、三八—四〇頁）。前掲注11書籍に全図モノクロ図版掲載。

(15) 奈良国立博物館ウェブサイト収蔵品データベース https://www.narahaku.go.jp/collection/906-0.html（二〇二四年四月一日閲覧）。

(16) 須藤弘敏『法華経写経とその荘厳』（中央公論美術出版、二〇一五年）第二章「平安時代の定型経巻見返絵について」五五頁。

(17) 河原前掲注7著書、三五頁。

(18) 大山仁快「写経」（『日本の美術』一五六、至文堂、一九七九年）や、奈良国立博物館『浄土曼荼羅』展覧会図録（一九八三年）などに図版掲載。

(19) 百橋明穂「仏伝図」（『日本の美術』二六七、至文堂、一九八八年）六八—六九頁に七幅全図のモノクロ図版掲載。

(20) 須藤弘敏「迎接の夢（上）——平安時代阿弥陀来迎図考」（『佛教藝術』一五七号、一九八五年）一一—二三頁。

(21) 田口栄一「滝上寺蔵九品来迎図について」（『佛教藝術』一一二号、一九七七年）八一—一〇七頁、および緒方知美「滝上寺九品来迎図試論——風景と説話の関係」（『哲學年報』五四、一九九五年）一〇五—一二六頁。

(22) 『大正新脩大蔵経』九巻、三三頁、上段。

(23) 有賀前掲注6著書、二八頁。

(24) 『大正新脩大蔵経』一二巻、三四二頁、中段。

(25) 河原前掲注7著書、三七頁。

(26) 畝部俊英「〈阿弥陀経〉における「七重行樹」について」（『同朋大学大学院文学研究科研究紀要』三、二〇〇七年）一—二一頁。

(27) 近世初頭の異相智光曼荼羅には、楼閣の背後に七重宝樹を描くものがある。元興寺文化財研究所編『日本浄土曼荼羅の研究』（中央公論美術出版、一九八七年）第一章第一節「智光曼荼羅」第四項「智光曼荼羅の異本と註釈」参照。

(28) 当麻曼荼羅のほか、金戒光明寺蔵「地獄極楽図屛風」、光明寺蔵「二河白道図」などにも七重の宝樹が確認できる。

(29) 原口志津子『本法寺蔵法華経曼荼羅図——法華経をめぐる

イメージの世界』（法蔵館、二〇二四年）一八頁ほか。
(30) 加須屋誠『仏教説話画の構造と機能』（中央公論美術出版、二〇〇三年、第一章「二河白道図試論――その教理的背景と図様構成の問題」）、原口志津子「長松山本法寺蔵「法華経曼荼羅図」と「二河白道図」」（『日本宗教文化史研究』二一（二）二〇一七年）九八―一〇七頁。
(31) 米倉迪夫「法然上人伝絵と霊験図――法華経霊験図を中心として」（『美術研究』三三九、一九八七年）二二―三二頁。
(32) 文化遺産オンライン https://bunka.nii.ac.jp/heritages/detail/378437（二〇二四年四月一日閲覧）。
(33) 林前掲注6論文一二五頁。
(34) 太田前掲注5論文「本法寺本法華経曼陀羅の「空間細胞」による分析一覧表」、同「絵の読み方」（『文学　特集＝語りかける絵画――イメージ・テクスト・メディア』第一〇巻・第五号、二〇〇九年）。
(35) 若杉準治『絵巻物の鑑賞基礎知識』（至文堂、一九九五年）五二頁。
(36) 藤原重雄「温泉寺縁起絵」（『国華』一三三八、二〇〇七年）二五―二八頁。
(37) 肥田路美「現前する仏の表現手法について」（『國學院雑誌』九八（一一）一九九七年、六〇―七五頁）、同『初唐仏教美術の研究』（中央公論美術出版、二〇一一年、第三部第一章「大画面変相図の成立と雲のモチーフ」）。
(38) 真鍋俊照「飛天の系統と諸問題」（『印度學佛教學研究』四一（一）、一九九二年、三一三―三一八頁）では上向きは現益のシンボル、下向きは当益のシンボルとされる。
(39) 前掲注27『日本浄土曼荼羅の研究』第二章第四節「浄土変相にみられる音楽資料」。
(40) 原口前掲注4著書、二七〇―二七九頁。
(41) 太田昌子「絵は語る（9）松島図屏風」（平凡社、一九九五年）。
(42) 林温「奈良国立博物館蔵『法華経曼荼羅図』上」（『芸術学』二二、二〇一八年）一二頁。
(43) 太田前掲注5論文、二二頁。
(44) 原口前掲注4著書、一五一頁。
(45) 宮島新一「本土寺所蔵観音経絵について」（『美術研究』三二五号、一九八三年）、梶谷亮治「総論　我が国における仏教説話絵の展開」（奈良国立博物館編『仏教説話の美術』思文閣出版、一九九六年）、加須屋誠「本土寺蔵「観音経絵」小論」（同『仏教説話画論集』下巻、中央公論美術出版、二〇二一年）一五七―一九四頁。
(46) 太田前掲注5論文、四七頁。

画像提供

奈良国立博物館（図7、8、9、11）

附記　本稿は科学研究費助成研究16H03374、24K00025による成果の一部である。

本法寺蔵「法華経曼荼羅図」と版本細字法華経

——構図と図様の比較から

小林知美

こばやし・ともみ——筑紫女学園大学文学部アジア文化学科准教授、太宰府市文化財専門委員会委員。専門は日本美術史。主な論文に「野水について」（『美術史』一三六冊、一九九四年）、「平安時代の経絵の作者について」（『筑紫女学園大学・筑紫女学園短期大学部紀要』第一号、二〇〇六年）、「萬行寺所蔵仙人図をめぐって——近世絵画史における劉俊受容の軌跡」（中川正法・小林知美・岡村喜史編『九州真宗の社会と文化（筑紫女学園大学人間文化研究所叢書三）』法藏館、二〇二四年）などがある。

本稿では、本法寺所蔵法華経曼荼羅図の絵の精密さに着目し、そのような表現を構成している要素として、構図と図様（モチーフの形態）を切り口として考察した。その結果、鎌倉時代に律宗において重要視されていた版本法華経見返絵が、本法寺本の制作において構図や図様の参考に供された可能性が高いことが明らかとなった。

はじめに

本法寺所蔵法華経曼荼羅図（以下、本法寺本とする）を実見した時、この巨大な法華経変相のもつ独特の空間性と、その中でうごめくかのような説話モチーフのリアルな描写に引き込まれずにはおられなかった。原口志津子は、本作品の絵画史における重要性を、二十二幅一具という規模の大きさ、嘉暦元年から三年（一三二六〜二八）の年紀により制作年代が明らかになること、絵の精密さの三点に集約しているが[1]、本稿ではこのうち、絵の精密さに着目し、そのような表現を構成する要素として、構図と図様（モチーフの形態）[2]の二側面を切り口として考察をすすめる。

巨大掛幅作品の画面構成の原理を、「空間細胞」（cell）というマイケル・サリヴァンの提唱した概念を用いて分析的に研究してきた太田昌子は、本法寺本において、複数のセルが連続性とアクセントをもって配置され、壁画的性格を備えていることをその特徴の一つとして挙げている[3]。セルとは、霞、岩、樹木などによって区画されたひとつの場面（空間）を指

図1　本法寺本第10幅画面構成図（全図）（太田昌子「本法寺の法華経曼荼羅を読み解く――巨大掛幅のなかで共鳴し合う礼拝像と物語場面」『芸術学学報』第17号、2011年3月、21頁より転載）

し、本作品の場合、平均長径が四、五〇センチメートルほどの横長の楕円形で、この絵を見る人が一度に見ることのできる範囲「一視野の画面」に近いという。

本法寺本にみられる特徴的な画面構成は、どのような系譜の上で成立したのであろうか。その謎を解くため、平安時代から南北朝時代にかけての大画面の法華経変相や小画面の経典見返絵と比較検討を行った(4)。その結果、本作品と、画面形式も技法も異なる小画面の宋版法華経見返絵に、構図と図様における共通点が認められることが判明した。本稿では、本法寺本と版本細字法華経の共通点を指摘し、前者が後者を引用した可能性とその引用の背景を考察する。

一、本法寺本と版本細字法華経

（1）構図

①俯瞰視点

本法寺本の構図を、太田昌子により一画面のセル数が平均値に近い例として挙げられた、第十幅の画面構成図（図1）から観察すると、遠望の俯瞰視点で全体がとらえられ、各セルの中の建築物の奥行きを示す平行線が同じ角度で統一されている。建築物のなかには線遠近法的手法で、左右から中心に向かって奥行きを示す線が集中するように描かれているものも混在しているが、その場合は、説話の展開する舞台としての現世ではなく、仏の住まう浄土であることが示されている(5)。建築物の大きさは、画面の上下で極端な差はなく、人物モチーフは建物に対して自然な比率で小さく描かれ

図2　伝香寺所蔵版本細字法華経見返絵（全図）／提供：奈良国立博物館

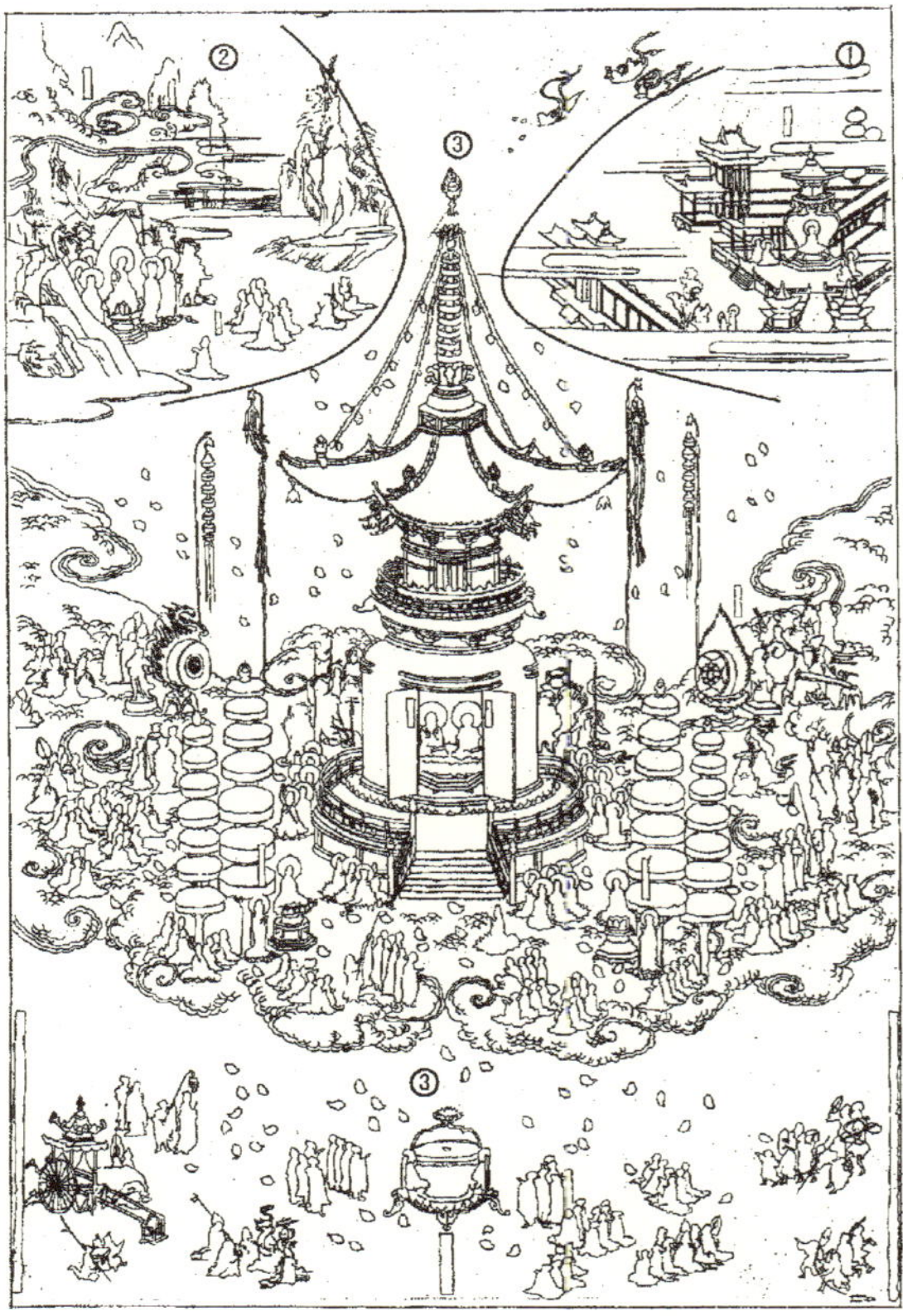

図3　本法寺本第11幅画面構成図（全図）／転載元：同図1、23頁

ている。本法寺本にみられる、人物の大きさを抑制し、遠望の俯瞰視点によって画面全体の統一を重視した構図は、本法寺と同時代の大画面法華経変相である本興寺四幅本（建武二年〈一三三五〉頃）にみられる[6]、人物モチーフを大きく描いて目立たせ、物語性を強調する作品のそれとは異なっており、むしろ小画面の版本法華経見返絵に近い（図2）。

本法寺本の第十一幅見宝塔品（図3）のみは、他の幅と異なる突出した構図で、塔を大きく中心に配している。また第二十一幅陀羅尼品（図4）と第二十幅普門品には、通常の俯瞰視点による画面に、正面向き尊格を名札付きで並列させる、太田のいう「そろいぶ踏み」の異空間が帯状に組み込まれている。

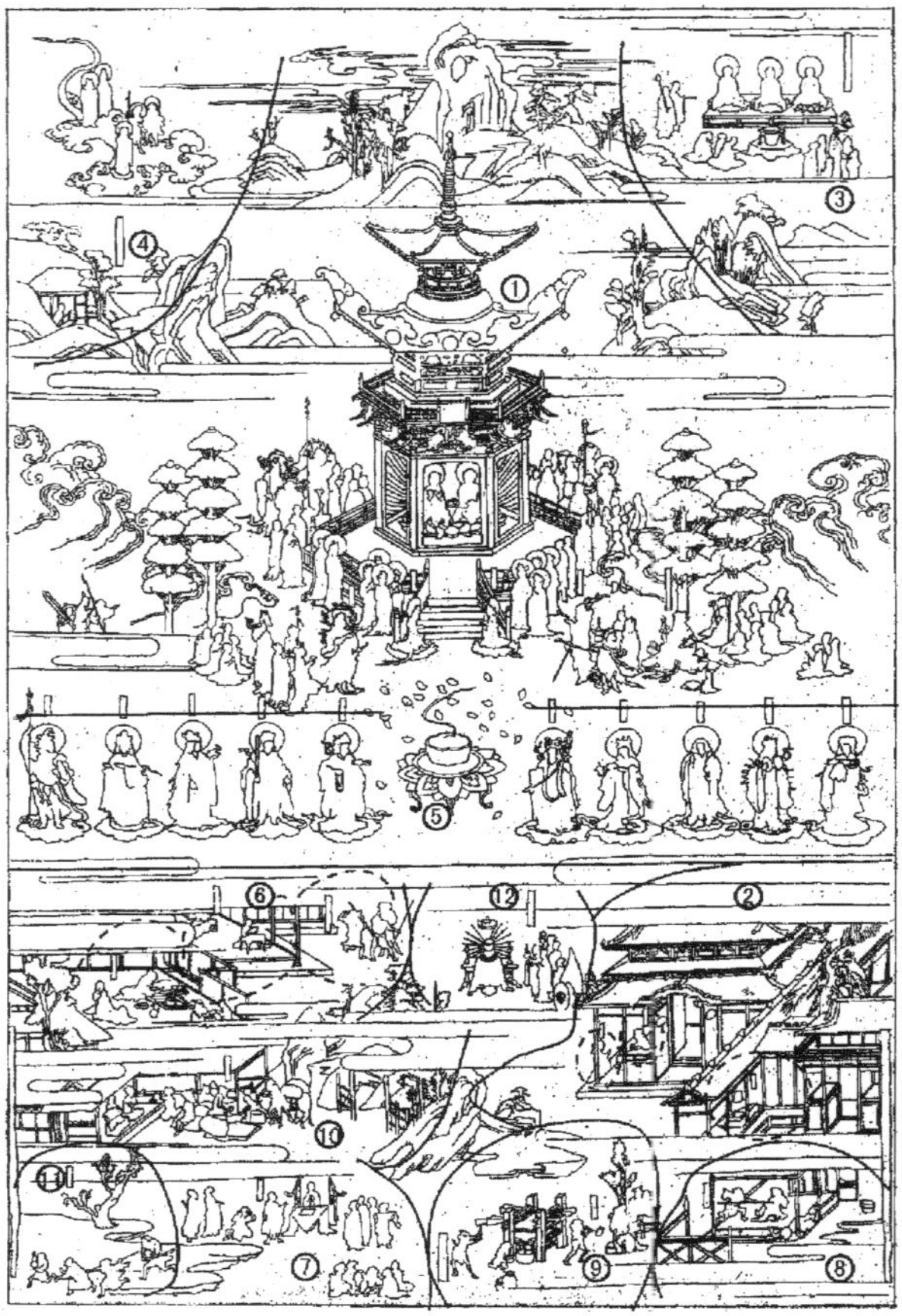

図4　本法寺本第21幅幅画面構成図（全図）／転載元：同図1、43頁

②説法会衆

本法寺本では、説法会衆が属性ごとにグループ化され、個々のモチーフがパタン化されて表されている。第四幅（**図5**）をみると、説法の会衆として、敷物に坐す四大比丘の後方に、僧侶、男性、女性、その女性と同じく白い顔に朱の唇で表される襟帽子の尼とおぼしき人物のグループが間隔をあけて配されている。[7] 一方、版本法華経には、尼は見あたらないが、敷物に坐す僧侶、王と王妃、男性の後に女性らしきグループが置かれている（**図6**）。版本という技法にもよると思われるが、モチーフの形態は著しく図式化され、モチーフの配置も等間隔である。本法寺本では肉筆による絵画的な表現が認められ、表現面では隔たりがある。

このように、表現面では差があるが、本法寺本と版本細字法華経において、四衆の図像が、服制と顔や体躯の描き分けによってパタン化して区別され、グループごとにまとめて配されている。

（2）図様

①八角塔

本法寺本には多様な建築物が登場するが、なかでも塔が目立つ。八（または六）角塔、多宝塔、軸部が方形の通常の塔、宝篋印塔、円塔などが見られる。[8] 数も多く、種類も多様で、形態は変化に富んでおり、このような塔の存在の強調は、先行研究で指摘されている本法寺本の特徴の一つである。塔の他にも、屋根に相輪や宝珠を載せているが、屋根や軸部の形式は塔とは異なる、現実にはありえない空想上の建築物と思われるものも数多く見られる。

塔のなかでも八角塔は多宝塔と並び八回も登場し、その正面性の強調された安定感のある形態は、大画面のモチーフの渦に埋もれることなく、アクセントとして機能している。第十幅の画面中央上方に「起七宝塔」銘の添えられた五重塔（**図7**）が配されるが、画面中央軸に位置するこの塔は、起塔供養を勧めるという説話を表すモチーフとしてのみならず、この画面自体の礼拝性を高める役割をも担っている。[9]

図5　本法寺本第4幅（部分）

図6　伝香寺所蔵版本細字法華経見返絵（部分）／提供：奈良国立博物館

一方、版本細字法華経にも五重と七重の二基の八角塔があり、そのうち七重塔（**図8**）は、画面中央付近に両側に、左右対称に並ぶ諸仏と共に配され、画面全体のなかで最も目立つモチーフとなっている。小画面の見返絵においても、『法華経』のシンボリズムの中で最も顕著な題材の一つ[10]」である塔は、大画面の本法寺本の場合と同じく、画面に礼拝画的性格を付与する役割を果たし得ている。

日本における八角塔の造立例

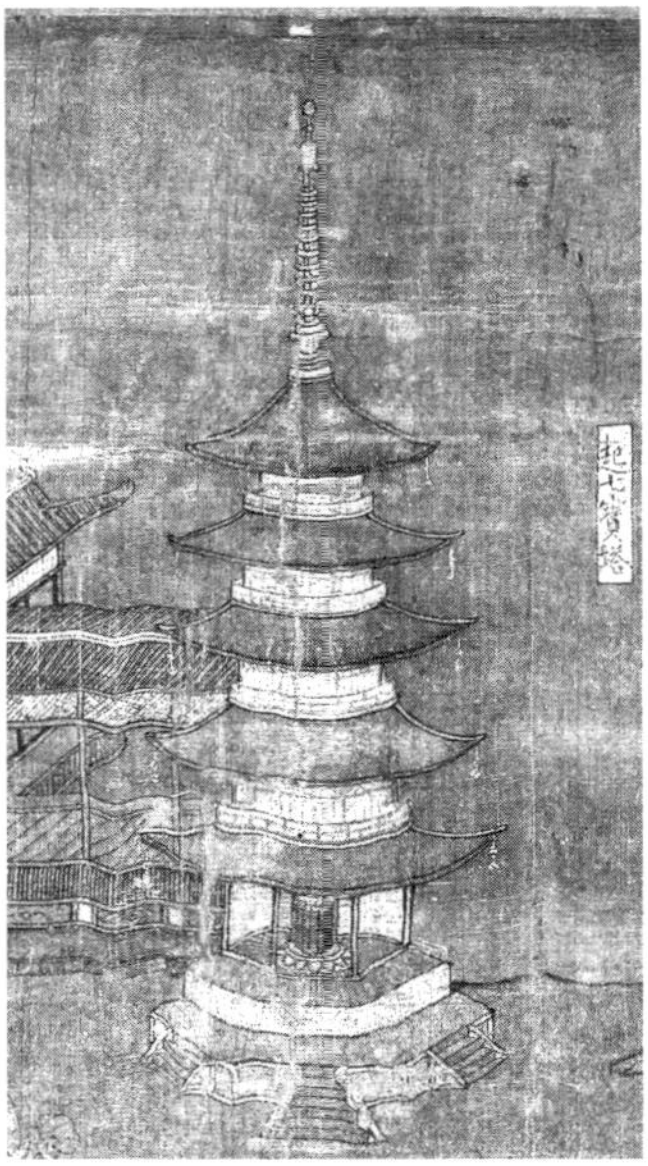

図7　本法寺本第箒10幅「起七宝塔」（部分）

図8　伝香寺所蔵版本細字法華経見返絵「分身諸仏」（部分）／提供：奈良国立博物館

としては、白河天皇が造営した法勝寺の苑池の中島に聳えていた九重八角塔が代表である。法勝寺八角九重塔は永保三年（一〇八三）に供養され、回禄後、承元二年（一二〇八）に再建された時の高さは二十七丈（八一メートル）とある。その先例として、奈良時代の西大寺八角七重塔の計画があり、その基壇の一部が現存する。[11] 絵画としては、永延元年（九八七）、入宋僧奝然が将来した清涼寺釈迦像に納入されていた版本法華経変相図には、画面上方の釈迦説法図に対し、下方に地面から涌出する七重塔が「弟子某甲一心頂礼妙法蓮華経釈迦多宝如来全身舎利宝塔」の銘を添えて表されている。本法寺本の制作者にとって、八角塔は異国的ではあるが、まったく見知らぬモチーフではなかったと思われる。

②方椅に坐す僧侶群

着目すべき図様として、原口志津子が異国の表象として取り上げた、本法寺本第二十二幅に表された方椅に座す僧侶群（**図9**）をあげる。[12] 曲彔二脚に座す僧侶を先頭に方椅十二脚に坐す僧侶が居並んでいる。この方椅に坐す僧侶群の図様は、釈迦が四大菩薩に法華経を説法するという本法寺本に描かれた最後の説話場面における会衆を構成する一部である。この図様は、本法寺本でもこの場面のみに見られ、他の大画面の法華経変相にも見いだせないが、版本法華経の「王子復講」

場面に近似した図様が見いだせる（図10）。直線的な構造材が交差する方椅の集合体を斜め後ろから捉えるという複雑な図様が近似していることから、本法寺本が版本細字法華経の図様を引用した可能性は極めて高いといえるだろう。

以上のように、本法寺本と版本細字法華経の間に、構図と図様に関して、複数の共通点が認められる。図様のうち特に方椅に坐す僧侶群の複雑な図様に関しては、引用を証拠づける具体的モチーフとみなすことができよう。そのことを認めた上であれば、具体的な形態の比較ができないため引用の確認が難しい構図についても、両者間における影響関係を認めうるのではないだろうか。

二、版本細字法華経

（1）ハーバード美術館所蔵南無仏太子像（一二九二年）納入本の概要

本法寺本にみられる版本細字法華経からの引用の背景を考えるにあたり、版本細字法華経の概要と、その経典見返絵としての位置づけを確認しておく(13)。

宋版の法華経で巻頭に絵があるものは日本に集中して伝来するが、それらは法華経七巻を一冊にした細字本と、七巻七冊のものに大別できる。細字本には「四明陳高刀」本、「呂斌刀」本、七冊本には栗棘庵本、西大寺興正菩薩坐像体内納入本（巻第七のみ）がある。

見返絵をもつ宋版の法華経

図9　本法寺本第22幅説法会衆（部分）

図10　伝香寺所蔵版本細字法華経見返絵「王子覆講」（部分）
／提供：奈良国立博物館

の現存作例の中で、本稿で取り上げている版本細字法華経（「四明陳高刀」本）は最も多く、以下の五点が確認され、その内三点（①②③）が奈良もしくは大阪の律宗寺院の仏像や石塔の納入品として用いられている。

①奈良伝香寺裸形着衣地蔵菩薩（一二二八年）納入本
②奈良般若寺十三重石塔（一二五三年）納入本
③米国議会図書館所蔵ハーバード美術館南無仏太子像（一二九二年）納入本
④香川善通寺本
⑤愛媛保国寺本

これら五点の版本細字法華経のうち、ハーバード美術館南無仏太子像納入本（③）について、近年の総合研究により詳細が明らかとなっている[14]。本作品は、一二九二年に制作されたハーバード美術館所蔵の聖徳太子像の膨大な納入品の一つであり、納入品全体のうち唯一紺青染麻袋に入れられ、上中下三段に区分した像内空間の上段に収められていたことから、貴重なものとして扱われていたと推定されている。全体は、紙本墨摺の折本装で、縦一九・六、横八・五、全長一九六〇センチメートルの紙に、半折十二行、一行二十七字で彫られた、七巻二十八品の法華経を一帖とした細字経である。本文の前に「終南山釈道宣述　妙法蓮華経弘伝序」一四行、「荊渓尊者湛然述　廻向発願文」五行が置かれる。見返絵は三折半に、三十の銘札を配し、絵の左下隅に「四明陳高刀」と刻工名を刻む。版木一枚を一紙に摺り、全三十四紙を継ぐが、二十紙分の継目部分に「陳忠」「洪新」「洪茂」「蒋暉」の刻工名が記され、彼らの活躍期から、本経は一一六〇年頃寧波の周辺で制作されたと推定される。

（2）経典見返絵としての位置づけ

次に版本細字法華経の経典見返絵としての位置づけを確認しておく。経典見返絵は、唐時代に始まると考えられる。経典のなかでも説話性に富んだ法華経は早くから変相が描かれ、経典見返絵も多く制作されたが、時代と共に主題選択や構図が整理されていく中で、釈迦説法図を斜とするか正面とするかの二系統の構図が主流となった。

中国で制作された年紀をもつ最古の現存作例は、大英図書館蔵版本金剛波羅密経一巻（咸通元年・八六八）である。この金剛般若経にみられる、横長の画面の右方に斜め向きの釈迦説法図を置き、左方に説話を展開させるという構図は、後世の東アジアの経典見返絵の基本として、宋や高麗の経典見返絵において踏襲される。一方で、蘇州市の瑞光塔に納入されていた紺紙金字法華経一具七巻（第一巻は九世紀、巻第二〜七は十世紀）では、斜め向き構図と正面向き構図がいずれも用いられている。

日本で最古の現存作例は、唐本を忠実に模写した平安時代前期の延暦寺蔵紺紙銀字法華経（九世紀）で斜め向き構図をとるが、紺紙金字経制作の興隆を経て、平安時代後期には、滋賀百済寺本（十二世紀半ば）に代表される正面向き構図を用いた定型図様が成立し、その後の日本の経典見返絵の主流となった。

北宋から南宋に制作された版本法華経としては、先述した四種類が確認されているが、斜めと正面の構図が半数ずつである。すなわち、宋版本法華経の見返絵は、唐以来の二系統の構図の伝統のうえに位置づけられる。しかし、斜め構図の二種のなかでも、栗棘庵本では、釈迦説法図が大きく表され横長の画面の半分を占めるのに対し、本稿で取り上げている細字法華経は、釈迦説法図も、他の説話モチーフと同じく小さく描かれている。モチーフ全てを遠くに突き放して描く点は、宋版の法華経四種のなかで、細字法華経の際立った特徴である。

三、版本法華経受容の時代背景と引用の理由

（1）版本細字法華経受容の時代背景

版本細字法華経は「宋版本の高度な技術水準を示す代表的な作例として位置づけられ、法華経を一帖に簡便に集約した刊本として宋より盛んに舶載され、各地に多く伝わる」といわれている。[15]この版本細字法華経が受容された時代背景と、本法寺本に引用された理由についてさらに検討したい。

版本細字法華経が、平安時代を中心として盛んに制作された紺紙金字法華経と異なる点は、形態と内容にあるといえる。形態においては、巻子本よりコンパクトで、読みやすく携行もしやすい折本であること、内容においては、道宣の弘伝序と湛然の発願文が加えられている点が特徴である。四種の版本法華経は全て折本で道宣の序文が付けられている。

実際に、ハーバード美術館所蔵南無太子像納入本（③）に関して、日本製と思われる手擦れのある帙に包まれていたこと、道宣の弘伝序に墨書の異本校合がなされていたことが報告されており[16]、序文に校訂を加えた手沢本であることが知られ、儀礼的性格の強い紺紙金字経とは異なり実用に供されていたことがわかる。

中国南山律宗の祖である道宣（五九六～六六九）は、その孫弟子鑑真が日本の南都六宗の一つ律宗の実質上の開祖であり、鎌倉時代に叡尊らの進めた戒律復興運動のもと、西大寺律宗が全国規模で教線を広げており、道宣に対する尊崇の念は高まっていたと考えられる。版本細字法華経の南都を中心とし

た律宗寺院への伝来はその証左といえる。

南都の西大寺に対し、京都を中心に宋朝の新しい律宗を伝え活躍した俊芿（一一六六～一二二七）にも、道宣の正統な伝来者としての自負をうかがうことができる。彼は、在宋十三年にして律・禅・天台・浄土教などを学び建暦元年（一二一一）に帰国した際、律部の仏典三二七巻、天台・華厳や儒教の典籍と共に、道宣と元照の真影を将来している。また九条道家に対し、師資伝道の証として与えたもののなかに、自らが請来した「唐本法華経一部」があるが[17]、版本法華経の当時の普及状況を考えると、これは宋版本であったと考えられる。

以上のような鎌倉時代以降の律宗の興隆のもとで、道宣の序をもつ版本法華経は積極的に受容されていたのではないか。

(2) 引用の理由

では本法寺本の制作者が、複数の版本法華経の中から特定の一種を選んで引用したのは何故だろうか。日本に伝来する四種の版本法華経は全て折本で道宣の序文が付けられており、形態と内容の面では共通している。

結論から言えば、細字法華経が選ばれた理由は不明である。絵画的効果を求めて、すなわち大画面に多くの説話モチーフを統一的に配置するための構図の手本として、細字法華経が選択されたと考えることもできるが、数多く流布していたため偶然に引用の対象となった可能性も否定できない。数種の版本法華経の中でやや精緻さに欠けるこの細字法華経を、普及版として多数製作されていたとする意見が出されているからである[18]。

四、本法寺本にみる版本細字法華経からの引用と平安時代紺紙金字法華経の伝統

(1) 版本細字法華経からの引用～理解と礼拝を促す構図

最後に、版本法華経からの構図と図様の引用の結果もたらされた本法寺本の性格を再確認し、さらに化城喩品説話の導師の図様に着目して、本図の制作の背景について推察する。

本法寺本全体に共通する、遠望の俯瞰視点によって、複雑な説話場面を一覧のもとに把握させる構図は、二幅（第二十、二十一幅）のみに用いられる正面向き尊格を名札付きで並列させる「そろいぶ踏み」構図とあいまって、絵画的な鑑賞というよりも、説話の各部分が統合されて全体像を結ぶことで統一的世界観を導く、理知的把握に相応しいと思われる。

説法会衆を、人物の属性ごとにグループ化・パタン化して表すことにより、四衆の区別に対する意識が呼び起こされる。とくに版本細字法華経では確認できなかった本法寺本にみえる尼のモチーフは、原口の指摘するように本作品の制作背景

――西大寺律宗――に関わると考えられる[19]。

第十一幅は、画面中央に釈迦多宝の並坐をする宝塔を大きく表し、塔礼拝の意義を強調しているが、その画面下方中央に人物と同じ大きさで描かれた巨大な香炉にも着目すべきである。人物とそれ以外のモチーフの自然な比率が原則となっている本作品おいて異例なスケールで表されたこのモチーフは、観者が画中の塔供養に参加するかのような印象を強める役割を果たしていると思われる。

(2) 平安時代紺紙金字法華経の伝統――化城喩品説話の導師の図様

本法寺本の画中の銘と図像の多角的検討から原口は、画中に名の記された「勧進僧浄信」を、福泊島関の勧進上人、一条戻橋律僧浄信と一致するものと推測し、本作は律僧浄信の関係した恩徳院などの機内の寺院に所蔵されていたのではないかという推論を導き出した。本稿の結びとして、原口が「(本法寺本の)制作者やその属する集団の自己投影ではなかっただろうか[20]」として着目した、第七幅化城喩品にみる導師(図11)の図様について再度検討を加え、本図の制作の背景についての推論を補強したい。

この場面は、化城喩品に説かれる、宝所に至ろうとする旅人が険難の悪道に疲れて退こうとするのを、導師が方便で大城を化作して目的地まで導くという説話を表している。原口は、この導師の服装が当時の律僧たちの律衣を連想させ、そのすぐ右下(一視点の画面)に「勧進僧浄信」の記名があることから、先述した「制作者の自己投影」と推察したのである。

化城喩品説話は、法華経見返絵において、唐本とそれを模した平安時代前期の作品にも、平安時代中期以降の定型的作品にも、さらに宋版本にもしばしば描かれる主題であり、その表現の広がりが確認できる。本法寺本の導師の図様は、経典見返絵に描かれた同モチーフのなかでどのように位置づけられるのだろうか。以下に、化城喩品の説話を構成する化城、宝所、旅人、導師の四つのモチーフに着目し、そのいずれが描かれるかでA~C、C'の四つに現存作例を分類し、その表現の異同を確認する。

A城だけ：金剛証寺本

B城+旅人：延暦寺交書本(図12)　※C'の可能性もある。

C城+旅人+導師：唐本系統　延暦寺銀字本、仁和寺本、本興寺八巻本(図13)

宋版本系統　粟棘庵本(図14)、奈良博本一字宝塔経

宝塔曼荼羅　立本寺本(図16)

C’城＋旅人＋導師：本法寺本、金剛峯寺一品経（図15）

経典見返絵において、化城喩品の説話モチーフ選択やその表現には作品間の差が大きい。Aの化城だけ、Bの城と旅人だけを描く作例では、本説話で最も重要な意味をもつ導師が省略されている。ただしBの延暦寺交書本（図12）は、描かれる五人の人物全員を旅人とみるとBとなるが、先頭と三番目の人物を、右手を挙げる姿勢から導師とみると導師が二回登場するC’になる。このように紺紙金字経典見返絵は簡略な描写のものも多く、図様解釈の判断が難しい場合があることは注意が必要である。導師モチーフの含まれるCのうち唐本系統の本興寺八巻本（図13）では、掘割を周らせた宮城の門に向かって、頭巾を被った導師が先端が扇形に広がった杖

図11　本法寺本第7幅化城喩品（部分）

図12　延暦寺所蔵紺紙金銀交書法華経巻第三見返絵化城喩品（部分）
／提供：延暦寺

図13　本興寺所蔵紺紙金字法華経巻第三見返絵化城喩品（部分）
／提供：奈良国立博物館

をもって進む。その後ろに、旅人三人と荷を担う侍者一人が従う。同じくCのうち宋版系統の栗棘庵本（図14）では、掘割を周らせた宮城の前に、導師一人と旅人二人とおぼしき三人の人物が描かれるが、皆同じ服制で導師の指標を欠く。導師が二度描かれるC'は、本法寺本のほかは金剛峯寺一品経（図15）のみである。金剛峯寺本では、画面右方に、右手を挙げて先方を指さす僧侶姿の導師とその背後に坐し合掌する二人の俗人を、画面左方の楼門の前に、坐して合掌する二人の俗人とそれに対して立つ僧侶が描かれる。僧侶は手に錫杖を持っている。ほかに導師を僧侶として描く例として、Cに属する立本寺本（図16）がある。立本寺本は、掛幅の紺紙金字宝塔曼陀羅全八幅であり、描く主題は約一二〇場面、モチーフも見返絵よりはるかに多く、説話図の構図も複雑であるが、図様は平安時代の経典見返絵からの影響が濃いとされている。

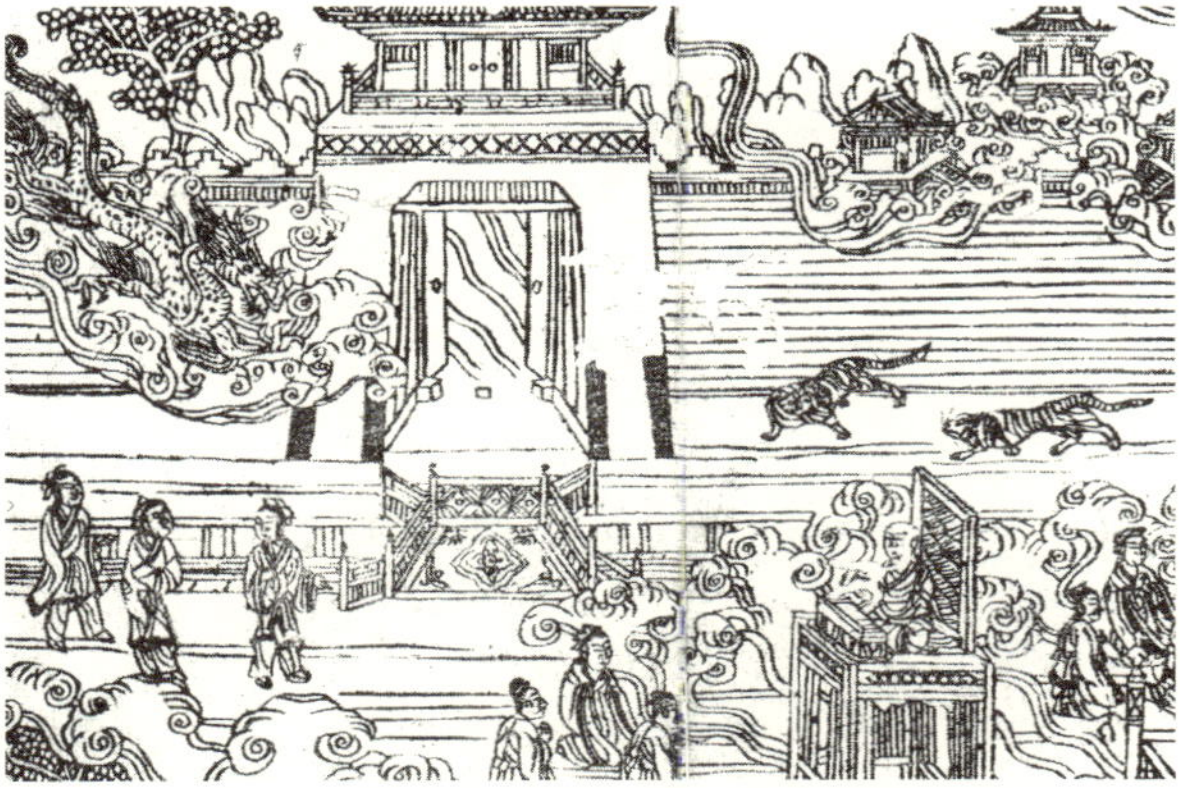

図14　栗棘庵所蔵版本法華経巻第三見返絵化城喩品（部分）
／提供：奈良国立博物館

図15　高野山金剛峯寺所蔵一品経化城喩品第七見返絵（部分）
／提供：高野山霊宝館

導師の姿は、一回登場のCの唐本系統と宋版本系統において俗人として描かれ、唐本系統では頭巾と扇状の杖が標識となっていたが、宋版本系統では導師の標識が消えていた。二回登場のC'では、導師が僧侶の姿で表されていた。立本寺本でも、一回しか描かれないが、導師は僧侶の姿で表されている。現存作例の分析をまとめると、僧侶姿の導師は、唐本や宋版本に源を持つのではない、平安時代の紺紙金字法華経見返絵において描かれてきた図様の流れの上に位置づけることができる。

本法寺本の化城品説話に、導師が僧侶の姿で二回描かれていることは、経典見返絵ではほかに金剛峯寺本一例しかないこと、また錫杖でなく扇をもつのは他に例のないユニークな図様であることが確認できた。このユニークな図様が、服制の上で当時の律僧に近く、隣に「有一導師」の銘を添えて描かれていることを踏まえると、本作品制作当時、勧進僧として活躍していた律宗の僧侶のダブルイメージである可能性は、やはり高いと思われる。大画面にリアルに描かれた法華経説話に自己を重ね合わせ、塔を礼拝し、自らの存在意義を確認して活動のエネルギーとしていた勧進僧の存在が、本作品の制作背景に想定される。

図16　立本寺所蔵金字法華経宝塔曼荼羅第3幅化城喩品（部分）／提供：奈良国立博物館

むすび

本作品の描き起こし図を作成した石崎誠和は、この画幅の構成現場を「大きな空間にすさまじく多くの下図が散乱していることが想像できる」としている。(21) 本稿では、その多くの下図の中に、鎌倉時代に律宗において重要視されていた版本法華経見返絵が含まれ、構図や図様の参考に供された可能性が高いことを提示した。

本法寺本に見られる、遠望による俯瞰視点によって全体を統一的に把握し、人物を建築物に対して自然な比率で表すある種理知的な構図は、登場人物が説話展開をリードする説話画としては物足りなさを感じるが、統一的世界観を促す役割を果たしているように思う。このような画面構成の原理は、日本絵画史の中でのなかでどのような展開を示すのだろうか、今後の課題としたい。(22)

注

(1) 原口志津子『富山・本法寺蔵　法華経曼荼羅図の研究』(法蔵館、二〇一六年二月) 三—五頁。

(2) 原口は本法寺本の研究に際し、「図様」という語の規定内容が定かでないこと、とりわけ平田寛が明らかにした「絵様」「図様」「図像」などの語の示す絵画制作の歴史的実態が忘れ去られることを避けるため、「図像」という近代美術史の用語を用いて解釈を行なっている。本稿では解釈の前提となるモチーフの形態の側面のみに着目するため、あえて慣習的な用語である「図様」を用いる。原口注1前掲書一〇頁。

(3) 太田昌子「本法寺の法華経曼荼羅を読み解く——巨大掛幅のなかで共鳴し合う礼拝像と物語場面」(金沢美術工芸大学芸術学研究室編『芸術学学報』第一七号、二〇一一年三月) 四七頁。

(4) 本法寺本の比較対象とした大画面法華経変相図は、本法寺本二二幅 (一三二六〜一三二八年)、談山神社本金字宝塔曼陀羅一〇幅 (十二世紀)、立本寺本金字宝塔曼陀羅八幅 (十三世紀)、個人蔵本金字宝塔曼陀羅第六幅 (十一世紀)、妙法寺本金字宝塔曼陀羅第七幅 (十二〜十三世紀)、本興寺本法華曼荼羅四幅 (一三三五年)、奈良博本法華曼荼羅図七幅 (十三世紀後期)、西明寺三重塔壁画 (十三世紀中葉)、海住山寺本法華経曼荼羅 (十二〜十三世紀)。小画面法華経見返絵については、主に奈良国立博物館編『法華経——写経と荘厳』(一九八七年三月) 掲載の図版と解説を参照した。

法華経変相および法華経見返絵については、主に以下を参考にした。宮次男『金字宝塔曼陀羅』(吉川弘文館、一九七六年三月)、神山登「法華経絵画の形式と特色」・河原由雄「法華経変相図 (絵解き)」(倉田文作、田村芳朗監修『法華経の美術』佼成出版社、一九八一年九月)、梶谷亮治「法華経見返絵の展開」(奈良国立博物館編『法華経——写経と荘厳』一九八七年三月)、同「法華経変相」(奈良国立博物館編『仏教説話の美術』思文閣、一九九六年三月)。

(5) 太田は第三幅の解説で「未来世は右上奥の位置に小さく抽象的図形として、他方、現世は緑の山に囲まれた自然風景としてそれぞれ明快に区別できる表現を取っている」とする。太田注3前掲論文六頁。

(6) 本興寺本図版は、注4前掲書倉田、田村監修 (一九八一) 図30、奈良国立博物館編 (一九九六) 図29として掲載。

(7) 原口のいう「襟帽子」の僧侶が描かれた例として、慕帰絵(観応二年 (一三五一)、藤原昌・隆章筆、西本願寺所蔵、重要文化財) の第八巻第一段の大原勝林院の障子に和歌を書きつける覚如が水色の帽子を襟巻状に着けている姿があげられる。また尼で、襟巻にはしていないが、白色の帽子を着ける姿を描いた例として、阿仏尼像 (十四世紀、個人蔵) がある。原口注1前掲書二〇九頁。

(8) 多角形の平面を持つ重層塔については、画像からは六角か八角か判断は難しいが、実際に建築された重層塔として、奈良時代の西大寺塔、平安時代の法勝寺九重塔、遼の応県木塔 (現存) などが記録・現存作品として確認できるため、現実を踏まえて絵画化したと考え、八角塔が描かれていると判断した。

(9) 太田は、本法寺本の画面配置に、時空表現の一定の法則性を見出している。上下軸は時間軸および価値評価軸で上になるほど過去や未来に遠ざかり、また尊く、下方は現世や地獄や畜生など「マイナスコーナー」という性格がりそうであること、中心軸上は讃仰ラインとも呼べる機能を果たすことを指摘している。太田注3前掲論文四七頁。

(10) ジョン・ローゼンフィールド「セジウィック蔵・聖徳太子像」（阿部泰郎ほか編『ハーバード美術館南無太子像の研究』中央公論美術出版、二〇二三年三月）一七五頁。

(11) 高橋康夫「法勝寺」（京都市編『甦る平安京　平安建都一二〇〇年記念』一九九四年、京都市）五九頁。

(12) 原口注1前掲書二六四頁。

(13) 宮次男「宋・元版本に見る法華経絵（上）」『美術研究』三二五号、一九八三年九月）、梶谷注4前掲論文、西山厚「経巻の見返絵にみる仏の姿」（奈良国立博物館『東アジアの仏たち』一九九六年四月）。

(14) 紙本墨摺、折本装、縦一九・六、横八・五、全長一九六〇センチメートル。半折十二行、一行二十七字、全体で一六〇折半。版木一枚を一紙摺、紙継は全三十四紙。鳩摩羅什訳の七巻二八品本法華経を一帖とした細字経で、本文の前に「終南山釈道宣述　妙法蓮華経弘伝序」十四行、「荊渓尊者湛然述　廻向発願文」五行が置かれる。見返絵は三折半に、三〇の銘札を配し、絵の左下隅に「四明陳高刀」と刻工名を刻み、一帖のうち二十紙分の継目部分に「陳忠」「洪新」「洪茂」「蒋暉」の刻工名が隠れされている。彼らが一一四六～一一六四年にかけての『事類賦』『文選』『武経亀鑑』に関わっていることから、ジョン・ローゼンフィールド注10前掲論文、阿部泰郎「宋版細字法華経作品解説」（注10阿部ほか前掲書）。

(15) 阿部注14前掲論文。

(16) 阿部注14前掲論文。

(17) 原田正俊「九条道家の東福寺と円爾」（『季刊日本思想史』六八号、ぺりかん社、二〇〇六年）八四頁。

(18) 本作品を最初に紹介したローゼンフィールドは「それぞれの要素は極度に単純化されて経典の一部ウを示し（中略）個別の場面それぞれのうち、芸術的に大きく満足できるものはひとつもない」と評価している。注10ローゼンフィールド前掲論文一七二頁。宮も、本作品に普及版としての性格を見、安定した画面構成を見るべきでであるが、彫成は精緻さにやや欠け、それゆえに広く流布されたと推察する。注13宮前掲論文一〇三頁。

(19) 原口注1前掲書二一一頁。

(20) 原口注1前掲書二三四頁。

(21) 石崎誠和『法華経曼荼羅図』描き起こし図作成報告書」（石崎誠和・太田昌子・原口志津子編集兼発行『法華経曼荼羅図描き起こし図』二〇〇九年三月）二七頁。

(22) 遠望による俯瞰視点で描かれた大画面法華経変相として、本法寺本のほかに、談山神社法華曼陀羅があげられる。本図の説法会集にも本法寺本と同様の版本に由来すると思われるグループ化・パタン化が認められる。

中世律宗絵画としての本法寺蔵「法華経曼荼羅図」

瀬谷　愛

せや・あい――皇居三の丸尚蔵館上席研究員。専門は日本絵画史。主な論文に「法隆寺金堂壁画と文化財保護」（特別展『法隆寺金堂壁画と百済観音』展覧会図録、二〇二〇年）、「中世律宗絵画試論」（『東京国立博物館紀要』五十七号、二〇二二年）、「中世聖徳太子絵伝における南無仏太子説話の図像」（阿部泰郎、阿部美香、近本謙介、レイチェル・サンダース、瀬谷愛、瀬谷貴之編『ハーバード美術館蔵南無仏太子像の研究』中央公論美術出版、二〇二二年）などがある。

本法寺蔵法華経曼荼羅図は、その成立に中世律宗が関与したとみられる鎌倉時代後期の貴重な基準作である。律僧が全国的に躍動していた鎌倉時代に生み出された絵画には、より多くの作品に中世律宗が関わった可能性が考えられる。小論はこれらを「中世律宗絵画」という新しい枠組みで括り、本法寺本の位置づけについて概観する。

はじめに

富山・本法寺が所蔵する「法華経曼荼羅図」（重要文化財、以下、「本法寺本」という。）は、『法華経』二十八品を全二十二幅に緻密に描き出した、鎌倉時代後期を代表する大画面仏教説話画である。この作品には中世の歴史と信仰に関する多くの情報が含まれるが、なかでも画中の記名から僧浄信が勧進して嘉暦元年から三年（一三二六～二八）に制作されたことが明らかになる基準作であり、さらには原口志津子の研究により、中世律宗がその制作に大きな役割を果たしたとみられる貴重な作例として知られている(1)。

筆者は近年、「一遍聖絵」（国宝、正安元年〈一二九九〉、神奈川・清浄光寺、東京国立博物館。以下、「聖絵」という。）の研究から発展して、鎌倉時代後期に制作された絵巻や掛幅絵伝の多くに中世律宗が関与していた可能性を指摘した(2)。聖絵に描かれた全国各地の社寺や史跡、高僧たちの様相は中世律宗の拠点や活動内容を象徴的に表しており、「捨て聖」と呼ばれた一遍を主人公としてその生涯を語りながらも、律僧の影響力を伝える豪奢な絵巻であるように映るのである。

中世の律僧はそれぞれ既存の宗派寺院を拠点に活動し、諸宗兼学しながら戒律護持の清僧集団として、寺院復興や造像作画などの勧進活動、社会救済活動を行なった。さらに注目されることには、彼らの流派・宗派、地域を超えた交流は全国に広がり、そのネットワークは各地の寺院への人材派遣、仏画斡旋にも及んでいたことが、中世仏教史学の研究から明らかにされてきた。一方、美術史学からは、それらの研究成果と現存作例が結びついて語られることがほとんどなされてこなかった。発願主体はあくまで寺僧であり、律僧は各寺院に出入りし、その活動を支える客体であるとみなされ、看過されてきたともいえよう。

そのようななかで、本法寺本については、すでに原口により総合的な研究がまとめられ、中世律宗との関係が指摘されてきたのは極めて重要である。とくに本法寺本は聖絵との絵画表現上の近似が指摘されてきたこともあり、両者の成立環境を考えるうえでは不可分の存在といえる。筆者が中世律宗による絵画制作の研究を聖絵からさらに他の同時代作品へと広げるに至った背景には、本法寺本の研究成果から発展のインスピレーションを得たからに他ならない。

さらに、聖絵のみならず、鎌倉時代後期に活性化する多くの仏教説話画制作の背景に中世律宗の幅広い交流や勧進、斡旋活動があったとする仮説を立てたとき、従来の研究では見えてこなかった重層的な作品の連関がみえてきた。後述する作例はいずれも鎌倉時代後期から南北朝時代を代表するよく知られた名品だが、どちらかというと画風の研究だけでは成立の背景に迫りにくい、複雑かつ孤高の存在でもあった。一方で、その周辺を調べてみると中世律宗の関与が想定されるものばかりである。筆者は中世律宗が教義教理や祖師高僧を造形化したものだけでなく、勧進・社会活動を推進する手立てとして制作に関与した可能性のあるこれらの絵画を「中世律宗絵画」と定義してみた。本稿では、そのような視点から改めて本法寺本とその時代について概観し、表現の近似する同時代絵画と比較しながら捉え直してみたい。

一、本法寺本と中世律宗

まずは本法寺本について先行研究に従って概観していこう。本法寺本の成立に中世律宗が関与したと考えられる根拠として、大きく二つの点が指摘されている。一つは、画中に描かれる図像といった造形上の観点。もう一つは、画中に記名される浄信という僧が十四世紀に活躍した律僧とみられる点である。

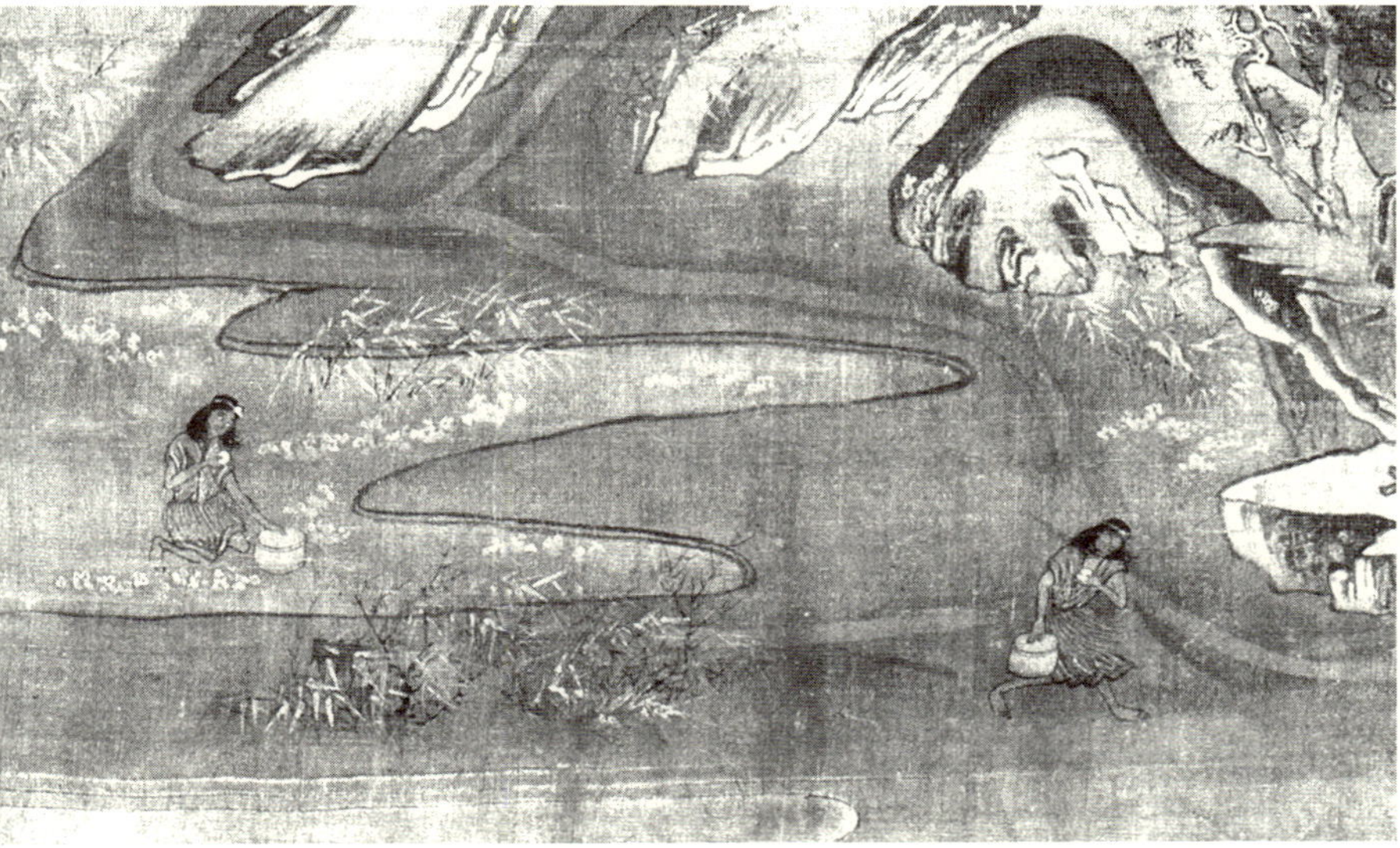

図1　法華経曼荼羅図　第六幅（部分）　嘉暦元年～3年（1326～28）（富山・本法寺）

まず図像では、本法寺本第六幅「妙法蓮華経授記品第六」の画面下部に描かれる「金色女」の表現から導き出された接点が挙げられる（**図1**）。「金色女」は貧しい階層にあり菜を摘んで生活する女性が、拾った金の珠を荒廃した塔に安置される仏像のために寄進し、これを箔押しして功徳が報われるという話であり、『法華経』ではなく『妙法蓮華経文句』巻第一上に所収される。金箔の剥げた仏像に箔押しする功徳を語る同様の説話は、平安時代末期に撰述された『注好選』（中）、十二世紀末に成立した『宝物集』（巻第五）にもおさめられ、よく知られていたようだが、本法寺本では貧しい女性が水辺でひとり、菜を入れた桶のようなものを持った姿で描かれ、のちにその功徳が報われるという場面設定が着目される。

原口はその背景に中世聖徳太子絵伝における芹摘姫の図像（**図2**）との関わりを挙げ、描かれる女性のモチーフだけでなく、貧しい女性が菜を摘むことによって果を得たとする説話上においても周到にダブルイメージを誘ったとみる。とくに芹摘姫説話の成立は仏教文学の研究成果により、十四世紀初頭を基準に成立されたとみられる聖徳太子伝に関連すると考えられ、さらに「聖徳法王三国伝灯灌頂伝」（久遠寺身延文庫）が、真言律が行う「太子灌頂」に用いられたとの指摘は重要である。[3] それはすでに指摘されてきた中世聖徳太子伝の成立への中世律宗の関与、さらには、後述するように聖徳太子絵伝の制作への西大寺流律宗の総括的関与の解明へとつながるからである。また、芹摘姫の図像は鎌倉時代以降に成立されたとみられ、現存する多くの中世聖徳太子絵伝に描かれている。なかでも富山・瑞泉寺所蔵「聖徳太子絵伝」(以下、「瑞泉寺本」という。)の画面内の色紙形にある偈が「聖徳法王三国伝灯灌頂伝」を典拠とすることを明らかにした松山充宏の指摘はこれを補強するもので、その成立背景に真言律僧がいた蓋然性は高い。[4] 瑞泉寺本と同構図の「聖徳太子絵伝」(重要文化財、室町時代・十五世紀、奈良・橘寺。以下、「橘寺本」という。)が中世に律院化された橘寺に所蔵されることを考慮すれば、これらは西大寺流律宗の活動の大きな流れの中に位置づけることができ、それが越中国にしっかりと及んでいたことの証左になろう。

図2　聖徳太子絵伝　第一幅(部分)　嘉元3年(1305)(東京国立博物館〈法隆寺献納宝物〉)

一方で、本法寺本には鎌倉時代後期における西大寺流律宗の活動状況を反映した図像も見受けられることが指摘されている。とくに第三幅「妙法蓮華経譬喩品第三」画面下部中央には、病者たちに対して飲食を施す様子が描かれており、譬喩品そのものに説かれた、『法華経』を誹謗する者への応報を絵画化しつつも、画面内では僧侶が救済しようと行を勧める場面として描かれている。同様に、第五幅「妙法蓮華経薬草喩品第五」では、貧者へ施食したり、病者を介護、温浴させており(**図3**)、これらが極楽寺忍性(一二一七~一三〇三)に代表される西大寺流律宗が精力的に行った同時代の活動を示唆するものとみることができる。

　貧者や病者の表現が、「玄奘三蔵絵」（国宝、鎌倉時代・十四世紀、大阪・藤田美術館）、「慕帰絵詞」（重要文化財、観応二年〈一三五一〉、京都・西本願寺）など、鎌倉時代を代表する仏教説話画に描かれるのは注目される（**図4**）。とくに聖絵では社寺や市井の周辺によく描かれており、従来はその解釈として、一遍の活動領域が律僧とかぶっていたことから両者の競合関係を示唆するとみられることもあった。しかしながら、聖絵そのものの成立が中世律宗の関与によってなされたと考えるとき、むしろ一遍の全国に及ぶ活動を要所で律僧が支えていたともみることができよう。絹本著色、全十二巻という極めて豪奢な絵巻である聖絵の成立背景には、家族や持ち物などこの世への執着を捨てることを勧めた一遍を中心とした時衆教団そのものではなく、より大きな財力とネットワークを持った存在が想定されてしかるべきである。同様に、二十二幅に及ぶ巨大な掛軸からなる大規模な本法寺本の成立背景にも、当時大画面説話画の制作のノウハウを保持していた集団が関わっていたとみることが自然であり、その蓋然性が最も高いのは律僧であろう。

図3　法華経曼荼羅図　第五幅（部分）

　その点で、後補の第一幅をのぞく二十一幅すべての画面内に記された「勧進僧浄信」を、播磨国福泊島の関務にあたった浄信上人であり、またのちの京都一条戻橋寺の律僧であり、さらに恩徳院の長老静心につなげた原口の指摘は極めて重要で肯首される。
　福泊島は正応五年（一二九二）頃、唐招提寺覚盛（一一九四〜一二四九）の高弟で和泉久米田寺長老であった顕尊が築造に着手した島で、元徳三年（一三三一）頃に福泊升米を徴収する権利を持っていた僧の名前に「浄信上人」があるという。この頃、福泊島関と東大寺八幡宮領兵庫島関が津料をめぐって係争していた。正慶元年（一三三二）の資料中には「一条戻橋寺律僧不知名字」「恩徳院長老覚妙房静心」が登場し、細川涼一はこの三者を同一人物であるとしたうえで、恩徳院は『招提千歳伝記』枝院篇にある「音徳院洛中」すなわち唐招提寺末の律院であること、またのちに遍照心院（大通寺）の塔頭となったことを指摘した。[5] 遍照心院（大通寺）は鎌倉幕府の祈願寺の一つであり、京都における幕府の拠点と

図4　一遍聖絵　巻第七（部分）　正安元年（1299）（東京国立博物館）

いえる律院である。洛中には他に東山太子堂（百毫寺、即成就院）があり、こちらは京都における西大寺流律宗の聖徳太子信仰の拠点であった。浄信は唐招提寺流の律僧であったといえるが、後述するように唐招提寺流と西大寺流は関係が近いことから、浄信は西大寺流の絵画制作ネットワークに乗じて本法寺本制作の勧進を行った、という複雑な背景があった可能性も考えられる。

二、鎌倉時代後期の大画面説話画と中世律宗

（1）東征伝絵と西大寺流・唐招提寺流律宗

忍性が唐招提寺に寄進したことが明らかな中世律宗絵画の基準作として、永仁六年（一二九八）に成立した鑑真（六八八～七六三）の絵伝「東征伝絵巻」（重要文化財）は本法寺本の考察に欠かせないであろう。絵画表現において最も近似が指摘されるのは聖絵であるが、この絵巻も類似性が指摘されてきた。経典の世界を描き出した本法寺本と東征伝絵巻にはともに異国・異界の表現として、大陸を思わせる表象が求められたことに起因すると考えられる。

なかでも原口は画中画に注目し、第二幅「妙法蓮華経方便品第二」、第十四幅「妙法蓮華経従地涌出品第十五・妙法蓮華経如来寿量品第十六」に描かれる邸宅の障子絵に表される、茶色の地に金泥で描かれた山水図、草木図を挙げる。これらに似た表現が「東征伝絵巻」巻第一第一段・第五段、巻第三第七段の画中画にも見られ、中国の家屋の障壁画に、黒あるいは茶色の地の上に白色顔料で山水図が描かれる。鎌倉時代後期に制作された、ネガポジが反転したようなこの表現を活かした障壁画の例は管見の限り知り得ないが、こうした画中画にみられるような作品がかつて実在したことは十分に考えられる。

忍性が「東征伝絵巻」を唐招提寺に施入した永仁六年は、忍性と西大寺系律宗にとって画期的な年であった。この年の四月、忍性が鎌倉幕府に願い出たことにより、奈良の西大寺や唐招提寺、京都の遍照心院や速成就院など三十四の僧尼寺が関東祈願寺に指定された。八月には「東征伝絵巻」を唐招提寺に、十月には奈良・額安寺五重塔に本尊を施入した。とくに八月の絵巻施入には大きな意味があったとみられ、筆者はこれを唐招提寺中興二世証玄（一二二〇～九二）の七回忌追善であったと考えている。証玄は奈良・興福寺覚盛（一一九四～一二四九）のもとで受戒し、早世した覚盛の後継者として唐招提寺の長老となって以降、四十年以上にわたって堂塔の修理再建に努めた。その活躍期はほぼ叡尊（一二〇一～

九〇）と重なっており、十三世紀後半の律宗が最も影響力を持った時代をけん引したのである。さらには、正応三年（一二九〇）叡尊の葬送に際して導師を勤めたのが証玄であったことを考慮すると、中世律宗のなかでも唐招提寺流と西大寺流はとくに緊密な関係にあったことがわかる。

その証玄が正応五年八月に亡くなると、叡尊三回忌供養のため南都にいた忍性は、おそらく証玄が最期に差配したであろう唐招提寺講堂弥勒仏坐像の開眼供養と、証玄四七日供養を行った。唐招提寺の再興事業は証玄が半生を捧げたものであり、その活動から推測するに、『東征伝』の絵画化に象徴される鑑真追善は、証玄自身が願っていたものを、忍性が代わって、遠く関東の地まで鑑真の遺徳が及んだことを示そうとしたものではなかったか。忍性の他の活動をみれば、南都や京都の第一級の絵師をそろえて制作することも可能だったはずだが、あえて関東の御家人やその家族が詞書を書き、関東の画工に絵を描かせたのではないかと思われる。

そして唐招提寺の再興事業は、乾元元年（一三〇二）鑑真像を安置する御影堂再建を一つの到達点としていたのだろう。室町時代成立の菅家本『諸寺縁起集』「招提寺」の項に記された御影堂内の様子からは、堂内障子に「和尚一生之相」、すなわち鑑真絵伝（東征伝絵）が描かれていたことがわかる。再建された御影堂は、南北七間、東西五間もの大規模なものであった。そしてその絵は巻子本と同様に、唐風をモチーフに水墨画法を取り入れた大画面説話画だったのではないかと想像される。

本法寺本は『法華経』二十八品を全二十二幅に収めたものだが、なぜ二十八幅に分けなかったのかは明らかになっていない。原口はその構成について、範例とした作品のあった建造物の間数に左右された可能性もあると指摘しており、やはり筆者も建造物の柱間は検討すべき重要な視点と考える。本法寺本のような巨幅を、掛ける場所も考えずに無暗に制作するはずがないからである。例えば、前出の唐招提寺の御影堂は、南北七間、東西五間であった。東西南北に一つずつ扉があったと仮定して、最大二十面にわたって聖徳太子絵伝のような障子絵がめぐらされていたのだろう。一方、本法寺本は掛幅装のため可動式であるので、法要の際は扉のある間にも掛けられる。出入りのために南北あるいは東西の二つの扉を空けるとして、本紙幅約一三〇センチメートル、表装を入れて幅約一五〇センチメートルの掛軸を二十二間に一幅ずつ掛けたと想像するのは、さほど見当違いとも言えまい。あるいは柱間がより広い建造物であったなら、スペース的に間数は減るかもしれず、本法寺本を内陣に掛け、外陣がさらに大きな堂であった可能性もある。少なくとも本法寺本の成立時、唐招提寺には東征伝障子絵があったわけで、中世律宗の活動領域には大規模な大画面説話画を制作し、全国へ供給するノウハウとネットワークがあったと考えてよい。

（2）聖徳太子絵伝と西大寺流律宗

それは掛幅本聖徳太子絵伝の制作が盛り上がり始めた時期とも重なっている。聖徳太子絵伝の歴史は古く、記録上は八世紀後半にはすでに四天王寺に存在したことが知られているが、度重なる被災で当初の絵伝は現存しない。しかしながら、太子六百年大遠忌を迎えた貞応三年（一二二四）に、四天王寺別当慈円（一一五五～一二二五）が「聖徳太子伝暦」（延喜十七年〈九一七〉成立）に基づいて絵仏師尊智に再興させた。尊智の絵伝は遅くとも十六世紀後半には失われたとみられるが、本法寺本が成立した頃にあったのは、この尊智絵伝である。現存する多くの太子絵伝が共通する図様を持っていることから、その規範となる絶対的な祖本の存在が想定されるが、中世の聖徳太子信仰と聖徳太子絵伝の需要状況とを照合すれば、四天王寺の尊智再興絵伝こそが中世に広く伝播した絵伝たちの祖本である蓋然性が高い。

中世前期に制作された聖徳太子絵伝は、茨城・上宮寺所蔵の巻子本や四天王寺に伝来する六幅本がそれぞれ、元亨元年（一三二一）、元亨三年と制作年代を示唆する墨書を持つことから、従来、太子七百年大遠忌が聖徳太子絵伝制作の契機とみられてきた。しかしながら、嘉元三年（一三〇五）成立の基準作である東京国立博物館の法隆寺献納宝物四幅本（重要文化財）は、中世の聖徳太子絵伝では制作年が明らかな最古の作例であり、この作品においてすでに後世の諸本と共通する図様による様式が確立されていることを考えると、十三世紀末頃にはさまざまな掛幅絵伝が、注文主の希望や経済力、軸を掛ける空間等に応じて、員数、事績、図様、絵師も多様に選べる状況になっていた可能性がうかがえる。

鎌倉時代後期の四天王寺では、天台座主と園城寺長吏から代々補任されてきた別当に、亀山上皇の院宣により西大寺長老叡尊が就くという事態になり、これが四天王寺の勧進活動に大きな変革を起こしたと考えられる。叡尊の着任期間はわずか二年弱であったが、のちに忍性が永仁二年（一二九四）、六年の二度にわたり就任し、入滅する嘉元元年（一三〇三）まで勤めた。この十年間に、四天王寺の聖徳太子信仰、浄土信仰、貧民救済も一層盛んとなり、「浄土の東門」と呼ばれた西門の先にある鳥居が石造に建て替えられるなど、精力的な復興と活動を展開していた。その中で大量に制作される勢いがついたのが一連の聖徳太子絵伝であり、四天王寺と中世律宗の活動を中心として西大寺流律宗が各地に再興した南都中心とした寺院、また四天王寺など太子の聖跡で活動していた真宗の念仏僧を通じて真宗寺院へと広がっていったのではないかと筆者は考えている。

大阪・叡福寺には南北朝時代・十四世紀に制作されたとみられる「聖徳太子絵伝」（八幅のうち一幅は十九世紀とみられる補作。以下、「叡福寺本」という。）がある。大きな画面に太子の事績をその季節ごとにゆるやかに二幅ごとに振り分け、大きく鮮やかに描き出した優品である。四季絵的要素をもつ太子絵伝には、前述の法隆寺献納宝物四幅本がよく知られているが、叡福寺本はその構成だけでなく、誕生、四天王寺創建、片岡山の飢人に会う、推古天皇の即位といった重要場面の図様がほぼ同じで、受注工房が共通し、同じ粉本を使用した可能性があると考えられる。

図5　聖徳太子絵伝　第一幅　南北朝時代・14世紀（大阪・叡福寺）

一方で、細かな絵画表現の特徴は、濃彩と水墨を交えた細部の表現にあり、屹立する岩山と断崖（第一幅）、水墨の濃淡であらわされた霞の中に透ける樹木の影（第七幅）などは、聖絵からそう遠くない時期、やまと絵風景画に水墨画法が融合する、十四世紀の絵画様式の転換期の様子を知ることができる。とくに特徴的なのは、屈曲した枝ぶりで幹に大きな洞をもつ樹木や屹立する山岳の表現で、誇張された樹洞や山岳の稜線を白や黄、金など明るい色で縁取って強調する叡福寺本の表現（図5）は、本法寺本（図6）や後述する法隆寺東院の舎利殿障子絵（「文王呂尚・商山四皓図屏風」重要文化財、図7）、「行基菩薩像」（大阪・華林寺）にみることができる。またこれをさらに誇張した表現は十五世紀成立とみられる橘寺本に継承されている。

前章で紹介したように、橘寺本は富山・瑞泉寺本と同構図であり、瑞泉寺本画面内の色紙型に記された偈が真言律の行う「太子灌頂」に用いた「聖徳法王三国伝灯灌頂伝」を典拠とすることが指摘されており、これらが聖徳太子絵伝のなかでも西大寺流律宗に近いところで制作、受容された可能性が高い。そもそも橘寺は鎌倉時代後期、覚盛の弟子戒学を迎えて律院化されており、のちに忍性によって関東祈願寺のひとつに選ばれて西大寺末寺となったとみられている。また、叡福寺も磯長陵（太子廟）のある聖地として知られ、寛元四年（一二四六）には叡尊が太子廟で五百二人授戒を行ない、僧院や尼院を建てた。かつては太子廟の西側に石塔院と呼ばれる律院が存在し、今なお西大寺式の石造五輪塔が境内に立つ、ゆかりの深い寺院なのである。

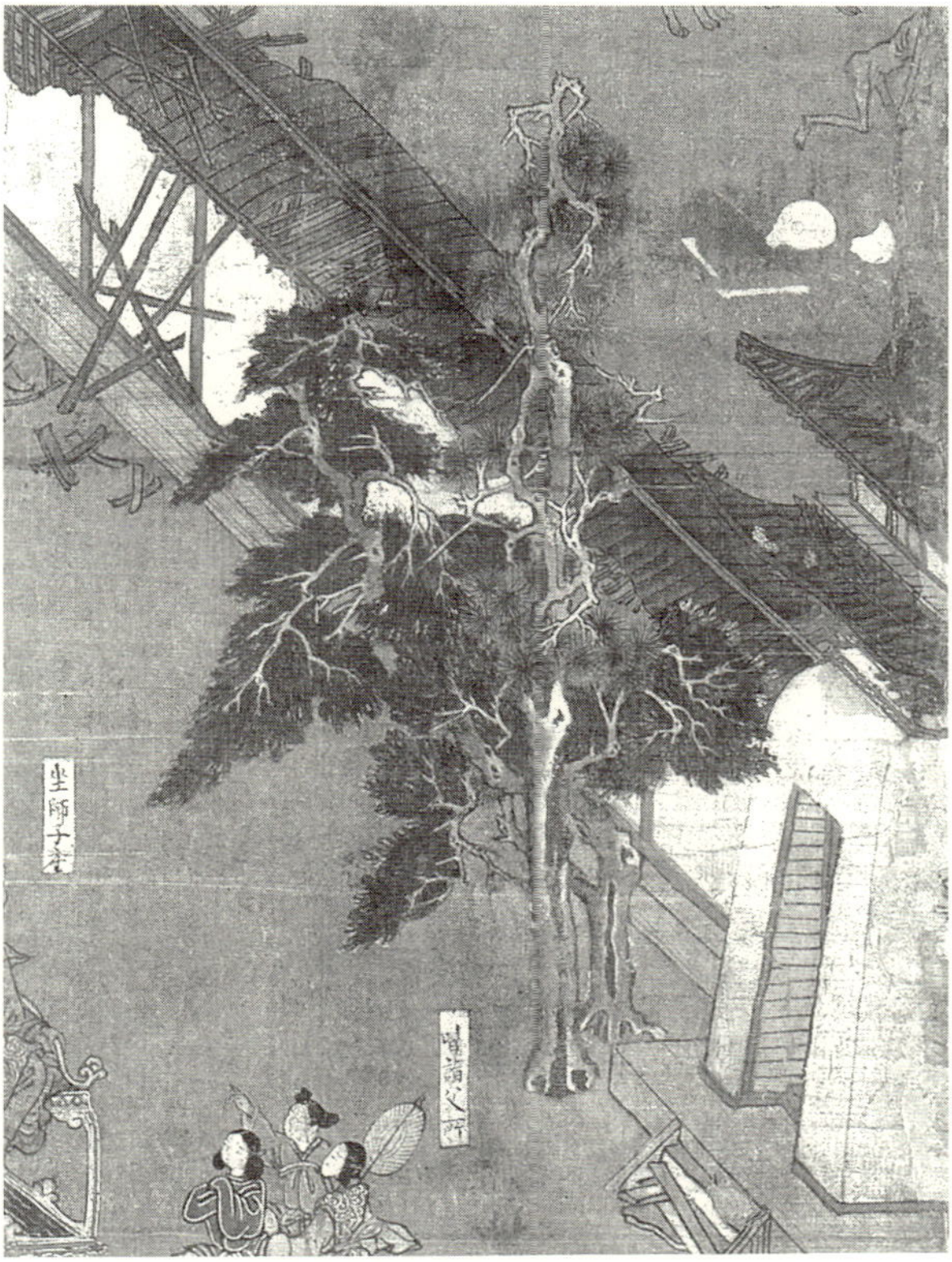
図6　法華経曼荼羅図　第三幅（部分）

（3）法隆寺舎利殿障子絵と唐招提寺流律宗

十四世紀の大画面説話画と中世律宗の関係がうかがい知れる例として、最後に着目したいのが、奈良・法隆寺の東院舎利殿内にはめられていた「文王呂尚・商山四皓図」である。前節でもふれたように、その表現には本法寺本や聖絵と近似する趣向がみられるが、その成立時には非常に近いところで中世律宗が活動を行っていた。舎利殿は、古代の経蔵の機能を引き継いで、太子ゆかりの宝物を納める宝蔵であったのが、承久元年（一二一九）から翌年にかけて、舎利を本尊とする舎利堂に改められた。さらに南北朝期には諸堂の大規模な改築が行われ、現在に至る舎利殿が成立

したとき、障子絵が制作されたとみられる。(6)

建武五年（暦応元年・一三三八）、絵殿の聖徳太子絵伝の大規模修理の流れを受けてか、舎利殿内の仏壇後壁画の補修が行われ、これに続いて、貞和三年（一三四七）に東院北室の沙汰により舎利宝塔が新造された。翌年には舎利塔銅花台、文和四年（一三五五）に磐台、灯台、机が新造され、仏壇上に仏具が整った。さらに十年後の貞治三年（一三六四）仏壇上に厨子が新造された。南北朝期の再興事業の中心は舎利塔とその礼拝のためのしつらえであり、建築と仏具の建造がひと段落した空間に新たに登場した大画面説話画が「文王呂尚・商山四皓図」であった。この絵に関する同時代の記録は確認できず、『嘉元記』（康安二年〈一三六二〉～貞治三年編纂）や「法隆寺別当次第」（延文五年〈一三六五〉編纂）に言及がないことから、これらよりそれほど下らない時期に制作されたと考えられる。

図7　商山四皓図　第一隻（部分）南北朝時代・14世紀（東京国立博物館〈法隆寺献納宝物〉）

貞和三年の舎利塔を新造した北室は、東院の北側に位置し、法隆寺の子院というよりは、東院律僧の僧房であり、法隆寺勧進職の住房であったとみられている。(7) 文応元年（一二六〇）東院住持となった東大寺戒壇院円照（一二二一～七七）が北室を建立して律僧の拠点とした後、文永・弘安年間には唐招提寺中興四世円覚（導御）が北室住持として諸堂や本尊の修造に務めたことが指摘されている。

北室が建立される前、康元元年（一二五六）にはすでに叡尊が東院で二百二人授戒を行い、二年後には法隆寺聖霊院主顕真が如意輪観音像の修復を叡尊に依頼するなど、西大寺流も法隆寺の復興事業や勧進活動に関わっていたことがわかっている。唐招提寺流が住持を歴任した北室を拠点として、西大寺流、東大寺戒壇院流の律僧も活動した環境のなかで、本法寺本に通じる画風を持つ「文王呂尚・商山四皓図」が誕生したことは非常に興味深い。これらの作品は泉涌寺流が大陸から直接移入していた本格的な宋代の造形感覚とは一線を画しており、やまと絵と融合した初期水墨画法を取り入れた山水表現を特徴とし、聖絵などとともに「宋画風」と美術史学ではみられてきた。それは鎌倉時代後期の中世律宗の特異なネットワークで次第に形成されてきたものとみることができるかもしれない。

おわりに

中世律宗、とくに西大寺流は公権力のバックアップにより全国へ展開して、各地の寺院で活発に勧進を行い、あるいは重要な寺院の勧進職を務めて復興させた。さらに戒律護持の立場から清浄な寺院運営を軌道に乗せ、教線を拡大していくなかで、舎利信仰、文殊信仰、聖徳太子信仰を中心に、各寺院の信仰を強化したことが特筆される。その現場で生み出された質の高い美術工芸品は、現在、私たちが認識しているよりも多く存在する可能性がある。それらをひとつひとつ明らかにしていくことが今後の課題であるが、とくに本法寺本は中世律宗と同時代の優れた絵画作品を結ぶ、極めて重要な作品であり、その表現技法に関する研究は、鎌倉時代後期の中世律宗と作画工房を明らかにする重要な研究課題である。

本法寺本が、越中守護所があったとみられる政治の中心地・放生津（現射水市内）に打ち上げられた大木の中から出現したと、当地の曼陀羅寺縁起に語られるのは興味深い。すでに原口が指摘するように、放生津は西大寺流律宗と深い関わりをもつ海運拠点であり、そこで越中国分寺、あるいはこれに準じる祈祷所としての曼陀羅寺か西大寺末寺の禅興寺に海路で京都から施入されたと考えるのは自然に思われる。さらに、曼陀羅寺が放生津八幡宮神宮寺であり、『関東往還記』などの記録により叡尊に帰依していたことが知られる越中守護名越氏が、元弘三年（一三三三）放生津で滅んだという（『太平記』）その直前に施入したとする見方は、放生津八幡宮へ神領地を寄進したという伝承とともに、ドラマチックで魅力的でさえある。

一方で、より確実な成立事情について考える時、勧進僧浄信が京都堀川の一条戻橋寺恩徳院長老であるとすれば、京都周辺で本法寺本が制作された背景について考える必要がある。画風の近似が指摘される聖絵は、全国の風景や各地での一遍の事績が描かれるが、全十二巻の構成上の中心である巻第七が京都の場面になっており、ここにクライマックスが来るように作られたことが指摘されている(8)。聖絵に描かれる京都の風景は実景に基づくとみられる整合性を帯びており、制作者にとって京都は身近な風景であったことが感じ取れる。一遍の弟で聖絵の発願者でもある聖戒は一遍の京都の活動に同行しており、おそらくは聖戒自身が洛中の貴族や高僧と日頃より交流していたのであろう。聖絵の絵は京都周辺で調達されたと考えるのが自然である。

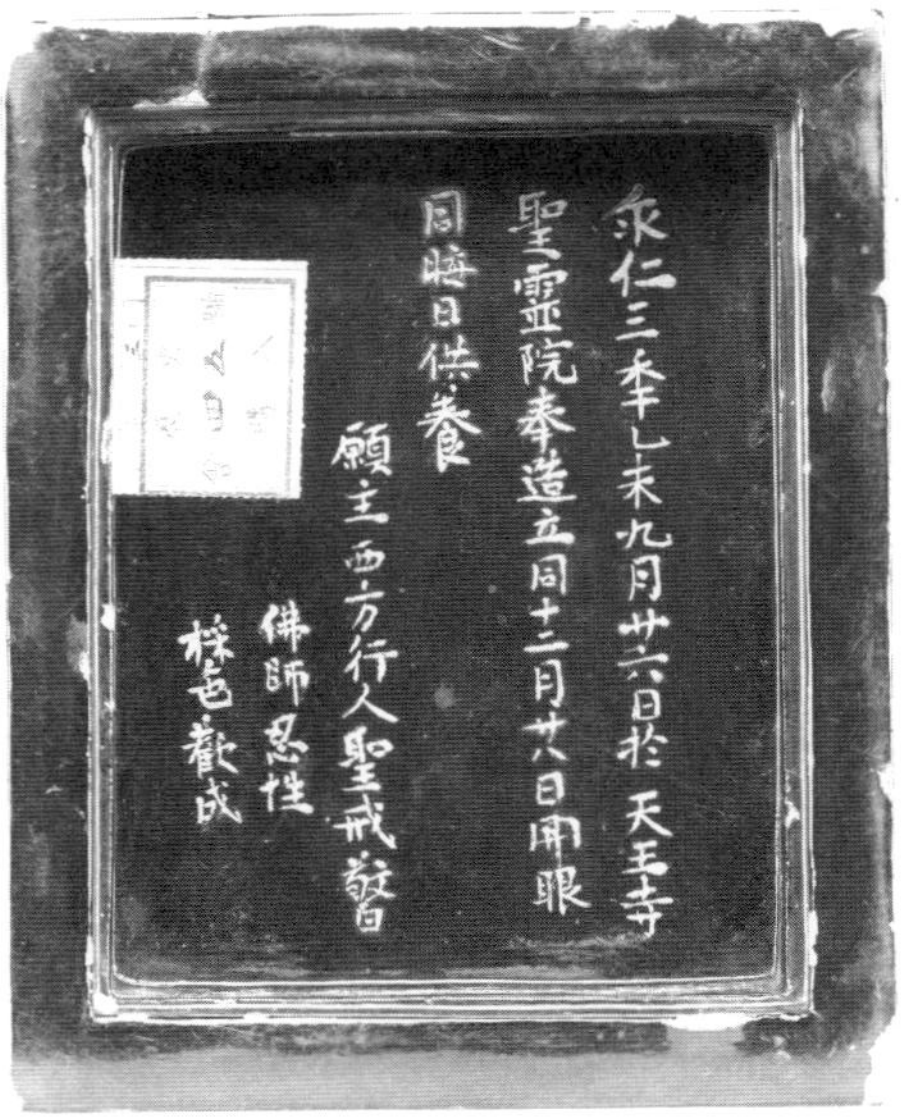

図8　聖徳太子坐像台座裏銘文　永仁3年（1295）（東京国立博物館）

聖絵奥書に記される「画図法眼円伊」について、美術史学ではどのような絵仏師（絵師）であるかの明確な結論は得られていない。これを『尊卑分脈』に載る「寺 僧正 円伊」すなわち園城寺円伊とみる説は再評価されてよいと思う(9)。聖戒が造像した聖徳太子像台座銘文（永仁三年〈一二九五〉、東京国立博物館、**図8**）には「仏師忍性」とあり、聖戒が銘文に筆者ではなく斡旋者の名を入れる傾向があったとする見方もできると考えるからである。

さらに、聖絵や本法寺本において西大寺流律宗が京都で絵画の斡旋を行ったとすれば、その拠点の第一候補に東山太子堂が挙げられる。ここでは天台、南都、関東をつなぐ幅広い活動が行われ、その成立は一説に、嘉禎四年（一二三八）頃、成阿弥陀仏が橘寺の修造勧進の際、大谷に設けた勧進所から発展したものとみられている(10)。十四世紀には東山太子堂長老は祇園社別当、大勧進を兼務していたことも、本法寺本を始めとする絵画制作と京都の律僧の動向を研究する上で今後見逃せない視点となろう(11)。

注

（1）原口志津子『富山・本法寺蔵 法華経曼荼羅図の研究』（法藏館、二〇一六年）。

(2) 瀬谷愛「中世律宗絵画試論」(『東京国立博物館紀要』第五七号、二〇二二年)。

(3) 牧野和夫「新出聖徳太子伝二種」(『斯道文庫論集』二十、一九八三年)。

(4) 松山充宏「画讃で読み解く太子絵伝――瑞泉寺本の制作者を探る」(『富山史壇』一六六号、二〇一一年)。

(5) 細川涼一「鎌倉仏教の勧進活動――律宗の勧進活動を中心に」(『論集日本仏教史 第四巻 鎌倉時代』雄山閣、一九八八年)。

(6) 『法隆寺献納宝物特別調査概報三十九 文王呂尚・商山四皓図屏風・一』(東京国立博物館、二〇一九年)、『法隆寺献納宝物特別調査概報四十 文王呂尚・商山四皓図屏風・二』(東京国立博物館、二〇二〇年)。

(7) 髙田良信『法隆寺子院の研究』(同朋舎出版、一九八一年)。細川涼一「中世法隆寺と寺辺民衆 勧進聖・三昧聖・刑吏」『中世の身分制と非人』(日本エディタースクール出版部、一九九四年)。

(8) 相澤正彦「一遍の王都入城」(特別展「国宝 一遍聖絵」開催記念シンポジウム「国宝 一遍聖絵の全貌」口頭発表、遊行寺宝物館、神奈川県立歴史博物館、神奈川県立金沢文庫主催、二〇一五年)。

(9) 林屋辰三郎「法眼円伊について――一遍聖絵筆者の考証」(『中世文化の基調』東京大学出版会、一九五三年)。

(10) 苅米一志「東山太子堂の開山は忍性か」(『鎌倉』六十七号、一九九一年)。松尾剛次「京都東山太子堂考」(『戒律文化』五号、二〇〇七年)。

(11) 和島芳男「西大寺と東山太子堂および祇園社との関係」(『日本歴史』二七八号、一九七一年)。

附記 本稿は、科学研究費助成若手研究(B)「中世社寺縁起絵・高僧伝絵の成立と近世的受容」(研究代表者・瀬谷愛、15K16654)、科学研究費助成基盤研究(C)「中世律宗絵画に関する基礎的研究」(研究代表者・瀬谷愛、18K00178)に基づく研究成果の一部である。

図版出典

図1、3 原口志津子『富山・本法寺蔵 法華経曼荼羅図の研究』(法藏館、二〇一六年)より転載

図2、4、7、8 ColBase (https://colbase.nich.go.jp/) をもとに作成

図5、6 瀬谷愛「中世律宗絵画試論」(『東京国立博物館紀要』第五七号、二〇二二年)より転載

「一遍聖絵」にみられる法華経経意絵的モチーフについて

五月女晴恵

本法寺本には、従来、十三世紀末から十四世紀の複数の絵巻との様式的な近似性が指摘されてきたが、本稿では、その一つである「一遍聖絵」との共通点に着目し、同絵巻の添景には法華経経意絵と共通する図様が少なからず見出せること、そして、本法寺本を制作する際に故意に「一遍聖絵」の紙形を使用したと考えられることを指摘する。

はじめに

富山・本法寺所蔵「法華経曼荼羅図」全二十二幅（第一幅は補作）は、嘉暦元年（一三二六）から同三年にかけて制作された掛幅法華経絵の大作として知られる。(1) この本法寺本の作風には、鎌倉時代後期の絵巻と共通する要素が見出せることが以前から指摘されてきた。例えば、行徳真一郎氏は、「その作風は、一遍聖絵、春日権現験記絵巻、東征伝絵巻」といった十三世紀末から十四世紀初頭の「各種説話画の特徴が混在して見られる」と述べる。(2)

本稿では、行徳氏が挙げたこれらの絵巻の中で、特に「一遍聖絵」との影響関係について考察したい。清浄光寺所蔵「一遍聖絵」との類似性については、日沖宗弘氏が具体的に指摘しており、同氏は、本法寺本には「強い癖」が見られるとしながらも、「人物描写における形態及び動きの捉え方、描線の肥痩、数少ない描線とその用い方などは『一遍聖絵』と注目すべき類似をみせている」とし、本法寺本を制作した工房と『一遍聖絵』の工房との間には間接的にせよ何らか

そうとめ・はるえ——北九州市立大学教授。専門は日本中世絵画史。主な論文に「「彦火々出見尊絵巻」の釣針を取り戻す場面の構図について——金剛山寺所蔵「矢田地蔵縁起絵」の授戒場面との類似は偶然か」（『空間史学叢書2 装飾の地層』岩田書院、二〇一五年三月）、「「土蜘蛛草紙絵巻」の描き手と制作時期について——聖衆来迎寺所蔵「六道絵」との近似性に着目しながら」（二〇一八年度・二〇一九年度北九州市立大学特別研究推進費助成研究報告書、二〇二〇年三月）、「「鳥獣人物戯画」の筆者問題——宮廷絵師説の可能性を考える」（『北九州市立大学文学部紀要』九二号、二〇二二年三月）などがある。

の様式的つながりを認めざるを得ない」と述べる(3)。

本法寺本については、近年、雁野佳世子氏が綿密な描写分析を行い、主導的な絵師は二名、助手の絵師は三名程とする見解を提示している(4)。同氏の詳細な分析を見てもわかるように、本法寺本に描かれる人物のプロポーションや姿態表現、建造物のやや縦長に伸びる傾向のある独特な形態、さらには、自然景や動物の描写のいずれにおいても「一遍聖絵」とは明らかな違いがあり、両作品が同一の画風を継承した師弟関係にある二つの工房によって制作されたとまで言うことは難しいと言えよう(5)。

しかし、行徳氏や日沖氏らによって指摘されているように、ある程度の類似性を具えていることも事実である。そこで、本稿では、本法寺本と「一遍聖絵」との共通性を足掛かりとして、「一遍聖絵」の添景の中に法華経経意絵としても解釈可能な図様を見出せることを指摘したい。そして、本法寺本を制作した工房は「一遍聖絵」の紙形を所持しており、敢えて同絵巻の紙形を使用して「法華経曼荼羅図」を制作したという可能性を考えたいと思う。

一、「画図 法眼円伊」と制作工房に関する先行研究

清浄光寺所蔵「一遍聖絵」全十二巻（うち一巻は東京国立博物館所蔵）は、時宗の開祖一遍智真の生涯を描いた絹本絵巻であり、巻十二巻末奥書には、一遍没後十年目にあたる「正安元年」（一二九九）の完成、「画図 法眼円伊」とある。

『勘仲記』を見ると、弘安十一年（一二八八）十月七日から十一日に亀山殿で行われた土御門院御八講において、「円伊」という僧が、講師・問者・読師・散華などを務めていることがわかり、また、『伏見上皇御中陰記』には、文保元年（一三一七）九月三日条の御前僧を列記した中に「寺 法印権大僧都円伊」と見え、その割注に「文永御前僧」であった「実伊僧正」の弟子と記される他、文保元年に催された複数の仏事で導師・調聲・唄匿などを務めていることはわかる。さらには、『花園天皇宸記』では、元応二年（一三二〇）九月朔日から五日に行われた伏見院御八講に「法印円伊」の名が見える他、文保三年以降の複数の御八講において證義・講師・問者・呪願などを務め、元応三年の複数の仏事では導師・題名僧などを務めていることがわかり、元応二年九月二日条には「円伊於寺門可然之稽古者也」と記される(6)。

これらの記録に見える寺門派の「円伊」を「一遍聖絵」を描いた「法眼円伊」だとする説が、早くから唱えられてきた[7]。それに対して、同絵巻は、高い専門的な画技を身につけた絵師（絵仏師）たちによる分担制作と考えられることから、宮廷の御八講において證義や講師を務めるような園城寺の高僧に結び付けることは早くから疑問視もされてきた[8]。しかし、近年、この「画図 法眼円伊」とは、工房の代表者あるいは制作統率者を記したものだとして、寺門派の高僧円伊と同一人物とする説が再び顧みられる傾向にある[9]。

一方で、「一遍聖絵」を手掛けた工房（絵師あるいは絵仏師集団）の性質を解明しようとする考察も盛んであり、その主な説を挙げると次のようになる。

景観を高い視点から広く捉え、そこに人物を小さく描き込むという掛幅縁起絵や宮曼荼羅に通じる構図であることや、高野山・熊野三山・石清水八幡宮には伽藍図や宮曼荼羅と同じ紙形が用いられることから、掛幅縁起絵や宮曼荼羅に長じた工房、あるいは、そのような工房と繋がりのある工房とする説[10]。各地の伽藍図・宮曼荼羅の紙形を入手し得ていることから伝統的な大寺院との関係が考えられ、しかも、寺門派が統括した熊野三山の景観が詳細に描かれること等から寺門派に近い人物が制作に関与したか、あるいは園城寺や円満院関係の工房によるとする説[11]。ほとんどの社寺は実景のスケッチに基づくわけではないが[12]、三度登場する四天王寺伽藍は視点を変えながらもすべて実際のものに準じて正確に描かれることから四天王寺絵所と密接な関係にあった絵師（絵仏師）とする説[13]。高野山・熊野三山・石清水八幡宮には南都絵所周辺で制作された社寺曼荼羅等と高い共通性が認められることや、それら三霊所と正確に描かれる四天王寺とはいずれも融通念仏聖の拠点であったこと、そして、同信仰には南都系律僧が深く関わっていたこと等を根拠として、修験道の大先達寺院・融通念仏聖の拠点寺院・南都系律院を繋ぐネットワークで活動した絵仏師とする説[14]。絵巻の中で最も長く描かれる熊野三山が皇室ゆかりの霊地であることや、さらには、伏見院の命によって京極為兼が編纂した『玉葉和歌集』に一遍・他阿真教・聖戒の歌、ならびに寺門派円伊の歌も採用されること等から伏見院周辺で制作されたとする説[15]。京の事績が全十二巻の中心となるように構成されることや[16]、大寺院や貴族からの助言・経済的支援が推測されることを踏まえて制作地は京とし、加えて、四天王寺伽藍の正確さ、南都絵所周辺制作社寺曼荼羅との共通性、園城寺に関連する事績の重要視は、それらの寺院と協力体制をとることが可能であったことを示しており、そこから、宗派や地域を横断して活動した西大寺

図1　神奈川・清浄光寺所蔵「一遍聖絵」巻四第七紙部分　正安元年（1299）

流律宗の関与を想定し、その拠点であった東山太子堂が統括した同絵巻制作のために集められた絵師（絵仏師）集団とする説[17]などである。

「一遍聖絵」の制作環境や制作者については、このように近接した諸説が次々と提示されている。一方、本法寺本は、行徳氏や原口志津子氏が述べるように鎌倉時代後期の絵巻を含めた複数の中世説話画の様式やモチーフが混在しており、様式的には孤立しているものの、「一遍聖絵」と近似する要素も具えている[18]。例えば、「大鳥瞰図」と形容される高い視点からの構図でありながら、そこに小さく描き込まれた人物の顔貌や肢体、建造物、動植物等の各モチーフが細部まで精緻に表される点や[19]、伝統的やまと絵の様式と宋代山水画的要素とが併存する点に共通性が見出せよう[20]。次節以降では、そのような本法寺本と「一遍聖絵」との共通性を踏まえた上で、「一遍聖絵」の添景モチーフに注目して、同絵巻の性格に迫ってゆきたいと思う。

二、備前国福岡市の場面の添景

清浄光寺所蔵「一遍聖絵」は、各場面の主要な出来事の周囲に、広やかな自然景と豊富な添景とが描き込まれることがその大きな特徴であることが早くから指摘されてきた[21]。本節以降では、それらの添景モチーフが法華経経意絵としても解釈できるかを考えたい。

まずは、巻四第七紙に描かれる備前国福岡市を採り上げる。ここでは、主要な出来事が、向かって左上がりの直線に沿うように異時同図法的に描き表されている[22]（**図1**）。すなわち、第七紙中頃の下方には激怒して一遍のもとへと騎馬にて向かう吉備津宮神主子息主従の様子、その向かって左の市場の中には、太刀の柄に手をかけて今まさに抜刀しようとする神主子息と一遍とが相対する様子、その向かって左の画面上方には、俄かに発心した神主子息が一遍の手によって剃髪される様子が表されており、一連の出来事の推移が絵巻を巻き進めるにしたがって次々と登場するといった巻子の形式を活かした優れた画面展開を見せている。

そして、このメインモチーフに用いられている二つの姿態表現が、本法寺本にも見出せることに気付く。一つは、一遍のもとへと急ぎ向かう神主子息主従とほぼ同じ型が、第五幅「薬草喩品」の下方中央の左上がりに列を成す群像の末尾に見出せる（**図2**）（**図3**）（**図4**）。左上がりの直線の下辺右端に位置するという点でも両者は共通するが、それぱかりでなく、その画面右に僧による女性（一遍による吉備津宮神主子息の妻）、あるいは、少年の剃髪場面が描かれるという点も共通している[23]（**図5**）（**図6**）。もう一つは、神主子息の剃髪場面の画面右に描かれる馬とほぼ同じ姿態表現を示す馬が、第二幅「方便品」の下方中央「聚沙為仏塔」場面の同じく画面右に見え、そのすぐ向かって右に川が流れるという点も両者

図2　同　巻四第七紙部分

図3　富山・本法寺所蔵「法華経曼荼羅図」第五幅部分　嘉暦元年～三年（1326～28）

図4　同　第五幅部分

は共通していることに気付く[24]（図7）（図9）。つまりは、これら二組の共通する姿態表現は、いずれもほぼ同じ画面設定の中のほぼ同じ位置に使用されていることがわかる。さらには、後者の例と同じ姿態表現を示す馬が、第十八幅下方左の「薬王菩薩本事品」内「如商人得主」場面にも見い出せる（図10）。そして、この第十八幅と備前国福岡市場面との共通点はこれだけには留まらない。

薬王菩薩本事品には「此の経は能く一切衆生を饒益して、その願を充満せしむること」は何のようだという具体的な例えが列記されるが、第十八幅ではその中の特に次の三つの例えが広い場景描写をともなって絵画化されている。一つ目は、同幅中頃向かって左に様々な商品を扱う店舗が左右に連なるように描かれ、そこに客と売り手との売買の様子を細かく描き込むことによって、「商人の主を得たるが如く」が表されている（図10）。二つ目は、下方右半分に広く雪景が表され、そこに小さな渡し舟が対岸へと向かう様子を描き込むことに

図5　清浄光寺所蔵「一遍聖絵」巻四第七紙部分

図6　本法寺所蔵「法華経曼荼羅図」第五幅部分

図7　清浄光寺所蔵「一遍聖絵」巻四第七紙部分

よって、「渡りに船を得たるが如く」が表される（図11）。三つ目は、下方左半分に海が表され、その中に荷物を積載した大型船が港に停泊する様子を描き込むことによって、「賈客の海を得たるが如く」が表される。このように本法寺本第十八幅において広い場景描写のもとに表される三つの経意絵を、「一遍聖絵」巻四第七紙の備前国福岡市場面の添景と比較すると、次のような共通点が認められることに気付く。

まず巻四第七紙上方を見ると、複数の店舗が左右に長く軒を連ねており、そこでは反物・米・鳥・魚などが売買されているが、この各種の商品を扱う店舗が間口を画面手前に向けて左右にのびるという様子は、本法寺本の「商人の主を得たるが如く」と共通性があり、加えて、店舗の前に反物を広げて客に見せる売り手が配置される点も共通している（図12）。

談山神社所蔵「法華経宝塔曼荼羅」（十二世紀）第七幀や立本

図8　東京・前田育徳会所蔵「一遍上人絵伝」巻4第12紙部分

図9　本法寺所蔵「法華経曼荼羅図」第二幅部分

図10　同　第十八幅部分

図11　同　第十八幅部分

図12　清浄光寺所蔵「一遍聖絵」巻四第七紙部分

図13　京都・立本寺所蔵「法華経宝塔曼陀羅」第7幀部分
13世紀

寺所蔵「法華経宝塔曼荼羅」（十三世紀）第七幀の「商人の主を得たるが如く」の場面を見ると、いずれも反物を左右に長く広げて見せる人物が描き込まれており(25)（図13）、この喩えを絵画化する際にしばしば用いられた図様であることに気付く。

さらには、一遍が吉備津宮神主子息を剃髪する場面の手前には川が流れ、そこには渡し舟が描かれるが、この図様も本法寺本の「渡りに船を得たるが如く」と共通性が高いことが確認できる。すなわち、その小型の渡し舟の形状が良く似ていることに加え、舟中の人物の構成と配置が近似ており、いずれも向かって左に竿をさす船頭を、向かって右に笠を着けた複数の人物を配置する（図14）。そして、談山神社所蔵「法華経宝塔曼荼羅」第七幀や立本寺所蔵「法華経宝塔曼荼羅」第七幀でも、竿をさす船頭が操る小舟を描いて「渡りに船を得たるが如く」が表されていることに気付く（図13）。

さらには、第四巻第七紙の画面下方を見ると、河岸に船着き場が表され、そこには商品を運んできた二艘の小舟が停泊し、舟を操ってきたであろう人物が商品を市場に運び込もうとする様子が認められる。前述の二つの添景が、薬王菩薩本事品に説かれる喩えを描く経意絵と近似することを念頭に置くと、これは「賈客の海を得たるが如く」に対応するようにも思われて来る。

図14　清浄光寺所蔵「一遍聖絵」巻四第七紙部分

ところで、佐藤康宏氏は、同場面周囲に描かれる添景としての群像について、「これほど数多く、広い面積に、詳細に描写された群衆は、ここで最も主題と関係が深いはずの、神主の息子と一遍との対決というモチーフの中心性を脅かしている」「一遍たちを囲む位置にある画面右側と画面上方の市屋の中や近辺の人々は、まったくといっていいくらい一遍らに関心を示していない」と述べ、鑑賞者の視線をメインモチーフへ導くような演劇的な空間が設けられる平安期の絵巻とは異なり、現実の光景そのものを眺め下しているような印象を鑑賞者に与える場面だと指摘する(26)。

ところが、早くには清浄光寺所蔵「一遍聖絵」の模本と見做され、現在では清浄光寺本の稿本をもとに十四世紀から十五世紀頃に制作された可能性が指摘される京都・御影堂新善光寺に伝来した御影堂本の同場面を見ると(27)、周囲の添景人物たちは一遍と吉備津宮神主子息との対峙に注意や視線を向けていることに気付く(28)（図15）。すなわち、画面奥の市屋の前で反物を手にする男は首をひねって対峙場面に視線を向けており、さらには、画面手前の人物たちを見ると、二人の対峙に視線を集中する者たちに加えて、二人の方を指さしながら声を挙げて騒ぐ尼僧や、何事かと噂し合う侍烏帽子に直垂の男たち等も描き込まれている。つまりは、周囲の添景人物たちの顔の向きや仕草によって鑑賞者の視線がメインモチーフへと誘われるという平安期絵巻に見られるような演劇的な空間構成が認められると言えよう。

特に、画面下方のこちらに背を向けて対峙の様子に視線を向ける群衆は、「伴大納言絵巻」中巻の右兵衛府の舎人夫妻が応天門放火の真犯人を路上で暴露する場面の下方に描かれる群衆と同じように半円状に配置され、しかも、その中に大酒甕を背にして腰を大きく折る男や、両方の掌を胸前で正面に向けて噂する男の姿が見える点までも「伴大納言絵巻」の同場面と共通することに気付く（**図16**）。御影堂本に認められるこれらの「伴大納言絵巻」との共通点は、御影堂本を描いた絵師、あるいは稿本を制作した絵師が、「伴大納言絵巻」の同場面を知っていたことを示唆するだろう。加えて清浄光寺本と御影堂本との間に認められる添景人物の表現の違いは、稿本においては、添景人物たちはメインモチーフに対して無関心ではなかったにも関わらず、清浄光寺本では敢えて無関心な姿に改変した可能性があることを

図15　前田育徳会所蔵「一遍上人絵伝」巻4第11～12紙部分

図16　東京・出光美術館所蔵「伴大納言絵巻」中巻第13～15紙部分　12世紀

意味するのではないだろうか。そして、そのように改変した意図とは、鑑賞者の視線を添景人物たちの間で織り成させるそれぞれの物語にも向かわせることにあったのではないだろうか。

先行研究においてしばしば指摘されるように、御影堂本に比べて清浄光寺本では画面を捉える視点が高く、周辺の風景がより広やかに描かれ、そして、添景も豊富に描き込まれている。この福岡市場面においても、御影堂本では画面奥の市屋や画面左の渡し舟は描かれるものの、画面下方の船着き場や米俵を背負う馬、赤子をおぶった母親等は描かれていない。これらの清浄光寺本と御影堂本との相違点、そして、先に指摘したように福岡市場面の添景には法華経経意絵と共通性が高い図様が用いられていることを踏まえると、次のような可能性があるようにも思われて来る。

すなわち、清浄光寺本では法華経経意絵としても解釈可能な添景にも鑑賞者の視線を導くことが意図され、そのために添景人物たちの姿を、敢えてメインモチーフには視線や関心を向けずに自分たちの行動のみに関心を向ける姿に描き、しかも、法華経経意絵としても解釈可能な添景を稿本よりも増やしたという可能性があるのではないだろうか。そのように考えられる所以については、第五節で改めて指摘したいと思う。

ここで再び薬王菩薩本事品に話を戻したい。それではなぜ備前国福岡市の場面に薬王菩薩本事品の経意絵と共通性の高い添景を配したのであろうか。さらに言えば、福岡市場面に同品の経意絵を描き込む蓋然性はあるのだろうか。そこで思い出されるのが、薬王菩薩本事品と言えば、女人往生を説く次の件が広く知られていたことである。すなわち、「若し女人有りて、この経典を聞きて　説（おしえ）の如く修行せば、ここにおいて命終して、即ち安楽世界の阿弥陀仏の、大菩薩に囲繞せらるる住処に往きて、蓮華の中の宝座の上に生れん」。厳島神社所蔵「平家納経」（長寛二年〈一一六四〉）薬王菩薩本事品の見返には、絵と文字・葦手風文字によって同節が表されており、同品を代表する一節であったことが示されている。また、この一節は複数の説話にも引用されており、主なものとしては、『大日本法華験記』（十一世紀前半）巻之中「第四十一　嵯峨の定照僧都」、『今昔物語集』（十二世紀前半）巻第十七「僧光空依普賢助存命語 第四十」、『発心集』（建保四年〈一二一六〉以前）巻五「三 伊家並びに妾、頓死往生の事」等が挙げられる。[29] これらは、この一節が同品を代表するものとして広く認識されていたことの現れと言えよう。

先に挙げた清浄光寺所蔵「一遍聖絵」巻四第七紙前半には、

吉備津宮神主子息の妻が、一遍の法門を聞いて俄かに発心して一遍の手により出家する様子が描かれ、さらには、その画面左の棟には尼姿となった妻女が描かれており、つまりは、福岡市場面は女性の出家場面に続くものであることがわかる(30)。薬王菩薩本事品の女人往生を説く一節が同時代において広く知られてものであったことを踏まえると、福岡市場面での騒動が女性の出家を契機としていることと、福岡市場面に薬王菩薩本事品の経意絵としても解釈可能な添景が採用されることとは無関係ではないように思われて来る。

図17　東京・サントリー美術館所蔵「西行物語絵巻（白描本）」巻4第3段部分 14世紀

　これに関連して興味深いことには、サントリー美術館所蔵の白描本「西行物語絵巻」巻四第三段に描かれる西行の娘の剃髪場面が、清浄光寺本・御影堂本の吉備津宮神主子息の妻の剃髪場面とほぼ同じ構図で表されることである（図17）。すなわち、剃髪が行われている家屋の構造・剃髪する聖の姿態表現・剃髪される女性の前に描かれる角盥と楾（はぞう）の組み合わせ・室内向かって左に見える阿弥陀来迎図と前机の組み合わせ等が極めて近似する。同白描本も含めて「西行物語絵巻」の末尾に当たる西行往生の段（同白描本では巻四第八段詞書）には、先に記した『法華経』薬王菩薩本事品を代表する一節の後半がしばしば引用されることや、第四節で指摘するように「一遍聖絵」と「西行物語絵巻」との共通点がすでに指摘されていることを踏まえると、吉備津宮神主子息の妻の剃髪場面と西行の娘の剃髪場面に同じ紙形の使用が認められることは偶然の一致として片づけて良いようには思われない。「一遍聖絵」に見られる「西行物語絵巻」からの影響については、第四節で検討したい。

　さらに注目されることは、備前国吉備津宮には少なくとも十四世紀には六十六部聖たちが『法華経』を納める奉納所が設けられていたことである。[31] 六十六部聖とは、『法華経』を六十六部書写し、その一部ずつを日本六十六ヵ国の霊地へ埋納あるいは寺社へ奉納しつつ遍歴した宗教者で、平安時代の法華経持経者の後身と考えられており、『法華経』書写の作善と廻国の苦行とにより滅罪の功徳を得ようとしたとされる。[32]「六十六部如法経」という語は既に十二世紀には確認できるが、[33] その中には、一ヵ所に六十六部を奉納することによって日本全土に奉納することが意識されたものも含まれることが指摘される。[34] 六十六部聖の初見史料は、東大寺宗性の『春華秋月抄草』十四の紙背文書の一つである寛喜三年（一二三一）九月二十六日「如法経奉納状案文」とされており、「奉納書写如法経六十六部分六十余州一国一部内一部」とあること等から、鎌倉時代前期までには六十六部聖の廻国は存在していたと考えられている。[35] 角川源義氏や樋口州男氏は、吉備津宮神主子息夫妻出家譚の管理・流布を担ったのはこの六十六部聖であったとする。[36] 両氏が指摘する同出家譚と六十六部聖との関係が、「一遍聖絵」制作時まで遡れるとする根拠を筆者は見出せていない。しかし、吉備津宮の奉納所の実状を伝える記録が十四世紀前半の年紀を持つことや、六十六部聖の源流が各地の霊山・大寺社を巡歴した法華経持経者に求められること等を踏まえると、[37]「一遍聖絵」制作時には多くの持経者が立ち寄る大寺社のひとつとして認識されていたようにも思われて来る。そのような場所であるからこそ、法華経経意絵としても解釈可能な添景を配したという可能性はないだろうか。

三、四天王寺鳥居の西の添景と扇面法華経冊子

前節では、「一遍聖絵」の備前国福岡市の添景の中に、法華経経意絵と共通性の高い図様を見出せることを確認したが、そのように経意を日本の風俗によって絵画化することが少なくとも十二世紀には行われていたことが先行研究において指摘されている。

永治元年（一一四一）頃の制作とされる「久能寺経」薬草喩品の見返には、降りしきる雨の中、立烏帽子を着けた平安貴族主従が傘をさして進む様子が描かれるが、これは薬草喩品の三草二木喩を詠じた和歌の歌絵と解釈できることが白畑よし氏によって指摘されている。[38] すなわち、『長秋詠藻』下「釈教歌」を見ると、「康治のころほひ、待賢門院の中納言の君 法華経廿八品歌結縁のため人々によますとて題をおくりて侍しかば、よみてをくりし歌」との詞書があり、続けて序品以下二十八品、ならびに無量義経・観普賢経から語句

を取り出して読んだ結縁和歌がならぶが、その中の薬草喩品「無有彼此 愛憎之心」を題として詠んだ結縁歌「春雨は此面彼面の草も木をわかずみどりに染むるなりけり」をテクストとする。[39] また、梶谷亮治氏は、『散木奇謌集』第六「悲嘆部」に所載される源俊頼が母の追善結縁経供養の際に詠んだ和歌の詞書に「いみ程に結縁経供養しけるに、四巻をあたりたりけるに〈中略〉表紙に服なる男のなきたるを書て、あまのむかひたるに経の文字より光をさゝせて尼の頂にかけたるかたはらに、あしでにてかける歌」とある例などを挙げながら、装飾経に見える「やまと絵」見返絵は、一品経結縁和歌を介在として重層的に『法華経』の経意を絵画化したことに始まるのではないかと述べる。[40] さらに梶谷氏は、長寛二年（一一六四）奉納「平家納経」の序品・勧持品・分別功徳品・薬王菩薩本事品・妙荘厳王本事品などの見返絵は、平安時代の法会や崇仏の一場面を窺わせる画面内容となっており、それらは結縁者の現実の信仰生活に引き寄せて表現した経意絵として解釈できると指摘する。[41] なかでも、序品と薬王菩薩本事品の見返絵は、画中に書き込まれた文字から、前者は序品の「幷びに彼の諸の比丘・比丘尼・優婆塞・優婆夷の、諸の修行により て道を得るものを見」を、後者は先に挙げた薬王菩薩本事品を代表する一節を、いずれも平安時代の人物・風俗によって描いた経意絵であると断定できよう。

さらには、緒方知美氏は、滋賀・百済寺所蔵「紺紙金字法華経幷開結」内『無量義経』見返に同経説法品に説かれる「法水浄垢」の経意が「足踏み洗濯する市井の女の姿」で表されており、そして、それを表裏反転したかのような図様が「扇面法華経冊子」巻六第二扇の下絵に見えることを指摘する（図18）（図19）。この緒方氏の指摘は、少なくとも十二世紀半ばには経意を日本の市井の風俗で描く場合があったことを示唆すると言えよう。[42]

「扇面法華経冊子」は仁平二年（一一五二）に高陽院が四天王寺に奉納したものと考えられ、[43] その下絵については相聞歌などの和歌を絵画化したものという説がある一方で、[44] 経意絵として解釈可能な場面があることも指摘されている。巻六第七扇・第十扇には片輪車が描かれるが、須藤弘敏氏は、片輪車が「久能寺経」薬草喩品見返や「平家納経」薬草喩品本紙、同見宝塔品本紙裏といったいずれも『法華経』を飾る意匠として採用されていることから、「大きさ車輪の如く」と提婆達多品に説かれる海中から涌出して霊鷲山へと向かう無数の菩薩の乗る宝蓮華を寓意すると解し、さらには、転じて「法華経」そのものを意味するとして、「世俗の意匠を用いて経典テクストを暗喩」したものと述べる。[45]

図19　大阪・四天王寺所蔵「扇面法華経冊子」巻6第2扇部分　12世紀

図18　滋賀・百済寺所蔵「紺紙金字法華経幷開結」無量義経見返部分　12世紀

先に挙げた洗濯する様子をはじめ「扇面法華経冊子」には一見仏教とは無関係な世俗の風物が数多く描かれるが、有賀祥隆氏は、それらは『法華経』迹門の中心である方便品に説かれる「諸法実相（あるがままが真実）」に基づくとする。[46] 中世初頭においては、同じく現実肯定を説く方便品の「是法住法位、世間相常住」という偈文が、寿永二年（一一八三）の東大寺大仏への仏舎利奉籠に際して九条兼実が記した仏舎利奉納願文や、建暦元年（一二一一）に証空が造ったとの銘をもつ大阪・叡福寺所蔵「蓮華形舎利容器」等に確認できる。[47] つまりは、世俗的真理がそのまま不滅の真理であるとする俗諦常住の教義を支える同偈文が、迹門の中心である方便品を代表する文言ともなっていたと言えよう。[48] また、高木豊氏は、平安時代の法華経歌・法文歌が『法華経』二十八品のいずれを題材としているかをまとめているが、その上位三品を見ると、迹門の中心である方便品と、本門の中心である如来寿量品に加えて、提婆達多品を題材とした歌が数多く詠まれていることがわかる。[49] その理由について、高木氏は、院政期に悪人成仏と女人成仏を説く提婆達多品が特に信仰を集めたことに加え、当時、法華八講が数多く営まれるようになり、その五巻日には阿私仙給仕を視聴覚化した薪の行道が催され、それによって、同品が強く印象づけられたためではないかとする。つまりは、当時の法華経信仰、なかでも法華講においては提婆達多品の阿私仙給仕が重要視されていたと言えよう。

そして、「扇面法華経冊子」を見ると巻数は異なるものの、阿私仙給仕の件、すなわち「即ち仙人に随って、須むる所を供給して、菓を採り、水を汲み、薪を拾い、食を設け、乃至、身を以って牀座となせし」を当時の風俗で表したとも解釈可能な下絵がいくつか見出せることに気付く。例えば、巻一第七扇の画面左には、数名の婢たちが、籠を脇に置いて、地面に膝をついたりしゃがんだりして栗拾いをする様子が描かれるが（図20）、立本寺所蔵「法華経宝塔曼荼羅」第五幀の「即随仙人供給所須」の菓（このみ）を採る様子や（図21）、「仏功徳蒔絵経箱」（十一世紀）蓋長側面に表された阿私仙給仕の蓏（くさのみ）を採る様子も（図22）、同じように地面に腰を下ろし、籠を脇に置いて拾う、あるいは、摘む姿で表されていることに気付く。そして、本法寺本第十二幅の「採菓」の場面も、籠ではなく木製の器のようではあるが同じように地面に腰を下ろして木の実を拾う姿で表されている。さらには、「扇面法華経冊子」巻七第一扇には、井戸での水汲みを終え、頭上に桶を載せて幼子の手を引いて去ろうとする女性の姿が描かれるが（図23）、福島・松山寺所蔵「紺紙

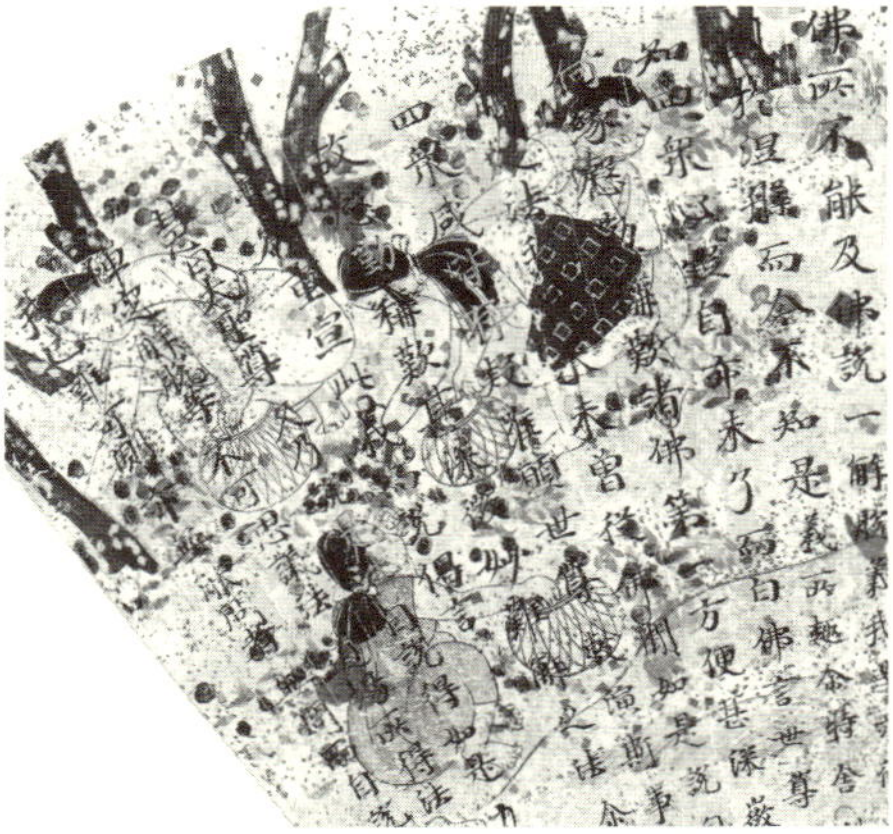

図20　同　巻一第七扇部分

図21　立本寺所蔵「法華経宝塔曼陀羅」第5幀部分

図22　大阪・藤田美術館所蔵「仏功徳蒔絵経箱」蓋長側面部分　11世紀

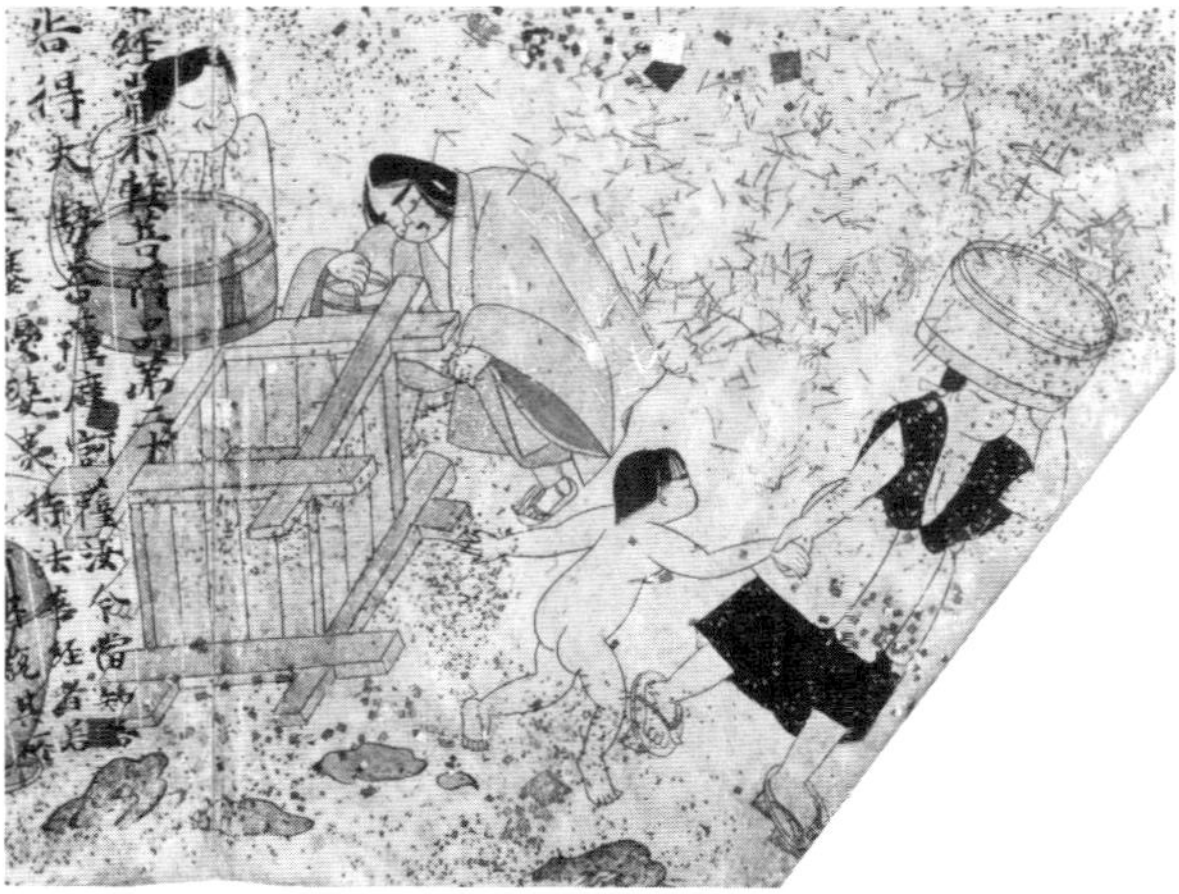

図23　四天王寺所蔵「扇面法華経冊子」巻7第1扇部分

金字法華経」（十二世紀）巻五見返の阿私仙給仕場面を見ると、「汲水」の様子が頭上に桶を載せて運ぶ姿で表されることに気付く。

先に述べたように「扇面法華経冊子」の下絵は、経文を反映しながらも『万葉集』『古今和歌集』等に所載される和歌の歌絵ともなっているという説が提示されている。そうであるとしても、それ以前にすでに夥しい数の一品経結縁和歌の歌絵が存在しており、「扇面法華経冊子」を制作する際に、それらの図様の一部が転用されたという可能性はないだろうか。平安時代においては、提婆達多品を題材とした法華経歌・法文歌が数多く詠まれていたことを踏まえると、それらをテクストとした歌絵の数も他品を上回っていたのではないだろうか。そのために、すでに存在していた提婆達多品を題材とした歌絵の図様が『法華経』下絵に相応しいものと見做され、「扇面法華経冊子」を制作するに当たっては他品の下絵を描く際にも、その一部が転用されたという可能性があるようにも思われて来る。

ここで、清浄光寺所蔵「一遍聖絵」巻二第九紙の四天王寺の場面を見てみたいと思う。四天王寺西門の前では一遍がはじめての賦算を行っているが、そこから絵巻を巻き進めると、西門外の鳥居が登場し、続けて難波の海が現れる。つまりは、西門より西の場景が絵巻に並行して表されるが、まるで鳥居から真西へと伸びる道を縁取るかのように青色の霞が上下から迫っている。そして、霞に縁どられたその道の中に、先に挙げた「扇面法華経冊子」巻七第一扇の頭上に桶を載せた女性と共通性の高い図様が描き込まれていることに気付く（**図24**）。

この場面の詞書には、「この伽藍は釈迦如来転法輪の古跡

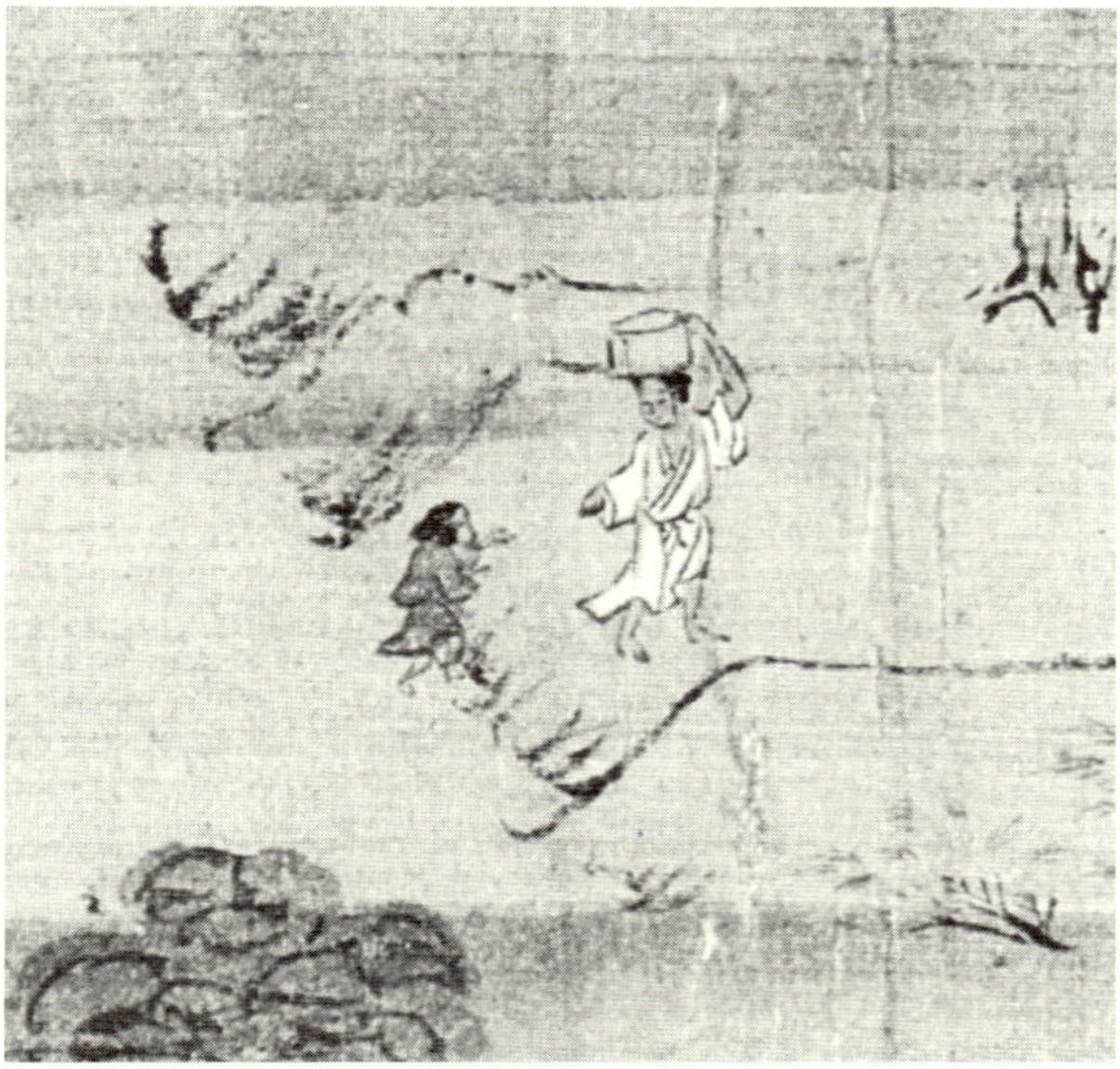
図24　清浄光寺所蔵「一遍聖絵」巻2第9紙部分

□□東門中心の勝地なり〈中略〉御手印の縁起に云」とあり、聖徳太子自筆とされた『御手印縁起』が引用されることが知られるが、阿部泰郎氏は、「斯處釈迦如来転法輪所〈中略〉宝塔金堂相当極楽土東門中心」という要文は、四天王寺の霊地化という『御手印縁起』の目的を端的に示すものだと述べる。そして、同縁起が主張するのは、四天王寺が「過去世の釈尊ゆかりの聖地であり、かつ弥陀の極楽浄土への入口であるという、いわば遣迎二仏ふたつながらの聖地なのだ、というヴィジョン」であると指摘する。(50)

「一遍聖絵」巻一第三段の詞書には、善光寺における一遍の「二河白道図」感得が記され、巻一第四段の詞書には、伊予窪寺に閑室をかまえ、その東壁に「二河白道図」を懸けて三年間ひとえに念仏三昧の日々を過ごしたとある。さらには、巻三第一段の熊野本宮へと向かう場面、つまりは、いわゆる熊野成道へと至る場面の詞書には「発遣の釈迦は降魔の明王とともに東にいて来迎の弥陀は引接の薩埵をともなひてにしにあらはれ給へり」と記されており、遣迎二仏が念仏者を浄土往生へと導く二河譬喩を踏まえた文言が確認できる。そのような一遍による二河譬喩思想の重視を織り込む本絵巻の制作態度と、先の阿部氏の指摘とを考え合わせると、阿私仙給仕を想起させる図様が、「一遍聖絵」の四天王寺の場面に見出せることは、決して偶然ではないように思われて来る。すなわち、「一遍聖絵」では、四天王寺は阿弥陀ばかりでなく釈迦の聖地でもあるとする『御手印縁起』のヴィジョンが強く意識され、さらには、遣迎二仏が浄土への導き手であるという思想が本絵巻の底辺に流れており、加えて、何よりも四天王寺が我が国の『法華経』信仰とは切り離せない聖徳太子の聖跡であるがために、四天王寺の西門から真西に伸びる道

図25　同巻5第10紙部分

の中に、『法華経』の阿私仙給仕を暗喩するような図様が描き込まれたという可能性もあるのではないだろうか。

四、鎌倉入り場面の添景と「西行物語絵巻」

清浄光寺所蔵「一遍聖絵」巻五第十紙には、一遍が小袋坂から鎌倉に入ろうとして阻止される場面が描かれる。一遍の後方には阿弥衣や墨染の衣を着けた時衆が列を成して付き従うが、その後方、つまり、画面左の木戸の外では、小舎人が鞭で乞食・非人を追い払う様子が描かれる（図25）。しかし、同場面の詞書には、小舎人が時衆を打擲し、武士が一遍を鞭で二度打ったとあることに気付く。すなわち、「武士むかひて制止をくはふといへともしゐてとをりたまふに小舎人をもて時衆を打擲して聖はいつくにあるそとたつねければ聖こゝにありとていてむかひ給ふに　武士云〈中略〉制止にかゝへらす乱入する事こゝろえかたしと云々　聖こたへたまはく〈中略〉罪業にひかれて冥途におもむかん時はこの念仏にこそたすけられたてまつるへきにとのたまふ　返答なくして二杖うちたてまつる　聖は不捨怨憎由大悲なれはさらにいためる色なし」。

「一遍聖絵」の詞書には約六十首の和歌が収められ、そのうち約五十首が一遍の詠歌であり、「絵巻の主題としての遊行聖一遍には漂泊の歌人西行に通じる興趣」があるとも指摘されるが[51]、この武士に鞭打たれても怨憎瞋恚を起こさず平静を保ったままであったという逸話は、『西行物語』の天竜川の場面を想起させると言えよう。鎌倉時代の書写とされる静嘉堂文庫所蔵の伝阿仏尼本の同場面には、次のようにある[52]。

「とをたうみの国天中のはたりといふところにて　ものゝふののりたりけるふねにひんせんをしたりけるほとに　人おほく

のりてふねあやうかりけん　あのほうしおりよおりよといひけれとも〈中略〉なさけなくむちをもて西行をうちけりちなんとかしらよりいて〻世にあえなく見えけれとも　西行すこしもうらみたるいろなくて手をあはせ　ふねよりおりけり[53]」。

図26　東京・サントリー美術館所蔵「西行物語絵巻（著色本）」巻2第6段　15世紀

鎌倉期の原本を十五世紀に模本したものとされるサントリー美術館所蔵の著色本「西行物語絵巻[54]」や正和三年（一六四六）刊行の版本『西行物語』の天竜川の場面は、この伝阿仏尼本とほぼ同文であるが、上記の文章の後に以下のように『法華経』常不軽菩薩品が引用されることに気付く。すなわち、「また不軽菩薩は、打たるる杖を痛まず、我深敬汝等、不敢軽慢、所以者可、汝等皆行菩薩道　とて、なほ礼拝恭敬し給ひき[55]」。この「我深敬汝等」から始まる一節は、『梁塵秘抄』巻第二「法文歌」一四一番や、『閑居友』（承久四年（一二二二）成立）上巻第九話「あづまの方に不軽拝みける老僧の事」、『十訓抄』（建長四年（一二五二）序）上巻「一ノ五」にも引用されており、中世初頭には常不軽菩薩を表す文言として広く認知されていたことがわかる[56]。

サントリー美術館所蔵の著色本「西行物語絵巻」の同場面を見ると、西行に向かって鞭を振り上げる武士と、その武士に向かって合掌する西行とが描かれるが（**図26**）、この図様は、十二世紀の紺紙金字法華経の巻七の見返絵にしばしば描かれる杖木や瓦石を振り上げる人物と、そこから走り逃げ、遠くから彼らに向かって合掌する常不軽菩薩との組み合わせを想起させる（**図27**）。頭から血を流しながら合掌する西行は、法華経絵に表される常不軽菩薩と同じにように背に笠を負う姿に描かれる。そして、「一遍聖絵」巻五第十紙に描かれる鞭を手にして追いかける小舎人と、小舎人の方を振り返りながら走り逃げる乞食との組み合わせも、やはり紺紙金字

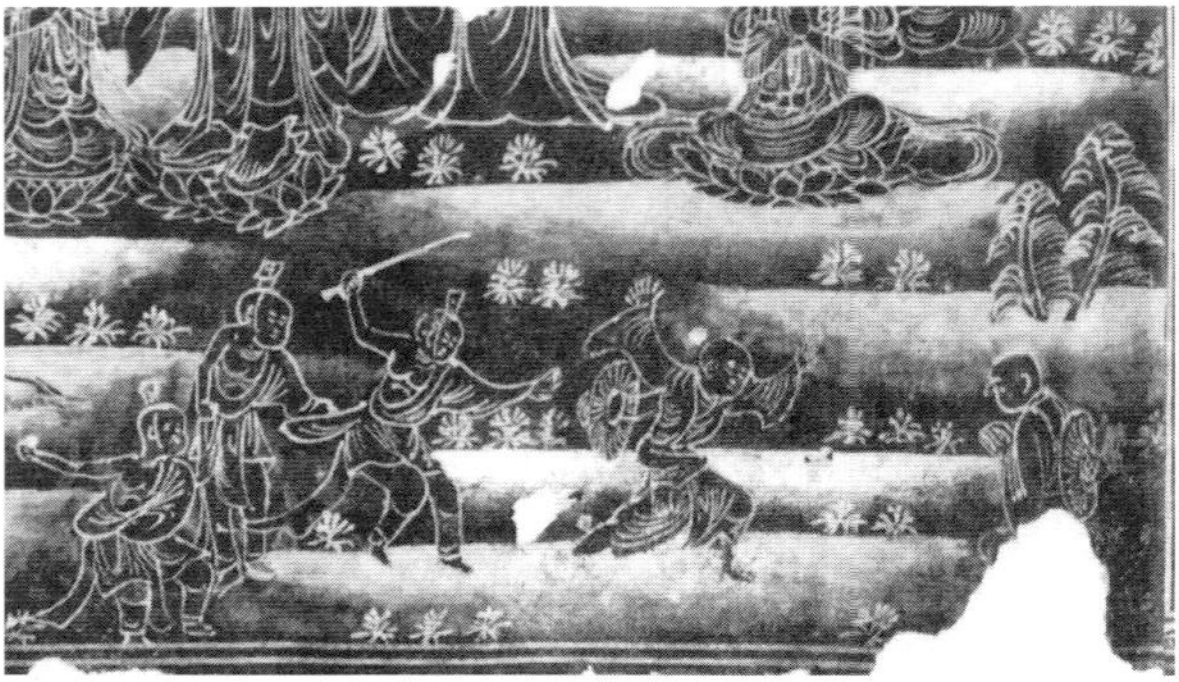

図27　広島・厳島神社所蔵「紺紙金字法華経并開結（甲）」巻7 見返部分　12世紀

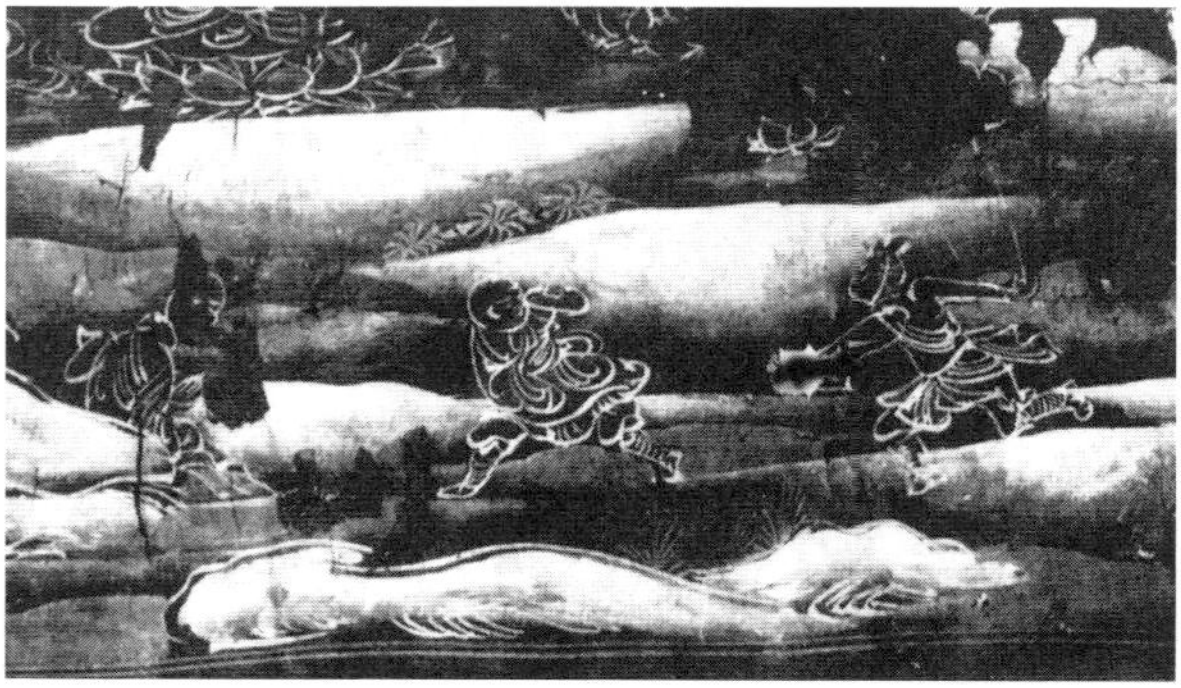

図28　富山・個人所蔵「紺紙金字法華経」巻7 見返部分　12世紀

法華経巻七の見返絵や「法華経宝塔曼荼羅」第七幀などの常不軽菩薩の説話を描く部分に認められる図様と共通性が高いことに気付く（**図28**）。

とこで、阿仏尼が記した『十六夜日記』の弘安二年（一二七九）十月二十三日条には「天中の渡りといふ。舟に乗るに、西行が昔も思ひ出でられて心細し」とあることから、藤木徳明氏や谷口耕一氏は、右記とほぼ同内容の天竜川の逸話を含む『西行物語』が当時すでに成立していたとする。[57] さらには、『とはずがたり』巻一に「九つの年にや、西行が修行の記といふ絵を見しに」とあり、また、『沙石集』（弘安六年（一二八三）頃成立）巻第五末「西行ガ事」には「平五命婦ト云カムナギアリケリ〈中略〉西行ガ絵ヲミテ、所ニ彼意ヲヨミケリ」とあること等から、前者の筆者である後深草院二条が九歳であった文永三年（一二六六）には「西行物語絵巻」が存在していたという説が提示されている。[58]

先行研究においてたびたび指摘されるように、一遍は、旅の歌僧であった西行を先達として意識していたと考えられる。「一遍聖絵」巻十一第四段の詞書にあるように、一遍は入寂直前の正応二年（一二八九）八月十日に所持の経典・書籍をすべて処分してしまう。しかし、生前の言葉をまとめたものが、後世に数種類編纂されており、そのひとつである『一遍上人語録』巻上に所載される「與願僧都、念仏の安心を尋申されけるに、書てしめしたまふ御返事」を見ると、その中で、空也の「捨てこそ」という言葉が「西行法師の撰集抄」に載っており、これは「金言」だと讃えていことがわかる。[59]田村憲治氏は、『撰集抄』には西行らしき人物が諸国を巡り、隠遁者に出会う話が収録されており、同書を引いていることは、諸国行脚の僧であり歌人でもある西行に一遍が好感をもっていたことの現れではないかと述べる。[60]また、山口眞琴氏は、『撰集抄』の「廻国の足跡が一遍らのそれと少なからず重なるのは、けっして偶然ではないだろう〈中略〉踊念仏の祖、『先達』と仰ぐ空也の言葉を介する西行もまた一遍にとって密かな先達であった」とする。[61]

加えて、一遍の詠歌の多くは、西行の歌を念頭に置いたものであることが明らかにされており、[62]なかでも、「一遍聖絵」巻五第六紙に描かれる白河関での詠歌と逸話は、『山家集』下巻の一一二六番歌ならびにその詞書との親近性が指摘されている。すなわち、前者詞書には「かくて白川の関にかゝりて関の明神の宝殿の柱にかきつけ給ける ゆく人をみたのちかひにもらさしと名をこそとむれしら川のせき」とあり、後者には「白川の関に留まりて〈中略〉関屋の柱に書き付けける 白川の関屋を月の洩る影は人の心を留むる成けり」とある。[63]ここでの一遍の詠歌は、西行の「関」「もる」「とむ」の縁語をそのまま用いていることに加え、[64]「一遍が関明神の宝殿の柱に歌を書き付ける場面は、同じ白河の関の柱に歌を書き付けた西行を投影したもの」と見做せるだろう。[65]さらには、『山家集』や『西行上人集』、西行自撰仮託の『撰集抄』には、社や柱・卒塔婆・垣などに詠歌を書き付けるという行為が数多く見出せることが指摘されており、中西満義氏は、「西行のふるまいは、能因をはじめとする先人たちの跡を慕う志にもとづくものであり〈中略〉かれらの系譜に自身を位置付けようとする意図」があったと指摘する。[66]阿部泰郎氏は、「特定の聖なる場やそこに連なるモノに詠歌を書き付ける」ことは、「聖（ヒジリ）の系譜を書かれた歌の力を介して創りだそうとする行為」であり、「〈聖なるもの〉へのメッセージを届けるための作法であり、約束事」だとして、「西行は、〈中略〉そうした〈聖なるもの〉との交渉・交信の技に長けていた」のであろうと述べる。[67]

「一遍聖絵」巻五第六紙を見ると、一遍は関明神の社の前に膝をついて歌を手向ける姿に描かれており、これは、十三世紀中頃の制作とされる文化庁所蔵「西行物語絵巻」の八上王子の斎垣に和歌を書き付ける西行の姿を左右反転したようであることに気付く（図29）（図30）。中西氏や阿部氏の指摘を踏まえると、少なくとも「一遍聖絵」を制作する際には、歌を詠ずる聖の系譜が意識されて、敢えて同じ型を用いて描かれたようにも思われて来る。また、両絵巻は、まるで風景が主役であるかのように、高い視点からの広やかな風景の中に主人公の事蹟が小さく描かれるという共通した特徴を具えている。若杉準治氏は、「一遍聖絵の景観表現と近い感覚を示しているのは、西行物語絵巻」であり、「説話部分が相対的に小さくなり、風景画的な要素を強めていく傾向が一遍聖絵以前にあった」ことがわかるとする。(68) さらには、佐々木剛三氏は、「一遍聖絵」には一遍が和歌を詠ずる情景が第一主題となっている場面が見出せることを指摘し、「文学上に有名な白河関を訪れた歌人一遍〈中略〉この一遍聖絵は又、西行物語絵巻と同じ様な一遍物語絵巻でもあったとなし得よう」「奇妙なことに、この絵巻の描写法、技法で、西行物語絵巻と似ている所が多い」と述べる。(69) 加えて、先に挙げたサントリー美術館所蔵の著色本もまた自然景を重視した画面構成であり、和歌の情景をそのまま絵画化したような歌絵の画趣を具えている。(70) そして、石井悠加氏は、「一遍聖絵」の特に東国遊行の場面は、そのような西行伝絵巻を参照して制作されたのではないかと推測する。(71)

図29　清浄光寺所蔵「一遍聖絵」巻5第6紙部分

図30　文化庁所蔵「西行物語絵巻」第14紙部分　13世紀

このように一遍が西行を先達として意識していたこと、さらには、『一遍聖絵』には『西行物語』や『撰集抄』「西行物語絵巻」との親近性が見出せることを踏まえると、「一遍聖絵」の鎌倉入りの場面に、敢えて西行を想起させる要素を盛り込んだという可能性は考えられないだろうか。なぜなら、鎌倉と言えば、『吾妻鏡』文治二年（一一八六）八月十五日条・十六日条に記される鎌倉・鶴岡八幡宮における西行と源頼朝との出会いの逸話が夙に知られるからだ。この時、西行が鎌倉を訪れたのは、重源から依頼された東大寺大仏再興の勧進のためであった。五来重氏らによって指摘されるように西行の五十年にわたる出家生活のうち、円熟の三十年間は高野山を本拠とし、隠遁・廻国・勧進に明け暮れた典型的な初期高野聖であった(72)。前節では一品経結縁和歌に触れたが、西行の『聞書集』の冒頭には法華経二十八品歌が載り、これは『長秋詠藻』の影響を受けたものであることが指摘されている(73)。また、『山家集』にも一品経和歌群がおさめられ、その詞書から一品経供養で詠まれたことが明らかなものも含まれる。さらには、西行は、康治元年（一一四二）三月十五日に内大臣藤原頼長邸に自筆一品経の勧進に訪れており（『台記』康治元年三月十五日条）、五来氏は、この時すでに勧進聖の群に身を投じていたことがわかるとする。養和元年（一一八一）に東大寺再建のための造東大寺大勧進職に任命された重源は数多の勧進聖を集めるが、その中で西行に鎌倉と平泉を訪れるよう依頼したのは、西行の名声を利用しての大口募財を目論んだためではないかと五来氏は指摘する(74)。

先に述べたように、一遍の鎌倉入りと西行の天竜川の場面とは、いずれも武士から打擲を受けるも怨憎瞋恚を起こさずに平静であったという点で共通しており、そして、サントリー美術館所蔵の著色本「西行物語絵巻」天竜川の場面の詞書や、正保三年版本『西行物語』の天竜川の場面には常不軽菩薩品の一節が引用される。加えて、一遍は西行を廻国の聖の先達として仰いでいたと考えられることや、鎌倉における西行と源頼朝との出会いの逸話等を考え合わせる時、「一遍聖絵」の鎌倉入りの場面に、故意に常不軽菩薩を想起させる図様を添景として採用したという可能性が浮かび上がってくるように思われる。

五、関寺門前の添景

前節では「一遍聖絵」の鎌倉入りの場面を採り上げたが、本節では入洛の場面に着目したい。相澤正彦氏は、巻五第五段の詞書に「鎌倉いりの作法にて化□の有無をさたむへし」（鎌倉での念仏勧進が成功するか否かで念仏勧進の存続を見定めたい）とあることから、入洛にも同じ意図があったであろうと述べ、鎌倉と京という二つの政治的中枢での布教が重視され、「一遍聖絵」では鎌倉入りと入洛が対比的な位置づけに構成されていることを指摘する(75)。

その入洛の場面である巻七第一段には、琵琶湖をのぞむ大津浜から近江国関寺での踊念仏までが描かれる。この第一段中頃の関寺門前を見ると、米俵を満載した荷車を引く牛と、米俵を背に乗せて運ぶ痩せ馬とが道を行き、それら牛馬の傍らには鞭あるいは枝を持つ人物が描かれることに気付くが、これとほぼ同じ図様が聖衆来迎寺所蔵「六道絵」（十三世紀後半）内「畜生道幅」の画面上方右側に認められることが、早くに日沖宗弘氏によって指摘されている[76]（図31）（図32）。この「畜生道幅」の図様は、『往生要集』巻上「第三、明畜生道者（畜生道を明さば）」で始まる段の「若如象馬牛驢駱駝騾等〈中略〉身常負重、加諸杖捶」を描いたものとされる[77]。そして、『往生要集』では続けて「但念水草、余無所知〈中略〉或復蟒蛇、其身長大、聾騃無足、宛転腹行、為諸小虫之所唼食」とあるが、畜生道段のこの箇所の記述は、『法華経』譬喩品を典拠とすることに気付く。すなわち、譬喩品の後半では、『法華経』を読誦・書写・受持する者を、軽賤・増嫉・結恨を懐く者は、まず阿鼻地獄に堕ち、地獄で死した後は畜生道をさまようと説かれるが、その畜生道に堕ちるという件を見ると、「若作馲駝 或生驢中 身常負重 加諸杖捶 但念水草 餘無所知〈中略〉更受蟒身 其形長大 五百由旬 聾騃無足 蜿転腹行 為諸小蟲 之所唼食（若しくは馲駝と作りあるいは驢の中に生るれば 身は常に重きを負い 諸の杖捶を加えられんに但、水草のみを念いて 餘を知

図31　東京国立博物館所蔵「一遍聖絵」巻7第3紙部分

図32　滋賀・聖衆来迎寺所蔵「六道絵」内「畜生道幅」部分　13世紀

る所なし。〈中略〉更に蟒の身を受け その形、長大なること 五百由旬なり。聾・騃・無足にして 蜿転して腹行し、諸の小蟲のために唼り食われ」とある。

このように『往生要集』と『法華経』譬喩品における畜生道を説く箇所との著しい共通性を念頭に置いた上で想像を逞しくすれば、畜生道における「身は常に重きを負い 諸の杖捶を加えられん」を表す図様が当時すでに確立しており、それが聖衆来迎寺所蔵「六道絵」内「畜生道幅」と「一遍聖絵」のそれぞれに採用されたという可能性が考えられるのではないだろうか。

また、加須屋誠氏が指摘するように、牛馬は「前世や来世のことを当時の人々に想起させる」動物であったことを、『日本霊異記』『今昔物語集』『閑居友』に所載される複数の説話が物語っており、例えば、現世で今自分が使役する馬は前世で己の父母であったかも知れないと老法師が馬の口取りに説く話や、前世においては牛であったが『法華経』を読誦する持経者の側にいたことにより現世では人間となった話などが確認できる(78)。さらには、「一遍聖絵」巻七第一段冒頭に描かれる琵琶湖には、複数の鵜がとまる鵜飼い船が浮かぶが、鵜もまた来世を想起させる動物であった。加須屋氏は、『梁塵秘抄』巻第二の「鵜飼はいとほしや 万劫年経る亀殺しまた鵜の首を結ひ 現世はかくてもありぬべし 後生わが身をいかにせん」という俗謡を挙げ、「鵜飼を哀しみととらえ、来世に思いをはせることの心的背景にあるのは、殺生戒を犯すことによる死後の輪廻の恐怖にほかならない」と指摘する(79)。

先に挙げた『法華経』譬喩品の該当箇所は、法華経信仰者を軽んじた人間は畜生道へ堕ちると説く件であり、前世や来世を想起させる牛・馬・鵜を描くことは、その内容に合致すると言えよう。さらには、譬喩品では、前掲の箇所の後に、「この経を謗るが故に罪を獲ることかくの如し。若し人となることを得れば〈中略〉貧窮下賤にして人のために使われ多くの病ありて痟れ痩せ依怙する所無く人に親附すと雖も人は意に在かざらん」と続くが、巻七第一段の米俵を運ぶ牛馬が進む関寺門前には、煮炊きをして食事をとる乞食や癩者の姿が確認でき、やはり譬喩品の記述に沿う図様が描かれることがわかる。そして、譬喩品の最後では、「若し人、瞋なく質直柔軟にして 常に一切を愍み 諸仏を恭敬すれば かくの如きの人に乃ちために説くべし」「若し比丘にして 一切智のために四方に法を求めて 合掌し頂受し但、楽って大乗の経典のみを受持して 乃至、余経の一偈をも受けざるもの有らば かくの如きの人に乃ちために説くべし」など、どのような人物に『法華経』を説くべきかが説かれるが、巻七第一段末を

図33　前田育徳会所蔵「一遍上人絵伝」巻7第1段部分

見ると、造営途中の関寺が描かれ、その中は園城寺から出向いてきた裏頭頭巾の衆徒で満ちており、つまりは、『法華経』を根本経典とする天台宗寺門派の姿を描くことで締めくくられることも譬喩品の内容を想起させると言えよう。

ところで、もと御影堂新善光寺に伝来した御影堂本の関寺の場面を見ると、門前に板葺きの屋根を建てて食事をとる乞食や癩者の姿は見えるものの、『法華経』譬喩品と『往生要集』とに説かれる「身は常に重きを負い 諸の杖捶を加えられん」を絵画化したものと見做される重い荷を負う牛馬は描かれていないことに気付く（図33）。加えて、御影堂本では清浄光寺本に描かれる鵜飼い舟や雌雄の鶏も描かれていない。

第二節において福岡市場面を取り上げた際に、御影堂本よりも清浄光寺本の方がより多く添景が描かれることを指摘したが、この関寺門前においても経意絵としても解釈可能な添景は清浄光寺本の方により多く描き込まれていると言えよう。そして、関寺門前の重い荷を負う牛馬が、聖衆来迎寺所蔵「六道絵」内「畜生道幅」に描かれる図様とほぼ同じ図様であることは、次のような可能性を示唆するだろう。すなわち、清浄光寺本を描いた工房は、聖衆来迎寺所蔵「六道絵」を制作した工房と同じ紙形を所持し得るような工房であり、それは、数多の経意絵の紙形を所持する工房であったのではないだろうか。第二節と本節で確認したように御影堂本にも経意絵としても解釈可能な添景が描かれていることを踏まえると、経意絵と共通性の高い図様を添景に用いることは、稿本制作段階からの構想であったように思われる。しかし、清浄光寺本では添景人物を、敢えてメインモチーフに無関心な態で描き、さらには、経意絵としても解釈可能な添景を増やすことによって、法華経経意絵をより強調するという制作意図があったのではないだろうか。そして、そのような制作意図があったがために、経意絵の紙形を多く持つ工房、つまりは、経意絵を得意とする工房に依頼したという可能性があるようにも思われて来る。

また、第二節で確認したように本法寺本には、「一遍聖絵」の福岡市場面と共通する姿態表現が周囲の場景設定を伴なって転用されている箇所が複数確認できるが、その姿態表現と場景設定との組み合わせは、清浄光寺本と御影堂本の双方に共通して認められるものであった。先に述べたように清浄光本と御影堂本は同じ稿本から制作されたという説が唱えられており、吉村稔子氏が指摘するように清浄光寺本と同じ絹本の絵巻である「春日権現験記絵巻」の「中書」が大切に相伝されたという記録が残ることを踏まえると[80]、本法寺本を制作した工房は、「一遍聖絵」の紙形を入手した上で、本法寺本の制作に当たったようにも思われて来る。そして、本法寺本に「一遍聖絵」の紙形が用いられた所以については、現段階では次の二つの仮説を提示したい。一つは、本法寺本制作の中心的な絵師が、「一遍聖絵」の稿本に法華経経意絵と共通する図様が用いられていることを認識していたためという可能性。もう一つは、清浄光寺所蔵「一遍聖絵」が法華経絵を得意とする工房で制作されたことを認識していたためという可能性である。

本法寺本に「一遍聖絵」の紙形が採用されたことと、「一遍聖絵」の添景に法華経経意絵と共通する図様が見出せることとの関係性の解明については後考を俟ちたい。

おわりに

本稿では、「一遍聖絵」の備前国福岡市、四天王寺西門の外、鎌倉入りの場面、関寺門前を取り上げ、それらの場面の添景に、法華経経意絵と共通性の高い図様が見出せることを指摘した。そして、経意絵と共通性の高い図様の採用は、各場面の内容や性格と連関したものであり、そのような添景の配置は、「一遍聖絵」の稿本において構想されていた可能性があり、また、特に清浄光寺本では、添景としての経意絵をより強調するという制作態度が確認できるのではないかという説を提示した。

ところで、一遍の法語を記した『播州法語集』と『一遍上人語録』巻下には、『法華経』と名号とは一体だとする文言が収められている。すなわち、「又云、法華と名号とは一体なり。法華は色法、名号は心法なり。色心不二なれば、法華即名号なり。故に観経には、『若念仏者是人中芬陀利華』と説り。芬陀利華とは蓮華なり。されば法華をば薩達磨芬陀利経と名付けたりといへり、名号と芬陀利華とは一なり」[81]とある。一遍は往生の直前に所持の書籍をすべて火中に投じているため、現在伝わるものは、門弟の耳を通したものではあるが、梅谷繁樹氏は、「祖師信仰の聞書である以上〈中略〉一遍のことばとして」理解したいと述べている。[82]

この法語と関連して興味深いことには、一遍の生家の河野氏は大山祇神社の氏人であり、一遍の祖父は河野通信、父は通広というように代々男子の名にはいずれも「通」の字が付くが、これは大三島明神の本地が、『法華経』化城喩品に説かれる大通智勝如来であるためとされる。[83]そして、大通智勝如来には十六人の王子がおり、第九王子が阿弥陀如来となり、第十六王子が釈迦如来となったと説かれる。「一遍聖絵」の詞書を編んだ聖戒は一遍の異母弟とする説もあり、そうであれば当然ながら河野氏の大通智勝如来への信仰は熟知していたであろう。「通」の字の使用をそのまま河野氏の『法華経』篤信の現れとすることには慎重でなくてはならないが、一遍にとって『法華経』信仰は身近なものであり、同経への理解は深かったのではないだろうか。

一方、「一遍聖絵」を制作する際には都の貴顕から経済的な援助を受け、それと同時に、「絵巻の制作手法、仕掛けや趣向にまで精通した多くの貴族や大寺院から指導助言」を受けた可能性が指摘されている。[84]つまりは、援助・指導をした貴顕の意向を受けて、法華経経意絵の紙形が採用されたという可能性も考えられよう。

「一遍聖絵」の添景に、法華経経意絵と共通性の高い図様が採用された所以については、今後も継続して考えて行きたい。

注

(1) 原口志津子『富山・本法寺蔵 法華経曼荼羅図の研究』(法蔵館、二〇一六年二月)の第一部第二章「寺内資料」。原口氏は、画面右端の年紀は江戸時代のものとしながらも、現在は失われた絹裏墨書銘など、当初の年紀に基づいており、内容は信憑性のあるものとする。

(2) 行徳真一郎「(富山・本法寺所蔵「法華経曼荼羅図」)作品解説」(東京国立博物館『大日蓮展』二〇〇三年一月)。

(3) 日沖宗弘「『一遍聖絵』の制作とその絵画様式」(『国華』一〇五六号、一九八二年十月)。

(4) 雁野佳世子「本法寺蔵《法華経曼荼羅図》の絵画に関する試論」(『仏教芸術』七号、二〇二一年九月)。

(5) 原口志津子氏も、本法寺本は「様式的にも孤立している」と指摘する(前掲注1原口氏著作の第二部第四章第二節第三項「絵画様式」)。

(6) 寺門派「円伊」の史料は、宮次男「一遍聖絵と円伊」(『美術研究』二〇五号 一九六〇年二月)に「円伊関連史料」としてまとめられている。

(7) 早くに寺門派の円伊に結び付けた先行研究としては、主に以下のものがある。山田秋衞「(一遍上人絵伝)解説」(『日本絵巻物集成 第二十二巻』雄山閣 一九三二年十月)。林屋辰三郎「法眼円伊について――一遍聖絵筆者の考証」(『画説』六三号、一九四二年三月)。林屋氏は同論稿において、「法印円伊」による正安三年(一三〇一)二月九日付の「円満院宮令旨案」(菅浦文書)を紹介している。ただし、同書は、極めて近い時代の写しだとする。

(8) 寺門派の円伊に結び付けることを早くに疑問視した先行研究としては、主に以下のものがある。望月信成「歓喜光寺蔵一遍聖人絵伝の発願者と筆者に就いて」(『史迹と美術』一〇〇号、一九三九年三月)。田中喜作「一遍聖絵の作者円伊補記」(『画説』二八号、一九三九年四月)。赤松俊秀「時宗芸術史の一、二の問題について」(『仏教芸術』二六号、一九五五年九月)。前掲注6宮氏論文。

(9) 佐々木剛三「歓喜光寺蔵『一遍聖絵』の画巻構成に関する諸問題とその製作者について」(『国華』九一二号、一九六八年三月)。前掲注3日沖氏論文では、「監督者=円伊も絵師の一人であったかも」しれないとする。日沖宗弘「『一遍聖絵』の概要と中国絵画の受容」(『仏教芸術』一八五号、一九八九年七月)。岡部篤子「歓喜光寺本『一遍聖絵』の制作後援者『一人』について」(『古美術』八五号、一九八八年一月)。梅沢恵「『一遍聖絵』の構成原理と制作背景に関する試論」(『仏教美術研究上野記念財団 研究報告書 第四十六冊 研究発表と座談会 一遍聖絵と遊行上人縁起絵』二〇二〇年三月)。瀬谷愛「中世律宗絵画試論」(『東京国立博物館紀要』五七号、二〇二二年三月)。

(10) 前掲注6宮氏論文。前掲注9佐々木氏論文。前掲注3日沖氏論文。前掲注9日沖氏論文。ただし、水野僚子「『一遍聖絵』の制作背景に関する一考察」(『美術史』一五二号 二〇〇二年三月)において、宮曼荼羅とは聖地図像に対する理解度や関心の方向が異なることから、宮曼荼羅の絵師の可能性は低いとされている。

(11) 前掲注9佐々木氏論文。前掲注9岡部氏論文。梅沢恵「『一遍聖絵』にみえる武士の悪業と安達泰盛のイメージ」(神奈川県立金沢文庫『特別展 安達一族と鎌倉幕府――御家人が語るもうひとつの鎌倉時代史』二〇一八年七月)。前掲注9梅沢氏論文。ただし、岡部氏は、土御門家を外戚とする土御門院・後嵯峨院の皇子たちが園城寺に入り、その中には園城寺長吏・四天王寺別当・熊野三山検校を務めた法親王もいることを述べ、『一遍聖絵』制作時期に土御門家の園城寺に対する影響力が強かったことを踏まえて園城寺や円満院周辺の工房としている。

(12) 「記念シンポジウム 絵画史料をどう読むか――建築史と美術史の立場、そして共通の視点」における藤井恵介氏の報告(『建築史学』十九号、一九九二年九月)。

(13) 米倉迪夫「四天王寺図についての覚書――『一遍聖絵』、掛幅本『聖徳太子伝絵』をめぐって」(『風俗絵画の文化学Ⅲ――瞬時をうつすフィロソフィ』思文閣出版、二〇一四年十一月)。

(14) 谷口耕生「鎌倉時代やまと絵の形成――尊智・円伊・高階隆兼」(『日本美術全集 第八巻 鎌倉・南北朝時代Ⅱ 中世絵巻と肖像画』小学館、二〇一五年六月)。

(15) 前掲注9梅沢氏論文。

(16) 相澤正彦「『一遍聖絵』の入洛場面にみる絵画表現をめぐって」(成城大学大学院文学研究科『美学美術史論集』第二十二輯、二〇二〇年三月)。

(17) 前掲注9瀬谷氏論文。尚、前掲注9日沖氏論文や岡部氏論

文、前掲注16相澤氏論文においても、「一遍聖絵」の画面内容には、制作において経済的支援をした都の貴顕の意向や文化的趣向が反映しているであろうとする。

(18) 前掲注2行徳氏解説。前掲注1原口氏書籍。

(19) 前掲注6宮氏論文。前掲注10水野氏論文。若杉準治「国宝・一遍聖絵について」(京都国立博物館『特別陳列 修理完成記念国宝・一遍聖絵』二〇〇二年十月)。

(20) 前掲注6宮氏論文。望月信成「一遍聖人絵伝について」(『日本絵巻物全集 第十巻 一遍聖絵』角川書店、一九六〇年七月)。村重寧「『一遍上人絵伝』の画風――〈写実性〉と〈宋風画〉の問題」『日本絵巻大成 別巻 一遍上人絵伝』中央公論社、一九七八年十一月)。前掲注3日沖氏論文。前掲注9日沖氏論文。戸田禎佑「一遍上人絵(清浄光寺・歓喜光寺本)の画風を巡って――宋画風と写実性」(『MUSEUM』五一一号、一九九三年十月)。前掲注19若杉氏論文。前掲注1原口氏書籍の第二部第四章「絵画の論理」。前掲注4雁野氏論文。

(21) 風景が主役のようだと指摘する先行研究としては、主に以下のものがある。前掲注6宮氏論文。前掲注20望月氏論文。前掲注19若杉氏論文。若杉準治「一遍聖絵の絵画――説話性の稀薄化」(『仏教美術研究上野記念財団 研究報告書 第三十冊 研究発表と座談会 一遍聖絵の諸相』二〇〇三年三月)。吉村稔子「二つの一遍聖絵――歓喜光寺本と御影堂本」(前掲、『仏教美術研究上野記念財団 研究報告書 第三十冊 研究発表と座談会 一遍聖絵の諸相』)。

(22) 備前国福岡市場面を三区画にわけて分析する論文としては、主に次のものが挙げられる。佐藤和彦「中世都市史の研究視点」(『歴史評論』四二六号、一九八五年十月)。黒田日出男「二つの備前福岡の市〈下〉」(『月刊百科』三六四号、一九九三年二月)。

(23) 姿態表現は若干異なるものの共通性は高いと言えよう。尚、本法寺本の同剃髪場面は「度無量億百千衆生」を絵画化したものである。

(24) 本法寺本の「聚沙為仏塔」場面には子供たちが石で仏塔を作る様子が描かれるが、「一遍聖絵」巻四第七紙の吉備津宮神主子息の剃髪場面を見ると、画面左の樹木の根元に複数の石が描き込まれていることがわかる。また、御影堂本の同場面には複数の石製小五輪塔が描かれる(図8)。

(25) 「華厳宗祖師絵伝」(十三世紀)内「元暁絵」第二巻の添景としての市場の場景にも、反物を広げて客に見せる人物が描かれる。

(26) 佐藤康宏「形態の増殖――『一遍聖絵』『彦根屏風』『動植綵絵』」(『講座日本美術史 第二巻 形態の伝承』東京大学出版会、二〇〇五年五月)。

(27) 前掲注6宮氏論文では、「歓喜光寺本の稿本があったとして、それから御影堂本が描かれたとも考えられなくはない」としながらも、最終的には、「御影堂本が歓喜光寺本の模写本」とする。黒田日出男「二つの『一遍聖絵』について」(『朝日百科 日本の歴史・別冊 歴史の読み方 絵画史料の読み方』朝日新聞社、一九九二年一月)では、絹本の歓喜光寺本(現・清浄光寺所蔵)には下絵・中書の段階があったはずであり、歓喜光寺本の稿本を模写したものが御影堂本ではないかとする。前掲注21吉村氏論文では、『看聞日記』永享十年(一四三八)二月二十七日条に「春日権現験記絵巻」の「中書」が「殊勝」と評されて大切に相伝されたことを示す記事が認められることを挙げ、歓喜光寺本(現・清浄光寺本)と御影堂本は同じ稿本から制作された可能性を示唆する。尚、仙海義之「歓喜光寺本『一遍聖絵』の絵画表現について――御影堂本との比較から」(『美術史』一四九号、二〇〇〇年十月)では、御影堂本そのものが歓喜光寺本(現・清浄光寺本)の稿本に相当するとしている。

(28) 藤本正行「『一遍聖絵』の読み方② 福岡の市の対決」(『月刊百科』三一七号、一九八九年三月)においても、御影堂本では歓喜光寺本(現・清浄光寺所蔵)に比べて、一遍と神主子息の対決に関心を示す人が増えているとして、周囲の添景人物たちのポーズの違い等を指摘している。

(29) 田中久夫「薬王菩薩本事品と女人往生――奈良時代の女性から発心集の『伊家の妾』まで」(『御影史学論集』三十号、二〇〇五年十月)。

(30) 御影堂本には、吉備津宮神主子息の妻の剃髪場面は描かれるものの、尼姿となった妻は描かれていない。清浄光寺本では、福岡市における一遍と子息の対峙場面が、女性の出家場面に続くものであることが強調されているとも言えよう。

(31) 吉備津彦神社社務所編『吉備津彦神社史料 第一 文書編』(一九三六年)所載の康永元年(一三四二)六月二十八日一宮社法と、文明三年(一四七一)六月十三日総社家社僧中神前御祈念之事等注文。

(32) 五来重「聖というもの(一)」「聖というもの(二)」(『角川選書 七九 増補 高野聖』角川書店、一九七五年六月)。新城常三「六十六部聖」(『新稿社寺参詣の社会経済史的研究』塙書房、一九八二年五月)。有元修一「中世の六十六部聖について」(『目白大学人文学部紀要 地域文化篇』一号、一九九五年一月)。湯之上隆「中世仏教と地方社会――六十六部聖を手がかりとして」(『七隈史学』三号、二〇〇二年三月)。

(33) 福岡県白山出土の天仁二年(一一〇九)紀年銘を持つ経筒に「如法妙法蓮華経六十六部」の刻字が見える(宮小路賀宏「経塚資料覚書(二)」『九州歴史資料館研究論集』二四号、一九九九年三月)。『玉葉』寿永三年(一一八四)三月四日条に「六十六部如法経」と見える。

(34) 湯之上隆「六十六部聖の成立と展開」(『九州史学』一一一号、一九九四年十二月)。

(35) 前掲注32新城氏論文。

(36) 角川源義「貴備津宮と廻国聖」(『語り物文芸の発生』東京堂出版、一九七五年十月)。樋口州男「『一遍聖絵』と吉備津宮」(『一遍聖絵を読み解く――動きだす静止画像』吉川弘文館、一九九九年一月)。

(37) 法華経持経者の廻国の様子は、次の説話に記される。『大日本国法華経験記』巻中「第六十 蓮長法師」には「金峰・熊野等の諸の名山、志賀・長谷等の諸の霊験に往き詣でて、一々の霊験名山に住して、千部の妙法経の読誦せり。日本国の中の、一切の霊しき所に巡礼して、必ず千部を誦せずといふことなし」とある(『今昔物語集』巻第十三「蓮長持経者誦法花得加護語 第二十八」は同話)。『大日本国法華経験記』巻中「第六十八 一宿の沙門行空」には「五機七道に、行かざる道なく、六十余国に、見ざる国なし」とある(『今昔物語集』巻第十三「一宿聖人行空誦法花語 第二十四」は同話)。

(38) 白畑よし「法華経歌絵に就いて」(『美術史学』八八号、一九四三年四月)。

(39) 伊井春樹「歌絵について」(『王朝文学 資料と論考』笠間書院一九九二年八月)では、「久能寺経」薬草喩品の見返絵は俊成の和歌に基づいた歌絵であると明言する。山口眞琴「西行伝と結縁和歌」(『西行説話文学論』笠間書院二〇〇九年八月)でも、「久能寺経」の「薬草喩品の見返絵は、むしろ俊成和歌を絵画化したものと見るべき」であり、「俊成の法華経二十八品歌は、『久能寺経』に先行もしくは併行して詠まれた」とする。

(40) 梶谷亮治「総論 我が国における仏教説話絵の展開」(奈良国立博物館編『仏教説話の美術』思文閣出版、一九九六年三月)。

(41) 前掲注40梶谷氏論文。梶谷亮治「法華経見返絵の展開」(奈良国立博物館編『法華経――写経と荘厳』東京美術、一九八八年六月)。

(42) 緒方知美「平安時代の経絵と釈経」(『筑紫女学園大学・筑紫女学園大学短期大学部紀要』六号、二〇一一年一月)。

(43) 柳澤孝「扇面法華経冊子の成立をめぐる諸問題」(『扇面法華経の研究』鹿島研究所出版会、一九七二年五月)。

(44) 白畑よし「歌絵としての扇面法華経下絵」(『国華』一一四九号、一九九一年八月)。

(45) 須藤弘敏「荘厳と寓意――流水片輪車蒔絵螺鈿経箱をめぐって」(『講座日本美術史 第三巻 図像の意味』東京大学出版会、二〇〇五年六月)。特に、巻六第十扇の片輪車は、下絵上に書写される法師功徳品「衆生の、仏の前に在りて経を聞き皆歓喜し〈後略〉」の一節、すなわち、転法輪を暗喩すると解釈する。

(46) 有賀祥隆『日本の美術 第二六九号 法華経絵』至文堂、一九八八年十月。

(47) この舎利容器については、『西山年譜要記』建暦元年(一二一一)四月二十三日条に「太子御陵造二重塔婆納置仏舎利石箱鉄銀十六葉蓮華赤銅蓮肉銀蓮肉金蓮肉 内六粒〈後略〉」と見え、線刻の銘文も記される(稲垣真哲「太子信仰と浄土宗西山派祖」『日本仏教学会年報』二九号、一九六四年三月)。尚、『西山年譜要記』の書き起こしは、池田圓暁氏による解説とともに、『西山禅林学報』十七号(一九八三年十一月)に掲載される。

(48) 円仁『俗諦不生不滅論』では俗諦常住について次のようにある。「有二門。一者道理故。何者法住不可生滅故。二者依聖教。法華云世間相常住故。亦本来寂滅相故」。(大久保良峻「天台本学思想の基盤」(『国文学 解釈と鑑賞』第六二巻三号、一九九七年三月)。

(49) 高木豊「法華経歌・法文歌の数量的考察」(『平安時代法華仏教史研究』平楽寺書店、一九七三年六月)。

(50) 阿部泰郎「霊地における太子像―院政期の聖徳太子崇敬と四天王寺・太子廟」(『中世日本の宗教テクスト体系』名古屋大学出版会、二〇一三年二月)。

(51) 前掲注21吉村氏論文。

(52) 礪波美和子「『西行物語』の源流をめぐって――静嘉堂文庫蔵伝阿仏尼筆本を中心に」(『叙説』三五号、二〇〇八年三月)では、伝阿仏尼筆本は、従来鎌倉時代中期以前の書写とされてきたが、字母等を検討した結果、それよりも下だるであろうと指摘する。

(53) 書き起こしに当たっては、国文学研究資料館データベース掲載の画像を閲覧、谷口耕一「西行物語の形成」(『文学』四六号、一九七八年十月)を参照した。尚、桑原博史『講談社学術文庫 四九七 西行物語 全訳注』(講談社、一九八一年四月)の語釈等には、『更級日記』に「遠江にかかる〈中略〉天ちうといふ川のつらに」とあることから「天中」とは天竜川の古名と思われるとある。

(54) 宮次男「研究資料 西行物語絵巻」(『美術研究』二八一号、一九七二年十月)。

(55) 前掲注53『講談社学術文庫 四九七 西行物語 全訳注』。尚、前掲注54宮氏論文によると、サントリー美術館本の詞書では、常不軽菩薩品の引用箇所に誤写があることがわかる。

(56) 廣田哲通「『法華経』常不軽菩薩品第二十が生む説話――『閑居友』上巻第九話を基点として」(『中世仏教説話の研究』勉誠社、一九八七年五月)では、常不軽菩薩説話を踏まえたほぼ同じ構成の説話が十二世紀から十三世紀に散見されることが指摘される。

(57) 藤木徳明「『閑居友』における仏性の説話――先行説話の受容方法と関連して」(『金沢大学 語学・文学研究』七号、一九七七年三月)。前掲注53谷口氏論文。

(58) 岡見正雄「説話・物語上の西行について――一つの解釈」(『日本絵巻物全集 第十一巻 西行物語絵巻 当麻曼荼羅縁起』角川書店、一九五八年十一月)。水原一「脱出――西行」(『国文学――解釈と教材の研究』十八巻九号、一九七三年七月)。前掲注53谷口氏論文。また、『西行物語』は当初から絵巻として制作されたという説も存在する(久曽神昇「西行文献叢刊解題」『西行全集』文明社、一九四一年二月)。

(59) 『撰集抄』は西行自撰仮託の仏教説話集。また、一遍がここで引用する話は、現存の『撰集抄』には存在せず、鴨長明の『発心集』(建保四年(一二一六)以前成立)巻一の四「千観内供、遁世籠居の事」に見える。

(60) 田村憲治「一遍の和歌」(『子規博だより』第二八号、一九八八年六月)。

(61) 山口眞琴「西行伝と時衆――問題のゆくえ」(前掲注39『西行説話文学論』)。また、「一遍聖絵」巻四第五段の小田切の里にて踊念仏をはじめた場面の詞書には、「抑をとり念仏は空也上人或は市屋或は四條の辻にて始行し給けり彼詞云心無所縁随日暮止身無住所随夜暁云忍辱衣厚不痛杖木瓦石慈悲室深不聞罵詈誹謗〈後略〉」と見え、常不軽菩薩を想起させる文言が記されていることに気付く。

(62) 柏崎光政「一遍智真の詠歌の特質――主に西行とのかかわりを通して」(『明治大学日本文学』七号、一九七六年十月)。栗田勇「西行から一遍へ」(『波』第十六巻第四号、一九八二年四月)。前掲注60田村氏論文。梅谷繁樹「一遍と和歌・和讃」(『講談社現代新書 一二八一 捨聖・一遍上人』講談社、一九九五年十二月)。山本章博「一遍上人の和歌表現をめぐって」(『仏教文学』四十号、二〇一五年四月)。

(63) サントリー美術館所蔵の著色本「西行物語絵巻」の白河関場面の詞書は、この『山家集』詞書とほぼ同内容であることが指摘される(石井悠加「西行伝絵巻と時宗――『一遍聖絵』『遊行上人縁起絵』東国遊行の場面について」『西行学』十三号、二〇二二年九月)。

(64) 前掲注62山本氏論文。梅谷氏論文。

(65) 瀬谷愛「社寺参詣曼荼羅としての一遍聖絵」(『国宝 一遍聖絵の全貌』高志書院、二〇一九年四月)。

(66) 中西満義「和歌を社に書き付くということ――西行の『ふるまい』」(『熊野学研究』八号二〇二〇年七月)。その他、詠歌を書き付けるという行為に関する論考としては、主に以下のものを挙げることができる。田中仁「『書きつく』の意味――宇津保物語を主な資料として」(『長谷川孝士教授退官記念論文集 言語表現の研究と教育』一九九一年三月)。田野慎二「和歌を柱に書きつけるとき――『題壁詩』の影響と柱信仰とに注目して」(『人間研究輯』一号二〇〇一年十二月)。岩原真代「『真木柱』によせる和歌――柱歌の系譜と住環境から」(『日本文学』五五巻九号二〇〇六年九月。阿部泰郎「聖西行の駆使する歌の力――詠歌をモノに書き付けること」(『西行学』十二号二〇二一年十月)。高柳祐子「柱に残された歌」(『東洋大学大学院紀要』六十集二〇二四年三月)。
(67) 前掲注66阿部氏論文。また、筆で書き付けるという行為は、雪山童子本生譚を想起させるが、「一遍聖絵」巻十一第一段の詞書を見ると、淡路国福良二宮の正殿に詠歌を書き付けた札を打ち付ける行為について、「かのいはほのうへにうつしをかれけむ半偈の文もかくや」とあり、すなわち、岩に雪山童子が刻み付けたという半偈もこのようであったろうか、と記している。
(68) 前掲注19若杉氏論文。尚、同じように高い視点から広やかな美しい風景を描くほぼ同時代の絵巻としては、神宮徴古館所蔵「伊勢新名所絵歌合」を挙げることができよう。
(69) 前掲注9佐々木氏論文。尚、佐々木剛三「『一遍上人絵伝』とその特質」(『神道曼荼羅の図像学——神から人へ』ぺりかん社、一九九九年十一月)では、「一遍聖絵」の制作に際して「西行物語絵巻」を参照したと考えられるとしている。
(70) 前掲注54宮氏論文。
(71) 前掲注63石井氏論文。
(72) 五来重「高野聖・西行」(前掲注32『角川選書 七九 増補 高野聖』)。また、前掲注58水原氏論文においても「高野に籍を置いて、貴顕社会に宣教を進め、東西に勧進の旅をし、遺蹟を訪い〈中略〉『大峰二度の行者』と讃えられ、慈円に真言秘事を伝え得る程の権威となり、さらにその軌跡に詩作を伴って生きた西行こそ、〝高野聖〟の〝修行〟の一典型として考えて行くべきだろう」と指摘される。
(73) 前掲注39山口氏論文。
(74) 前掲注72五来氏論文。
(75) 前掲注16相澤氏論文。
(76) 前掲注3日沖氏論文。
(77) 加須屋誠「全場面解説 六 畜生道幅」(『国宝 六道絵』中央公論美術出版、二〇〇七年十一月)。
(78) 前掲注77加須屋氏解説。
(79) 前掲注77加須屋氏解説。
(80) 前掲注21吉村氏論文。
(81) 大橋俊雄校注『一遍上人語録 付 播州法語集』岩波書店、一九八五年五月。同書の「解説」によると、現存する法語集の最も古いものは、鎌倉時代末期もしくは南北朝ごろの書写本と認められている金沢文庫所蔵の『播州法語集』である。尚、本文には『播州法語録』掲載のものを引用した。
また、この文言の中で引用される『観無量寿経』の一節と、それを註釈した善導の『観無量寿経疏』の該当箇所は、法然の『選択本願念仏集』十一「雑善に約対して念仏を讃歎するの文」にも引用されており、「観無量寿経に云く、『もし仏を念ぜむ者、まさに知るべし、この人は即これ人中の分陀利華なり〈後略〉』と。同経の疏に云く、〈中略〉分陀利と言ふは人中の好花と名づけ〈中略〉また人中の妙好花と名づく」と見える。そして、清浄光寺本巻三第二段詞書には、文永十一年(一二七四)六月十三日に一遍が熊野新宮から聖戒へ送った手紙が記されており、その中の頌にも同じく「妙好華」の語が用いられていることに気付く。すなわち、「六字名号一遍法 十界依正一遍体 万行離念一遍証 人中上々妙好華」とあり、名号を唱える行人こそ人中の最上の人であり、あたかも泥中より花咲く白蓮華のごとき人である、としている。
(82) 梅谷繁樹「一念の往生——十一不二頌と善光寺」(『一遍語録を読む』法蔵館、一九八四年九月)。『播州法語集』は一遍が弘嶺八幡宮で道俗時衆のために説いたものを、門人の持阿が記録したものと伝えられる。
(83) 山田雄司「神祇信仰の重み——神社と寺院」(『遊行の捨聖

一遍』吉川弘文館、二〇〇四年三月)。
(84) 前掲注9瀬谷氏論文。

図版出典一覧

図1・7・14・25 神奈川県立歴史博物館編『国宝 一遍聖絵』(遊行寺宝物館、二〇一五年十月)

図2・12・24・29・31 『日本絵巻大成 別巻 一遍上人絵伝』(中央公論社、一九七八年十一月)

図3・4・6・9・10・11 基盤研究(B)富山・本法寺蔵「法華経曼荼羅図」の総合的研究(平成二十八~三十一年度)における撮影写真

図5 『人間の美術 七 バサラと幽幻』(学習研究社、二〇〇四年二月)

図8・15・33 前田育徳会所蔵写真

図13・21 宮次男『金字宝塔曼陀羅』(吉川弘文館、一九七六年三月)

図16 出光美術館編『国宝伴大納言絵巻』(二〇〇六年十月)

図17・26 サントリー美術館所蔵写真

図18 筑紫女学園大学小林知美先生撮影写真

図19 秋山光和 柳澤孝 鈴木敬三『扇面法華経』(鹿島研究所出版会、一九七二年五月)

図20 京都国立博物館編『王朝の仏画と儀礼』(至文堂、二〇〇〇年十一月)

図22・23 『日本美術全集 第五巻 平安時代Ⅱ 王朝絵巻と貴族のいとなみ』(小学館、二〇一四年三月)

図27・28 奈良国立博物館編『法華経 写経と荘厳』(東京美術、一九八八年六月)

図30 京都国立博物館編『特別展 流転一〇〇年 佐竹本 三十六歌仙絵と王朝の美』(二〇一九年十月)

図32 泉武夫・加須屋誠・山本聡美『国宝 六道絵』(中央公論美術出版、二〇〇七年十一月)

謝辞 御影堂本「一遍上人絵伝」の調査に際しては、前田育徳会・菊池浩幸氏、ならびに、筑紫女学園大学准教授・小林知美先生にお世話になりました。御影堂本「一遍上人絵伝」の写真掲載については、前田育徳会より御高配を賜りました。サントリー美術館所蔵「西行物語絵巻」(著色本ならびに白描本)の写真掲載についてはサントリー美術館より御高配を賜りました。末筆ながらここに記して深く感謝の意を表します。

本法寺蔵「法華経曼荼羅図」に見る龍女と金翅鳥の図像ほか二、三の問題

原口志津子

はらぐち・しづこ――奈良大学部文学部教授。専門は日本中世説話画、法華経絵。主な著書に『富山・本法寺蔵法華経曼荼羅図の研究』（法藏館、二〇一六年）、『本法寺蔵法華経曼荼羅図――法華経をめぐるイメージの世界』（法藏館、二〇二四年）、論文に「吹抜屋台」について――源氏物語絵巻を中心として」（京都大学大学院文学研究科編『世界の中の『源氏物語』』、臨川書店、二〇〇九年）などがある。

本作は『法華経』を所依とするが、それにとどまらず、『妙法蓮華経文句』等の注釈書、教相判断釈、『維摩経』に依拠すると思われる図像がある。また「提婆達多品」の裟竭羅龍宮の場面には金翅鳥が龍をくらう図像があり、古代以来の女人成仏思想や『海龍王経』とも関連するのではないかと考えられる。一方、禅宗的なモティーフや宋代の世俗的モティーフの導入も見られ、鎌倉時代末期における新たな規範への依拠の様相が指摘できる。

はじめに

小論は、本法寺蔵「法華経曼荼羅図」（以下、本作）に描かれた龍を啄む金翅鳥や韋駄天などの図像を主題とし、本作の制作環境を考える一助としようとするものである。

筆者は長く本作の研究を続けているが、こうした図像があることに気づいたのは、科学研究費(1)の助成を得て、二〇一六年に一幅二十分割の高精細画像を撮影し、分担者とともに高精細画像を検討できるようになってからである。二〇一八年三月東京藝術大学大学院美術研究科文化財保存学専攻保存修復日本画研究室・荒井経研究室において出力試作を行い、原寸大出力した二枚継ぎ複製を、おなじく同研究室の御尽力により、二〇一八年十二月二十五日に東京藝術大学美術館陳列館で全幅展示をした。また二〇一九年九月十四日・十五日の二日間にわたって、京都府立大学稲森会館一〇二教室で行われた「本法寺蔵「法華経曼荼羅図」の総合的研究シンポジウ

ム」会場で四幅を展示した。その際、第十二幅の龍を啄む金翅鳥の図像が阿部泰郎と平澤キャロラインの目を引き、複製を前にディスカッションが行われた。原寸大複製によってもやや判別が難しかったが、平澤の指摘によって初めて血を流す龍が認識された。小論は、平澤の指摘と、二〇二一年八月二十八日に行われた本法寺蔵「法華経曼荼羅図」に関するオンライン研究会の筆者発表、科研分担者らとのディスカッションにより得られた知見に基づくものである。

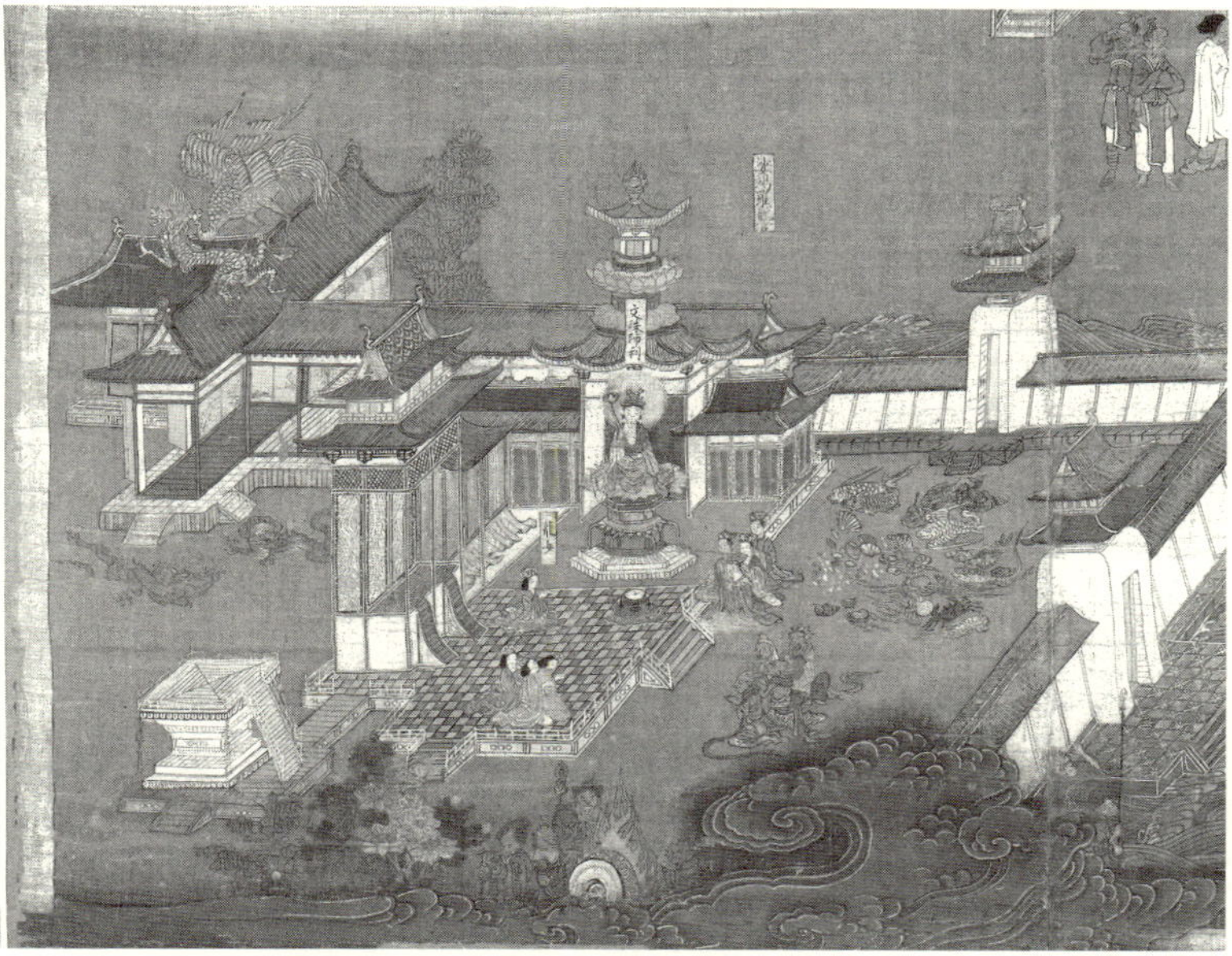
図1　本作第十二幅「提婆達多品」（部分）（長松山本法寺蔵）

一、龍女と金翅鳥

第十二幅には、「提婆達多品」の国王給仕（阿私仙給仕）と龍女成仏の内容が複雑に描かれている。画面の最下辺右側が国王給仕（阿私仙給仕）、左側が裟竭羅龍宮で龍女が文殊の講説を受ける龍女成仏中の場面となっている。講説をうけるのは龍女だけでない。不思議な形状の魚のほかに、ホタテやハマグリのような二枚貝、サザエやアワビのような巻貝、エビ、カニ、タコまでもが聴聞に訪れている（図1）。

唱導の大家・澄憲が文永七年（一二七〇）に草した法華経品釈『花文集』第三「提婆品」に、龍宮における文殊師利の講説に対して「霊亀龍畜動足、螺貝魚鼈振鱗。ハマクリワレカラカモシヲニスカリ、摩竭大魚陵高波、勇進」(2)とある記述を彷彿とさせる。

その場面の左側に家屋があり、屋根の上に大きな金翅鳥と白い龍が描かれている。金翅鳥の脚は白龍の右後脚を押さえ、嘴は白龍の首あたりに喰らいついている。白龍は首と左後脚のあたりから血を流している。家屋の下の地面には体色が緑色の龍と青色の龍が二匹横たわっている。爪を立て、のたうち回っているかのように見える。左側の緑色の龍は血を流しているようである。右側の青色の龍には白い髭のようなものが描かれており、雌雄の別を示しているのかもしれない。

まずはこの図像の典拠をさぐるために、先行作例や文献を検討する。

図2　「玉虫厨子模像須弥座部背面須弥山世界図」（奈良国立博物館蔵）

（1）「玉虫厨子」の龍と金翅鳥

金翅鳥が龍を害する先行図像として名高いのは、「玉虫厨子」須弥壇背面図の最下辺に描かれたものであろう（**図2**）。龍を嘴に銜え、三つに分かれた前趾（まえあしゆび）で地を掴むかのように二本脚で立つ。宮殿左右の海中に描かれているが、波を表す斜めの線は無く、三田覚之は「翼の起す風力で波を押し分け、龍を捉えた様」とする。[3]

須弥壇背面図の全体構成や須弥山についての所依経典については議論があるが、金翅鳥と龍の図像については、小野玄妙[4]以来、『仏説海龍王経』第四「金翅鳥品第十六」[5]が有力視されている。『仏説海龍王経』（竺法護譯）は、全四巻二十品で二処三会の内容をもつ。この全内容をわかりやすく解説したものとして、中村八洲彦『海龍王経の研究——海龍王寺と「海龍王経」』[6]がある。また、「玉虫厨子」全体のプログラムと関連づけて「行品第一」「授決品第九」「請仏品第十」「女宝授決品第十四」「金翅鳥品第十六」の五品を解説したものとして石田尚豊『聖徳太子と玉虫厨子』[7]がある。「玉虫厨子」須弥壇背面図の画題に関連して三田覚之「玉虫厨子本尊変遷考」[8]にも解説があるので参照されたい。ここでは、「提婆達多品」の龍女成仏との関連において、「女宝授決第十四」と「金翅鳥品第十六」の内容に触れておきたい。

「女宝授決第十四」には、龍王の妻・万龍夫人と娘の宝錦女が登場する。石田尚豊の解釈[9]によれば、「玉虫厨子」須弥座背面最下段の宮殿に描かれた女性二人にあたる。万龍夫人と宝錦女は、珠瓔珞を釈迦に捧げ、「我ら一類」が「無上正真道意」を発したことを賛嘆しあう。ところが、迦葉は「不可以女身得成佛道」と女人成仏を否定する。それに対して、女は「其道心者無男無女」と一蹴する。問答の末、釈迦は龍女たちが成仏すると授決（予言）する。この間の議論に、『法華経』「提婆達多品」に言う「変成男子」の文言は無い。「法供養品第十八」には「転女人身得為男子」[10]の文言があるが、妙楽世界の説明であり、成仏に女性が男性に身を変じる必要性が説かれているわけではない。

「金翅鳥品第十六」は「玉虫厨子」須弥座背面の宮殿左右で、金翅鳥が龍を銜える図像の根拠とされる。内容は以下である。金翅鳥が龍やその妻子を常食する。龍たちは恐れを抱き、釈迦に訴えたところ、釈迦は白い衣を脱いで与え、この衣の一縷でも大海中にあれば金翅鳥は手出しできないであろうという。龍たちは衣を分割してて安穏を得る。釈迦はさらに龍たちに龍身を脱することを授決する。それに対し四金翅鳥は慌ただしく釈迦の前に赴き、なぜ彼らの食を奪うかと申し立てる。それに対して釈迦は、網猟のように無差別大量捕獲すること、兵杖刀矛などの武具を使って他者の財を奪って飲食すること、吝嗇や阿諛追従などによって食を得ること、偽りによって食を得ることは、地獄餓鬼畜生三悪之処に堕ちる所為であるという。金翅鳥は過去を悔い今後正法を擁護することを誓う。釈迦は四金翅鳥が前世に四比丘であった因縁をあかし、弥勒の第一会で得度するであろうと授決する。

（2）『注好選』と『宝物集』の金翅鳥

管見の限りでは、平安時代には、蛇を捉える金翅鳥（迦楼羅）の図像はあるが、金翅鳥と龍に関する説話的内容を含む絵画遺例は見いだすことが出来なかった。ただ、文献では、『注好選』下「龍王ハ鳥難ヲ吟く第十六」[11]に『海龍王経』「金翅鳥品」の前半部分の類話がある。

龍王海底に有りて必ず金翅鳥の畏れ有り　又龍王阿耨達
池に在り　是の池鳥難无し
即ち海底ハ報トシテ［而］其の子金羽鳥ノ為に食は処　龍王
仏に白して言わく　何でか此の難ヲ免れむと
尓時告げて云はく　袈裟の一つ角ノ甲ヲ取りて汝ガ子ノ上ニ
置ケと　時に仏の説ノ如くに之を置く　後

金翅鳥二つノ羽を以ちて扇ぎて大海ヲ乾ホイテ龍ノ子ヲ求むルニ見え不。即ち空しク返ル　此の鳥又迦楼羅と名づく此の鳥の両つの羽ノ広さ三百卅六万里也。神力有り　雄リハ化して天子ト為り　雌リハ化して天女ト為る。住む処ハ宝の宮ニ有り。亦百味有り　然‐而ドモ報トシテ龍ヲ食ス須シ　寿ハ八千才也。龍此ノ骨を得レバ王と為ナル[也]。上ノ文ノ如きは袈裟ヲ着ラム僧ヲ見テハ設ヒ破戒ト雖も之を敬ひ　仏の如くシテ敢て軽‐罵セ不レ　況むや打ち凌ぐ可から不る也

『海龍王経』「金翅鳥品」では白衣であったものが『注好選』では袈裟になっている。また、袈裟を着れば破戒僧であっても敬われることを批判するような内容になっており、貪欲を誡める「金翅鳥品」の内容とは趣旨が異なる。ただ、龍が釈迦にもらった衣服によって難を避けるという構造は同じで、影響関係は明らかであろう。

『宝物集』巻第二(12)にはより簡単に、下記のように触れられる。

畜生道を申さば、残骸の苦、しのびがたし。大象の地にたける、いまだ獅子王の恐をまぬかれず。毒龍ノ海にわだかまる、なお金翅鳥の難をえはなれがたし

(3) 聖衆来迎寺蔵「六道絵」の龍と金翅鳥

金翅鳥に龍が啄まれる図像の鎌倉時代の作例として、聖衆来迎寺蔵「六道絵　畜生道」があげられる(図3)。

加須屋誠は、聖衆来迎寺蔵「六道絵」について、大串純夫が定義したように基本的に『往生要集』絵(13)とするが、畜生道の該当箇所は、『往生要集』の簡略な記述「諸龍衆受三熱苦晝夜無休(14)」を超えており、『長阿含経』巻第十八「世起経閻浮提州品第一(15)」の詳細な記述を踏まえるという。

此閻浮提所有龍王盡有三患。唯阿耨達龍無有三患。云何爲三。一者擧閻浮提所有諸龍。皆被熱風熱沙著身。燒其皮肉及燒骨髓以爲苦惱。唯阿耨達龍無有此患。二者擧閻浮提所有龍宮。惡風暴起吹其宮内。失寶飾衣龍身自現以爲苦惱。唯阿耨達龍王無如是患。三者擧閻浮提所有龍王。各在宮中相娯樂時。金翅大鳥入宮搏撮。或始生方便欲取龍食。諸龍怖懼常懷熱惱。唯阿耨達龍無如此患。若金翅鳥生念欲住即便命終。故名阿耨達阿耨達秦言無惱熱

確かにこの記述と聖衆来迎寺蔵「六道絵　畜生道」の龍王と金翅鳥の描写はよく合致する。背に龍身を負い、背後から吹き付ける熱砂に耐えるかのような龍王と、その右下に宝冠が落ち、着物が脱げ半裸となる龍王が描かれている。また右下の家屋では龍が出産しているところかと見える場面があり、

図3　聖衆来迎寺蔵「六道絵　畜生道」（部分図）
（泉武夫他編『国宝六道絵』（中央公論美術出版、2007年）より引用）

その家屋から金翅鳥が嘴に何かを銜えて飛び出すところが描かれている。奥には左向きに坐る男性と端近で手をつく女性が描かれている。出産を別室で待つかのようである。

また、加須屋は「世起経閻浮提州品第一」のほかに、『法華経』「提婆達多品」に描かれる龍女成仏について言及している。ただ、『法華経』注釈書にすでに「長阿含十八」（「世起経閻浮提州品第一」）の引用があるから、龍の三苦患は、より直接的に『法華経』注釈書や講説によって知られ、図像化された可能性が高いと思われる。

『妙法蓮華経文句』（智顗）巻第二下(16)

阿那婆達多。從池得名。此云無熱。無熱池。長阿含十八云。雪山頂有池。名阿耨達池。

中有五柱堂。從池爲名。龍王常處其中閻浮提諸龍有三患。一熱風熱沙著身。燒皮肉及骨髓以爲苦惱。二悪風暴起吹其宮殿失寶飾衣等。龍身自現以爲苦惱。三諸龍娯樂時。金翅鳥入宮。搏撮始生龍子食之。怖懼熱惱。此池無三患。若鳥起心欲往即便命終。故名無熱惱池也。本住清涼常樂我淨。迹處涼池。觀者三觀妙慧。淨五住之煩喫。免二死之熱沙云云。

『法華義疏』（吉蔵　十二巻）第一(17)

一切諸龍有三種苦。一者風吹熱沙著身身肉爛壞。二者風

吹寶冠衣服悉皆散失龍身露現。心生熱惱。三者諸龍眷屬娛樂之時。金翅鳥入其宮内取眷屬去。心生熱惱

（4）仏伝図中の龍と金翅鳥

持光寺蔵「仏伝図」第五幅には、金翅鳥が龍に食らいつく図像が見られる。この図像は、仏伝にはなく、『賢愚経』「須達起精舎品」(18)の労度差と舎利弗の神通力比べ、『歴代名画記』では「労度叉闘聖変相」と記載される内容に依拠することが関口正之(19)によって指摘されている。同様の図像は、金翅鳥が龍の上に載るというやや簡略化した形で常楽寺蔵「仏伝図」第五幅にもみられる。持光寺蔵本は、水墨画的技法に習熟することから十三世紀末から十四世紀にかけての作例とみられる。本法寺蔵本に見られる、先端が極端に細くなる白雲というモティーフが共通しており、その点でも興味深い作例である。

ただ「仏伝図」中への「労度叉闘聖変相」図像の混入時期や状況に関しては別して考察が必要であり、ここでは、畜生の一類である龍が金翅鳥に喰われる図像が、「法華経絵」にも「仏伝図」にも見られることだけを確認しておきたい。

（5）本作の龍と金翅鳥

本作第十二幅の龍は、必ずしも『佛説長阿含経』や『法華経』注釈書の経文に忠実な絵画化とはいえず、失われるはずの宝飾（宝冠）や衣服は描かれていない。また、本作絵師は、テクストに忠実、初発的な図像を描くというよりも先行図像をとりいれ、おおらかに描く態度が見られるから(20)、『妙法蓮華経文句』に引用された「長阿含十八」□の三苦患をおおまかに三龍として表し、それによって、愛らしい少女の姿で描かれている龍女が実は畜生であることを強調し、さらに龍女の眷属である龍たちも最終的には救済されるのであることを示したとみるべきなのだろう。

ただ、『妙法蓮華経文句』巻第二下は、序品の注釈で、八大龍王を説明する文言である。また「仏伝図」中の「労度叉闘聖変相」図像が「法華経絵」に取り入れられるとすれば、舎利弗の神通力としてであろうから、「提婆達多品」とは結びつかない。龍の苦患が本作の「提婆達多品」の龍女成仏に関係する図像として機能するのは、古代において女人成仏の重要な経典であった『海龍王経』において龍の成仏と女人成仏が説かれ、それが絵画化された先例への連想も関係するとは言えまいか。

飛鳥時代の女人成仏に関連する経典としては『勝鬘経（勝鬘師子吼一乗大方便方広経）』と前出『仏説海龍王経』が知られている。『勝鬘経』は高位の在俗女性が説法を行う内容で、中村元(21)らの指摘するように、推古天皇のためにも重視され

た経典である。聖徳太子撰と伝えられる『法華義疏』（御物）は、女人成仏において重要な「提婆達多品」を含まない『法華経』二十七品に対する疏であるから、『勝鬘経義疏』はその欠を補う。

高木豊[22]は、桜井徳太郎[23]と田村圓澄[24]の所論を引いて、渡来系女性がシャーマン的能力と、漢文仏典読解能力をあわせもつ存在であるがゆえに、日本古代において初の出家者となったとしている。『勝鬘経』は、女性シャーマンの存在が尼僧に置き換わってゆく時代に重視された。ただ、写経や経疏を除けば、「勝鬘経見返絵」（東京国立博物館蔵）や「聖徳太子勝鬘経講讃図」などの鎌倉時代以降の造形例しか遺存しない[25]。『仏説海龍王経』も、天平年間に写経所において間写されたことがわかっているが[26]、中村八洲彦[27]によれば、海難を逃れる祈誓に用いられる以外、重用された形跡が無い。ただ、中村[28]は隅寺・海龍王寺の寺号の由来を考察し、女人成仏の経典として認識されていたのではないかと指摘している。

一方、平安時代以降には、「提婆達多品」を含む『法華経』二十八品による造形は多い[29]。また、『法華経』書写に付随して『転女成仏経』写経が隆盛を見る。西口順子は、『転女成仏経』と『転女身経（仏説転女身経）』とは全く別物で[30]、『転女成仏経』では、以下のように女性の即身成仏が説かれることを明らかにした[31]。

一切の女身、是れ皆な三世の佛母と爲す、辟うれば、大海大地の如し　女身は、此、如来蔵、化に応じて仏身を爲す、万物を蔵すと爲す[32]

如来蔵の思想は、柏木弘雄[33]によれば『勝鬘経』において重視されたものであり、『転女成仏経』はその趣旨をよく受け継ぐ。さらに西口[34]は、この『転女成仏経』の言説が、安居院澄憲（一一二六～一二〇三）の「一切の女人は三世諸仏真実の母[35]」とする説法に影響を与えたことも指摘する。

小峯和明が「悲母の法会唱導[36]」で指摘するように、澄憲は、政争敗者側となって、むしろ父の存在を消さねばならず、さらに寺院社会において非難の対象である妻帯の問題を回避せねばならない政治状況にあった。澄憲にとって母性重視は個人的に特に必要とされたものであろう。さらに、一般化すれば、女人即身成仏に関係するこうした文言は、識字能力と経済力をもつ女性檀越を聴衆とする場合に必要な忖度でもあっただろう。

本作『法華経』「提婆達多品」には、「変成男子」の図像がある。この点について、筆者は叡尊の俗甥であり、門弟でもあった「西大寺流律宗における女人教化における中心的人物[37]」の日浄房惣持が、建長三年（一二五一）『四分律注比丘尼

図4　本作第二幅「方便品」（部分）

戒本』（金沢文庫所蔵）を撰述[38]し、康元元年（一二五六）『転女身経』を開板[39]していることに注目し、本作の制作環境を律宗に求めた。しかし、本作の女人成仏図像の一部に金翅鳥と龍の図像がある背景には、女性の即身成仏を説く『海龍王経』の記憶についても考慮すべきではないだろうか。

例えば渡辺麻里子の研究によれば[40]、叡山文庫法曼院蔵『尊談[41]』「竜女成仏」関係条に、下記のような記述がある。

要集卅三云。問。龍女成仏有何名号。答。纂云。成等正覚即惣号也。有経説号金花如来。海龍王経第三説龍女名宝錦成仏号普見可検文

海龍王経三云。尓時海龍王有女名曰宝錦○告諸比丘此宝錦女○当得作仏名曰普世。如来○世界曰光明。劫曰清浄○仏寿十千劫文

室町時代の関東天台における事例であるが、三大部の教学上の問題点諸説議論を集成した中に、龍女成仏が『海龍王経』の宝錦と関連づけられる記述があることには注意したい。

二、本作の宋代禅宗的要素と民間信仰的要素

（1）韋駄天に似る天部

『法華経』は、三処二会の法会における説法に取材するものである。本作の説法場面には、韋駄天かとみられる天部が複数回登場する。

まず第二幅「方便品」において、舎利弗を対告衆として説法が行われているが、台座から法衣と袖を垂らした如来、蓮華と如意を持つ二菩薩、天部立像四体のほかに、合掌する正面観の一面二臂天部が見られる（**図4**）。

合掌する天部は、頭頂に棒状の突起があり、鞠の部分が渦巻く雲のようにあらわされた特徴的な兜を被る。頭光には火

図5　本作第三幅「譬喩品」（部分）

焔がつく。長い条帛をたらし、サンダル様の沓を履く。着甲・帯刀し、鋸歯状の鰭袖をつける。特徴的な兜は、東大寺戒壇院や興福寺南円堂の「持国天像」にもみられるから、この正面観の天部は四天王中の持国天である可能性がある。この場面に天部は四体見えるが、そのうちの翳のようなものを持つ人物は、実は天部ではなかったものに火焔をもつ頭光が描かれてしまった可能性もある。翳のようなものをもつ人物は左真横を向いており、他の三体とは向きが違うし、如来の左右の右上から左下の斜線上に二体ずつ四天王像が配置されるほうが構図的にもまとまりがよい。

ただ、正面を向き合掌をする天部は、身振りや鋸歯状鰭袖からすれば韋駄天とみてよいだろう。赤外線写真に筆線のずれは見られないから、身振りが描き直されたわけではない。また、この一体のみは正面を向いて合掌しているため、身振りにおいて説法場面から逸脱している。宝棒を持たないことから、若干躊躇されるが、藤田美術館蔵「玄奘三蔵絵」巻十二第六段に登場する韋駄天も鋸歯状鰭袖を着することも証左となりうるだろう。

本作においては、霊鷲山説法場面において、この特徴的な兜の天部が頻出する。

第三幅「譬喩品」においては、如来の左右に菩薩二体、天部が七体描かれるが、そのうちには羅刹のように見える像さえある。七体中、左から二番目に、両手で火焔宝珠を捧げる横向きの天部が描かれている。この天部も着甲・帯刀し、特徴ある兜を被り、サンダル様のものを履く（**図5**）。ただし、肌が白く塗られた「方便品」の像と異なり、壮年に見え、顎髭がある。また、兜上の突起は長く伸び、いったん前方に曲

図6　本作第五幅「薬草喩品」（部分）

がった後、後方に向かう蛇のようで、「方便品」の形状とは異なる。兜の形状や容貌などに異なる点はあり、同一の尊格かどうかは断定できないが、着甲・帯刀、鋸歯状の鰭袖、長い条帛、サンダル様の履き物が共通する。

第五幅「薬草喩品」では、特徴ある兜を被り、着甲、鋸歯状鰭袖の天部ではあるが、右肩に槍状のものを担ぎ、左手を腰にあて、持国天のように見える（図6）。

これ以外の幅においては、特異な兜、合掌、正面観、長い条帛の扱いなどの要素が、如来周辺の天部のパーツとして利用されるに留まる。形状の類似した兜を被り合掌する尊像が、第九幅、第十一幅、第十二幅、第十三幅、第十五幅、第十七幅、第十九幅に見られるが、第九幅では右手に三叉戟、第十五幅では槍状のものを執る。また、第八幅の鋸歯状鰭袖で合掌する尊像は焔髪であり、韋駄天とは言い難い。全幅の尊像を韋駄天とすることは困難であるが、少なくとも第二幅の合掌をする正面観の尊像のみは韋駄天と確定してよいだろう。

（2）韋駄天に似る図像の背景

西谷功は「韋駄天は、南宋江南地域で新たな信仰を集めた護法神の一人で、鎌倉初期日宋の俊芿や泉涌寺僧侶がその信仰や儀礼を請来したとみてよい」という[42]。また、韋駄天に関する訛伝や付会は、「講義や『打集』に参集して宋代戒律を学んだ南都系を中心とする「他門僧」周辺の解釈によって生成され、広がっていったものと考えられる」とも補足する。

本作の韋駄天に似る図像についてはどうか。

筆者としては、護法神としての役割を期待されて描かれたもので、火焔宝珠を捧げる説話的な身振りについては、宋代戒律を学んだ南都系の「他門僧」による訛伝を期待したいところである。ただ、第五幅においては明らかに持国天として描かれている。絵師がその意義を充分に理解して造形したと断定できるほどの要件には欠け、おそらく本作の手本となった作品にあった図像なのであろう。

しかし、本作には他にも宋代の禅宗的モティーフが見られるのである。

図7　本作第十幅「法師品」（部分）

（3）騎牛図

第十幅「法師品」には、三頭の牛が描かれている（**図7**）。黒牛、白牛、褐牛で、褐牛にはつばの広い笠を被り、杖を持った少年が乗っている。「法師品」に特に牛の図が必要ではないから埋め草的表現にしか見えないが、倭絵において騎牛の図が珍しいことに注意を払うべきである。神護寺蔵「山水図屛風」や「一遍聖絵」に野に臥せる牛を見いだすことは出来る。また、多くの絵巻物に牛車、荷車を牽く牛、背に荷を載せる牛は見いだすことが出来る。しかし、管見の限り絵巻物や法華経絵の先行作例において人間が騎乗する牛の図を見いだすことはできなかった。

既に弘安元年（一二七八）奥書の「十牛図巻[43]」が存する以上、「騎牛帰家」の図像が取り込まれたとみてもよいのではないだろうか。牛の形態は似ていないが、少年が尻側に騎乗する様子は似ている。本作の描線は手慣れており、「騎牛帰家」の図像が絵師のレパートリーの中に消化されたといえるのではないだろうか。

（4）摩睺羅

第十六幅「法師功徳品」には、唐宋代の七夕縁起物の摩睺羅人形を思わせるモティーフがある（**図8**）。

池の蓮に手を伸ばす童子が二人描かれている。童子の一人

図8　本作第十六幅「法師功徳品」（部分）

は上半身が裸で一見、浄土の化生童子のように見える。「法師功徳品」には、六根清浄になると様々な声を聞き分けることが出来るという功徳が描かれているため、蓮池の場面も、童子声を聞き分けることができる功徳を示すのかもしれないが、蓮の葉を左手で支えて帽子のように被っていることに注目したい。泉万里が、[44] 大阪・四天王寺蔵「扇面法華経」巻一第六扇と関連づけて、神護寺蔵「山水屏風」の第二第三扇に描かれた釣殿の場面を詳しく論じている中に、高橋盛孝と小林太一郎の所論を引いて、蓮の葉とそれを翳す身振りは、宋代以来、七夕の日に子を得るまじないとして用いる人形・摩睺羅[45]の持物であり、身振りであると指摘している。

蓮池には、白鷺や鴛鴦《おしどり》、家鴨《あひる》のような鳥のつがいが見られる。家鴨のような、としたが、かなり大きな鳥として描かれている点と嘴の上にコブのようにも見えるものがあるところから鵞鳥にも見え判断に迷う。鵞鳥は、仏教的な造形において、梵天の乗物などとしてよく知られるし、日本で家鴨が家畜化されたのは江戸時代以降であろうとされる。[46] 従って鵞鳥のほうが当時の絵師にはなじみやすいモティーフであろう。ただ、嘴の幅が広く、首が短い点が鵞鳥とは異なると判断した。また、この場面の世俗的な子孫繁栄祈願にはむしろ仏教的モティーフは相応しくないように思われるからである。

図9　本作第四幅「信解品」（部分）

摩睺羅人形に似た身振り、つまり蓮の葉を翳す身振りは、十二世紀に制作された四天王寺蔵「扇面法華経」に見られるから、特に新奇というわけではない。「法華経絵」における伝統とみるべきかもしれない。ただ、身振りの類似だけではなく、上半身裸体の童子であり、化生童子とも人形ともつかぬものが描かれていることに注意したい。むしろ仏教的とは言えない俗なる乞子儀礼の図像と習合しているのではないだろうか。

（５）外来種の犬

第四幅「信解品」の長者の邸宅には、在来種ではない犬が見られる。長者の獅子座の左下の白い犬で（図９）、耳が細長く垂れている。尾の形状は蔀戸に隠されておりわからない。犬は地面ではなく基壇の上におり、外飼いではなさそうである。前脚が逞しすぎ、胸部も発達して獅子のようにも見えるが、長者の富裕を示すために、内飼いにする珍しい犬を描いたのだろう。一方、第五幅、第十九幅に見られる犬は外飼いで、耳はやや垂れ気味ではあるものの細長くはなく、在来種と思われる。中国の宮中で飼われた垂耳の犬として知られるのは、「天山」印をもつ南宋時代制作の個人蔵「犬図」[47]のモデル・狩猟犬サルーキがある。日本においても元亨元年（一三二一）三月二十六日に、新渡の唐犬が花園上皇に獻じられた事例[48]があり、新奇な唐犬を賞翫する実例がなかったとは言えない。ただ、本作の絵師がそのような珍種の犬を見たわけではなく、本作の手本となった作例に珍種の、絵師の理解を超える犬が描かれており、それに対処した写し崩れである可能性が高いように思われる。

おわりに

以上より、本作の制作環境に関する推測を以下のようにまとめたい。

一つは、古代以来の女人成仏思想絵画化の記憶を反映する部分があることから、本作は畿内の、ある程度絵手本に恵まれた環境で制作されたと推測したい。

本作には、二〇〇四年の拙論[49]において既に指摘したように、鎌倉時代における忍性ら律僧の活動を反映する図像が見られる。さらに、龍女と金翅鳥・龍が関連づけて表現されることの意義の背景に、女人成仏思想の長い伝統があることを指摘できるのではないかと考える。

その一方で、禅宗的なモティーフや唐代以来の世俗的モティーフの導入が見られる。これらのモティーフについては、将来画の同時代的、直模的表現とは言い切れず、既にある程度前代に消化され、絵師のレパートリーの一部になっていた可能性がある。ただ、水墨画技法を含めて、これらの外来範例導入に積極的な環境であることは確かだろう。今後、「仏伝図」、「聖徳太子絵伝」、「涅槃変相図」などの説話的表現をもつ作例との比較によって、より制作環境を明確にすることを課題としたい。

注

（1）日本学術振興会　二〇一六年度～二〇一九年度科学研究費助成事業（科学研究費補助金）「基盤研究（B）［富山・本法寺蔵「法華経曼荼羅図」の総合的研究］」二〇一六年～二〇一九年度　分担者ほか詳細は下記。https://kaken.nii.ac.jp/ja/grant/KAKENHI-PROJECT-16H03374/

（2）国文学資料館編『真福寺善本叢刊第一期第二巻　法華経古注釈集』（臨川書店、二〇〇〇年）二〇・四二四頁。

（3）三田覚之「玉虫厨子本尊変遷考」（林温編『仏教美術論集3　図像学II――イメージの成立と伝承（浄土教・説話画）』竹林舎、二〇一四年）五四頁。

（4）①小野玄妙『大乗仏教芸術史の研究』（大雄閣販売部、一九二七年、復刻版：開明書店、一九七七年）一一四―一一七頁、②林良一「玉虫厨子」解説『奈良六大寺大観第五巻　法隆寺五』（岩波書店、一九七一年）。

（5）『大正大蔵経』（以下、大正蔵）十五巻五九八、一五一頁上段六行～十五行。

（6）中村八洲彦『海龍王経の研究――海龍王寺と［海龍王経］』（私家版、一九九八年）二二―二六頁。

（7）石田尚豊『聖徳太子と玉虫厨子』（東京美術、一九九八年）七〇―七六頁。

（8）三田前掲書五三―五六頁。三田は、須弥壇背面図について、内藤藤一郎の『世起経』説もとりあげ、須弥山の造形には『起世経』『起世因本経』の記述を重視すべきとするが、海中の宮殿については『海龍王経』を重視している。

（9）前掲注7石田七三―七四頁。

（10）『大正蔵』一五巻五九八、一五三頁上段十六行。

（11）釈文は東寺貴重資料刊行会『古代説話集　注好選　原本影

印忸釈文』(東京美術、一九八三年)影印七二—七三頁、釈文一五七頁による。今野達校注「注好選」(『新日本古典文学大系』三一、岩波書店、一九九七年)三二五—三二六頁も参照。

(12) 読み下しは、小泉弘他校注『新日本古典文学大系40 宝物集 閑居友 比良山古人霊託』(岩波書店、一九九三年)七一頁。

(13) 泉武夫・加須屋誠・山本聡美『国宝六道絵』(中央公論美術出版、二〇〇七年)二二六頁。

(14) 『大正蔵』八四巻二六八二、三七頁下段十二行。

(15) 『大正蔵』一巻一、一一七頁上段三行~十三行。

(16) 『大正蔵』三四巻一七一八、二四頁下段十八行~二十八行。

(17) 『大正蔵』三四巻一七二一、四六五頁上段二九行~中段四行、「孔雀経音義(『大正蔵』六一巻二二四四、七七五頁上段十行~十四行にほぼ同文あり。

(18) 『大正蔵』四巻二〇二、四二〇頁420上段三行~四行。

(19) 関口正之「尾道市持光寺所蔵釈迦八相図について(二)」(『美術研究』三一九号、一九八二年)。

(20) 鴈野加世子「本法寺蔵《法華経曼荼羅図》の絵師に関する試論」(『仏教芸術』第七号、二〇二一年)。

(21) 中村元『現代語訳大乗仏典3『維摩経』『勝鬘経』』(東京書籍、二〇〇三年)八〇頁。

(22) 高木豊『仏教史の中の女人』(平凡社、一九八八年)四三頁。

(23) 『日本のシャマニズムの研究』下(吉川弘文館、一九八八年)。

(24) 『古代朝鮮仏教と日本仏教』(吉川弘文館、一九八〇年)。

(25) 東京大学史料編纂所のデータベース検索では、『鎌倉遺文』弘安八年(一二八五)三月十五日と奥書のある大阪道明寺安置「勝鬘経」と、延慶二年(一三〇九)六月八日奥書の円成寺の勝鬘経が比丘尼定によって納置されたことが該当する。

(26) 大阪公立大学文学研究科 SHADA 写経所文書データベース https://www.lit.osaka-cu.ac.jp/new-departure/shada/

(27) 中村八洲彦『海龍王経の研究――海龍王寺と「海龍王経」』(私家版、一九九八年)一二四—一三二頁。祈雨の所依経典であったことは否定している。

(28) 前掲注23、一三二—一三七頁。

(29) 奈良時代に『法華経』「提婆達多品」が女人成仏と関連づけられていなかったことについては、①曽根正人「『法華滅罪之寺』と提婆品信仰」(『史正』一二、一九八二年)。②勝浦令子「法華滅罪之寺と洛陽安国寺法華道場」(『史論』四六、一九九三年、同『日本古代の僧尼と社会』(吉川弘文館、二〇〇〇年)第十章)。また、勝浦は称徳天皇による『宝星陀羅尼経』間写の重要性を分析した。③勝浦令子「孝謙・称徳天皇による『寶星陀羅尼経』受容の特質」(同『日本古代の僧尼と社会』吉川弘文館、二〇〇〇年)。

(30) ①西口順子「『転女身経』と『転女成仏経』」(『尼寺文書調査の成果を基盤とした日本の女性と仏教の総合研究』平成十四年~十七年度科学研究費補助金 基盤研究(B)研究成果報告書、二〇〇六年)、②同「講演『転女成仏経』攷」(日本仏教綜合研究学会『日本仏教綜合研究』八、二〇〇九年)、③同「『転女成仏経』について」(佐野みどり・加須屋誠・藤原重雄編『中世絵画のマトリックスII』(青簡舎、二〇一四年、①を増補改訂)。

(31) 竺沙雅章によれば『転女成仏経』の「汝思念之説」「或供養是経受持法師」等の文言は日本的文体で、偽経の可能性が高いという。前掲注30①。
（32）釈文は前掲注30③による。
（33）柏木弘雄『勝鬘夫人のさとり―『勝鬘経』を読む―新・興福寺仏教文化講座2』（春秋社、一九九七年）一二九頁および第七章。
（34）前掲注30③。
（35）『図書寮叢刊 九条家本 玉葉』第八巻（明治書院、二〇〇二年）一四五頁。
（36）小峯和明「澄憲をめぐる」（『岩波講座日本文学と仏教9・古典文学と仏教』（岩波書店、一九九五年、同『中世法会文芸論』笠間書院、二〇〇九年）。
（37）①細川涼一訳注『東洋文庫八〇三・関東往還記』（平凡社、二〇一一年）二四頁。②同「西琳寺惣持と尼」（『シリーズ女性と仏教2 救いと教え』（平凡社、一九八九年）参照。
（38）『金沢文庫資料全書』第五巻戒律（一）（神奈川県立金沢文庫、一九八一年）六五一―一一六頁。
（39）『寧楽刊経史』（内外出版社、一九二三年）、『大屋徳城著作選集8』として復刊（国書刊行会、一九八七年）一八九・一九〇頁。
（40）渡辺氏の御教示による。藤平寛田・渡辺麻里子「[翻刻]叡山文庫法曼院蔵『尊談』「竜女成仏」関係条」（渡辺麻里子『中世における天台論議書関係資料』（科学研究費補助金（基盤研究C）研究成果報告書、弘前大学人文学部、二〇一三年）三八三頁。
（41）渡辺麻里子「『尊談』の諸本および題目について：〈付〉翻刻・叡山文庫真如蔵『尊談目録』」（『日本仏教綜合研究』三巻、二〇〇五年）。
（42）西谷功「韋駄天説話の源流と変容――唐宋代の諸伝承と律学受講の場を視点に」（高橋悠介編『宗教芸能としての能楽』アジア遊学二六五、勉誠出版、二〇二二年）。
（43）真保亨「新出の弘安本十牛図巻」（『佛教藝術』九六、毎日新聞社、一九七四年）。
（44）泉万里「神護寺山水屏風の秋――絹代と七夕」（東京国立博物館『MUSEUM』六三八、二〇一二年）。
（45）七夕習俗と蓮池については以下。
①高橋盛孝「摩睺羅考」（『関西大学研究論集』八・文学哲学編、一九三八年）、②小林太市郎「七夕と摩睺羅考」（『支那仏教史学』第四巻三号・四号、一九四〇・四一年）、③諸橋轍次『大漢和辞典』第五巻三六六頁（一九五五年、大修館、二〇〇〇年）、④柳田聖山「無着道忠の学問」（『禅学研究』五五巻、一九六六年）花園大学国際禅学研究所http://iriz.hanazono.ac.jp/newhomepage/muchaku_report/index.htm、⑤小南一郎『西王母と七夕伝承』（平凡社、一九九一年）、⑥宮崎法子「花鳥画の役割と意味――藻草図、蓮池水禽図、草虫図に見る寓意を中心に」（東京国立文化財研究所『美術研究』三六三・三六四、一九九六年、同『中国絵画の内と外』中央公論美術出版、二〇二〇年）、⑦平林章仁『七夕と相撲の古代史』（白水社、一九九八年）。
（46）『日本大百科全書』家鴨項（小学館、一九八四年）。
（47）大和文華館『いぬねこ彩々』（二〇二三年）二八頁参照。
（48）東京大学史料編纂所のデータベース検索によれば、綱文五編九〇五冊、六六六頁。
（49）拙稿「富山・本法寺蔵『法華経曼荼羅』の図像解釈と勧進僧浄信」（『京都美学美術史学』三号、二〇〇四年）。改稿し拙著『富山・本法寺蔵「法華経曼荼羅図」の研究』（法藏館、二〇一六年）に所収。

※ホームページ閲覧日はすべて二〇二五年二月十日。

謝辞　一九九〇年に富山県立大学工学部に赴任して教養教育教員として本作の研究を続けてきたが、二〇〇五年の「北陸の説話画」科研において筆者の厚かましい共同研究の申し出を太田昌子先生が受けて下さったことによって研究が大きく進展した。その後、二〇〇七年からは、佐野みどり先生の「中世寺社縁起絵の総合的研究」「大画面説話画の総合研究」科研に参加させていただいて視野が広げられた。また仏教における女性の役割に眼を啓かせてくださったのは、西口順子先生と岡佳子先生の二〇〇六年からの「日本の宗教とジェンダーに関する国際総合研究――尼寺調査の成果を基礎として」科研である。誤謬の責はすべて筆者にあるが、導いてくださった先生方の学恩に別して感謝申し上げる。

本法寺蔵「法華経曼荼羅図」薬草喩品第五における救済のモチーフ

小林直樹

こばやし・なおき——大阪公立大学文学研究科教授。専門は日本中世文学、説話文学。主な著書に『中世説話集とその基盤』（和泉書院、二〇〇四年）、『無住と遁世僧の伝承世界』（塙書房、二〇二五年）、論文に「『三国伝記』の弥勒説話と持戒——修験・律・禅を結ぶ」（『国語と国文学』一〇二—三、二〇二五年）などがある。

本法寺本「法華経曼荼羅図」薬草喩品第五の図像のうち、従来その意味が十分に理解されて来なかった二つの図像（「白象と刑吏」「鹿と武士と毘沙門天」）の背後に想定される物語を読み解くことで、両図像こそが薬草喩品の精神の中核部分の絵画化であることを明らかにする。

はじめに

本法寺本「法華経曼荼羅図」薬草喩品第五の図像を、かつて太田昌子氏は次のように読み解いている[1]（**図1**の太田氏による描き起こし図も参照）。

上段中央の釈迦説法とそれをめぐって配されている六場面④⑤⑧⑪⑫⑬は、いずれも後生によいところに生まれ変わるなど善行や山林修行といった望ましい状態を描いている場面である。下段の右上には雷鳴を轟かす黒雲の下に慈雨を受けて育つ草木や人びとの姿が山と渓流のめぐる理想郷のような風景の中に描かれている。残りの右下から左半分には無数の人を救済⑭したり、無量光により救済する大樹⑮、そして瑞雲の漂う裕福な生活を営む大邸宅③などの場面が取り巻いている。

前幅に続いてここにも法華経に記述のない二つの場面⑯⑰が目立つ位置に描き込まれている。第十六場面では、右から攻め寄る武装した一行のうち先頭の人物が落馬している。理不尽な武士の自滅するさまとの解釈もある。第十七場面は山野での鹿狩りのさま。動物を殺傷する狩猟者などは殺生戒を犯した罪により、死後は畜生道に堕ちると考えられていた。武士や狩猟を生業とするもの存《ママ》在自体が既に罪深いものとして位置づけられていたから彼等は、逆に救済を強く求めることにもなった。しかし全体が慈雨のもとに描かれているのを見ると、彼らもまた救済される存在として描かれていることは間違いない。
（傍線引用者、以下同様）

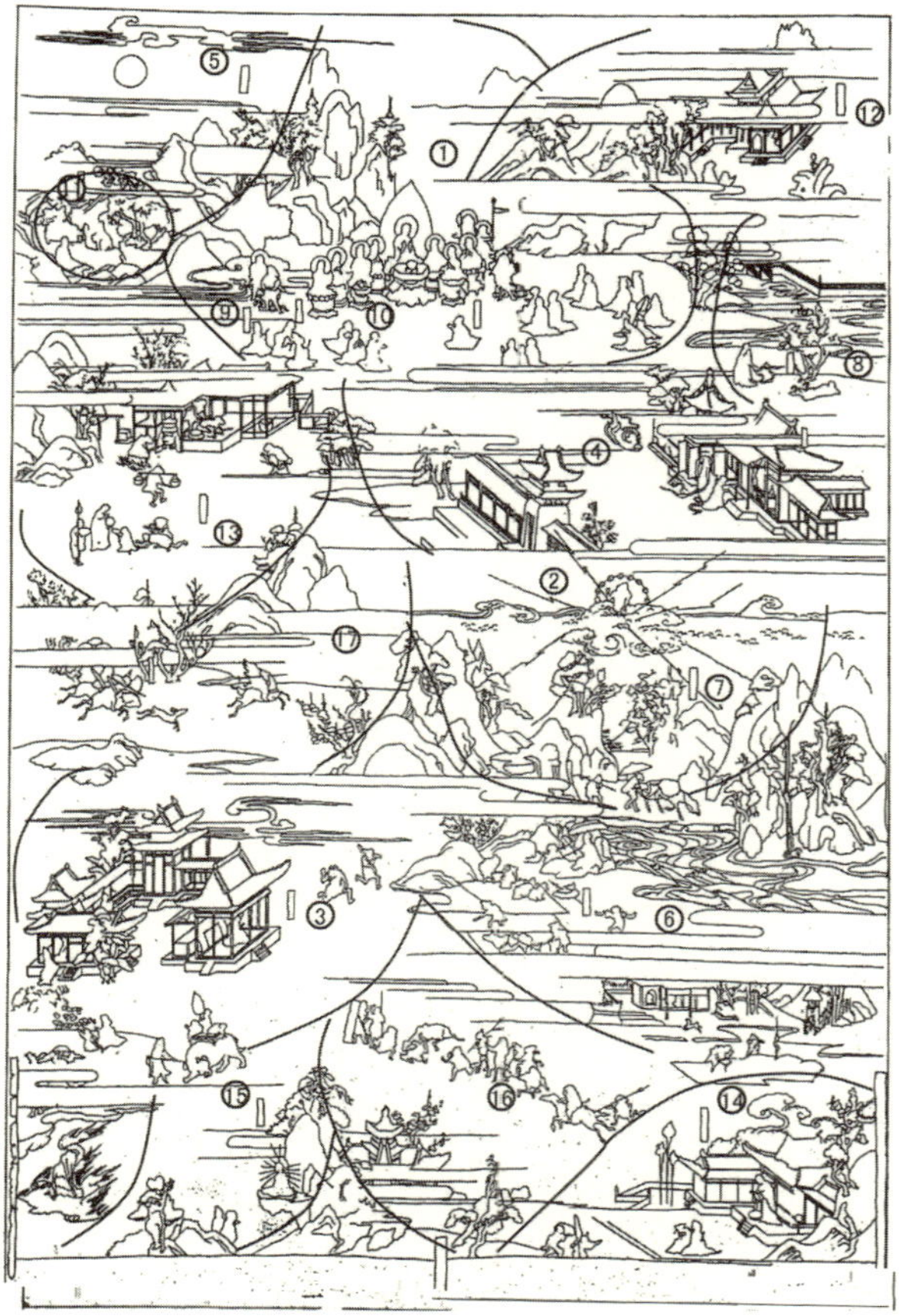

図1　第五幅　薬草喩品画面構成図（太田昌子「本法寺の法華経曼荼羅を読み解く」より）

太田氏はさらに「経文には該当する記述が見当らない場面」について、「いわば「イメージ先行」とでも呼べる興味深い箇所」だとして、上記薬草喩品の二場面を含む全六幅の該当場面に対し次のように言及している。

これらからは大きく二つのトーンが響いてくるように思える。ひとつは声聞、縁覚への励ましとそこからさらに一乗を目標とするべきというもの、もうひとつは、武士、狩人、そして女性といった本源的に罪深いとされていた存在に対して救済の道が開けているというもの。こうした法華経本文にはない「イメージ先行」部分には、図像が制作された時代の切実な願望を読み取れるのではないだろうか。

本稿では、本法寺本「法華経曼荼羅図」薬草喩品第五に「法華経に記述のない二つの場面⑯⑰が目立つ位置に描き込まれている」背景について考察することで、本図に描かれる「本源的に罪深いとされていた存在

図2　第16場面「白象と刑吏」

に対して」「彼らもまた救済される存在として描かれていること」や、さらには当該場面が薬草喩品第五に不可欠の図像であることを明らかにしたい。

一、白象と刑吏――第一六場面の検討

本節では、太田氏の描き起こし図で場面⑯とされる図像を検討する。本図をめぐっては、その後、原口志津子氏が次のように分析を加えている。[2]

> なお、補筆補彩に関連していえば、第五幅「妙法蓮華経薬草喩品第五」には、もう一つ読み取りがたい図像がある。首枷を持つ男を先頭にした集団の図像である。飯田日亮『法華経二十八品画曼荼羅説明書』には「(中下)軍兵を寄せて怨を付す者は環て馬より落て死する等なり」とある。法華宗では、おそらく、日蓮御書「聖人御難事」弘安二年十月一日に、「大田親昌　長崎次郎兵衛ノ尉時綱　大進房が落馬は法華経の罰のあらわるゝか」と触れられる熱原法難などが想起されているものと思われる。
>
> しかし、先頭の男性が持つ楯状のものは、楯ではなく、補筆補彩されているが、明らかにもとは首枷を描いていたものである。落馬した男に駆け寄る者もいれば、むし

ろ背を向け、嘲弄するかのような身振りをする者、指さす者もいる。むしろ本図には、応報に関するなんらかの説話が描かれていたが、修復の際、前掲の鹿の首辺と同様、その内容が理解されず、首枷が楯に描き改められたのではないのだろうか。

男が手にする楯状のものが本来、首枷であったとの原口氏の指摘は重要である。その意味するところは、場面⑯をその左側に描かれる白象の図（太田氏は場面③に含めて考える）と一体のものとして捉えることによって明らかになるのではなかろうか（**図2**参照）。

実は、上記の場面の背景にはある仏教説話の存在が示唆されるように思われる。それは天台三大部六十巻の一つ、湛然述『止観補行伝弘決』巻一之一に収められる以下の説話である。本話は『摩訶止観』巻一上の「昔王不レ立二厩於寺一、立二厩於屠一。況好世値レ聖、寧無レ益耶」（大正新脩大蔵経第四六巻1b）の本文に注されたものである。

如昔華氏国有二一白象一。気力勇健能滅二怨敵一。若有二罪人一令二象踏殺一。後時象厩為レ火所レ焼。移在二異処一近二一精舎一。有二一比丘一。誦二法句偈一曰、「為レ善生レ天、為レ悪入レ淵」。心便柔和起二慈悲意一。後付二罪人一但覩而不レ害、嗅舐而已。王見二斯事一心大惶怖。召二諸智臣一共謀二此事一。時有二一臣一。即白レ王言、「此象繫処近二精舎辺一必聞二妙法一。是故爾耳。今可レ令三繫近二於屠坊一。彼覩二殺害一悪心当レ盛」。王聞二其言一繫二象屠所一。象見二殺戮一悪心猛熾、残害増甚。以レ是当レ知。衆生之類其性不定。畜生尚乃聞レ法生レ慈見レ悪為レ害。況復人乎。而不三染習近二善知識一。

（大正新脩大蔵経第四六巻147a）

（如昔、華氏国に一の白象有り。気力勇健にして能く怨敵を滅す。若し罪人有らば、象をして踏み殺さしむ。後事に象の厩《きさや》火の為に焼かる。移して異処に在るに、一の精舎に近し。一の比丘有り。法句の偈を誦して曰く、「善を為せば天に生まれ、悪を為せば淵に入る」と。心便ち柔和にして慈悲の意を起こす。後に罪人を付するに、但覩て害せず、嗅《か》ぎ舐《ねぶ》るのみ。王斯《こ》の事を見て、心大いに惶怖す。諸の智臣を召して、共に此の事を謀る。時に一の臣有り。即ち王に白して言さく、「此の象の繫げる所、精舎の辺に近ければ、必ず妙法を聞かん。是の故に爾るのみ。今繫ぐに屠坊に近からしむべし。彼殺害を覩て、悪心当に盛んなるべし」と。王は其の言を聞きて、象を屠所に繫ぐ。象殺戮を見て、悪心猛熾にして、残害増《ますます》甚だし。是を以て当に知るべし。衆生の類、其の性不定なり。畜生尚乃ち法を聞きて慈を生じ、悪を見て害を為す。況んや復た人をや。而るに染習して善知識に近づかざらんや。）

むかし華氏国に罪人を殺害する任に当たっていた「白象」がいた。たまたま厩舎が火事で焼けたため、象を精舎近くに一時退避させた。すると、象は比丘が「法句偈」を誦するのを聞いて慈悲心を発し、以降罪人を殺せなくなってしまう。危機感をいだいた国王が智臣に相談すると、象を屠所の近くに繋げば再び凶暴化するであろうと教えられる。その通りにしたところ、果たして象は再び罪人の殺害を行うようになった。「畜生尚乃ち法を聞きて慈を生じ、悪を見て害を為す。況んや復た人をや」と「善知識に近づ」くことの大切さを説こうとする文脈で用いられている説話である。

本話は平安時代に成立し、『今昔物語集』の出典としても知られる『注好選』(3)下巻第八話にも認められる。

大王の酔象は踵《きびす》を舐《ねぶ》りて害せず第八

昔、大王、天下の国の中に不善の犯人《ぼんにん》有れば、酔象を放ち任す。即ち大象、目を赤め口を開きて犯人を踏み殺し、一人をも生さず。之に因りて国の〔第〕一の財《たから》と為す。隣国の敵《かたき》の人、之を聞きて輙《たやす》く来らず。即ち象の厩《きざや》、火の為に焼かる。暫く厩を造る程、僧房の辺に繋ぎて一夜を経たり。房主法花経を誦す。象之を聞く。即ち其の明くる日、数十人の犯者を禁《いまし》めて、酔象を将《ゐ》て来りて放ち任す。象伏し昆《まろ》むで尾を揺《ふる》ひ、犯人の踵《きびす》を舐《ねぶ》りて一人も害せず。王大きに驚き奇みて云はく、「吾が尊ぶ所は是汝なり。汝に依りて国内に犯人少し。隣の敵も来らず。若し此の象是の如くは、何の怙《たのみ》か有らむや」と。即ち智臣奏して云はく、「今夜僧房の辺に在りしが故に、慈悲の心を発せるなり。復屠の辺に遣りて、一夜を経て試みたまふべし」と。時に上の件の如くして、其の明くる日犯人に向ふに、牙を噛み口を開きて、疾く来りて員《かず》の如く踏み殺す。況むや人の心をや。

『注好選』では全体にわたり細部の叙述が肉付けされているが、象は「大象」とされ「白象」とは語られない一方、象が耳にする経文が「法句偈」から「法華経」に変じている点が注目される。『注好選』には三大部六十巻を中心とする天台系説話の濃厚な投影が認められ、それらの説話は法華講経のごとき場を一旦経過している可能性が高いと推定される(4)。ここで経文が「法句偈」から「法華経」に語り変えられたのもそのためであろう

ちなみに本話は、『今昔物語集』巻四第十八話、『私聚百因縁集』巻三第二話に同文的同話が、『金言類聚抄』巻二三に同話（「僧祇律云」の出典注記あり）が認められるほか、『法苑珠林』、『衆経要集金蔵論』（『義楚六帖』所引）などの中国仏教

類書にも収載されており、著名な説話であったとおぼしい。が、とりわけ注意すべきは、本話が法華経の解釈活動にゆかり深い説話であったと考えられる点である。実際、本話は天正十三年（一五八五）に書写された、法華直談の因縁を集めた日光天海蔵『直談因縁集』(5) 序品（巻一第三三話）にも認められる。

一、於テ二知識一ニ、三種・四種ノ知識、有之一。其ノ中、同行知識ニ付テ、値トモ悪象一ニ、不可値悪知識ニ云事、有本拠一。天竺ニ、像王ト云悪王アリ。象ヲ引。此象、心タケクシテ、常ニ人ヲ踏殺ス也。有時、象王ノ家、焼失スル時、辺ニ坊室有之一。彼所ニ且クツナキ玉フ。而、此坊主、慈悲柔和也。而、此象モ任運ト心カ劣弱ニシテ、人ヲフミ殺事、無之一。其ノ後、象王、此象ヲ見玉フニ、心モヤワラカニ成。時、王、瞋テ云ク。象ヲ司事ハ、心モタケクシテ、悪キ人ヲモフミ殺セン（ママ）為也。而、無益一云云。此後、吾所ニ司玉フニ、如本一成ト云云。去程、善友倶ナヘハ能也。悪友親近スレハ悪事也云云。サレハ、登ル二玉楼一ニ者ハ自受ル二勝用ノ光一ヲ。入蘭林一ニ者ハ自ラ染ニ芬芳一ニ。値善知識一事モ如此一云ヘリ云云。

ここでも傍線部のように、人間は「善友」と共にあればよくなり、「悪友」に近づけば悪くなるという、環境に影響されやすい存在であることから、善知識に出会うことの大切さを説く文脈で本話は使用されているのである。

話題をもとに戻すと、白象の図像を含む場面⑯の背景には本話の存在を想定することができるのではなかろうか。首枷を持つ男以下の集団は武士ではなく、刑吏の類と考えられよう。白象が右方向を振り返って威嚇する対象は、刑吏の集団の中でもとりわけ落馬している男であると認められる。男の前方には弓が放り出されており、弓の弦は切断されているようにも見えるから、落馬前、男は白象に弓を射かけようとしていたものであろう。一方、白象の上の少女の一人は象をなだめ、もう一人の少女は左方向を指さして、刑吏の集団から離れることを象に促している。前記の説話が理解の前提として踏まえられているとすれば、もともと刑吏の所有であった白象は、ここに少女という新しい所有者、いわば「善友」を得たことにより、「悪友」である刑吏の手から逃れようとしている場面と読み取れよう。刑吏の集団はそれを阻止しようとして一人が白象に弓を射かけるも、いままさに失敗に帰そうとしているところなのである。白象の今後については、殺生と無縁な安穏な暮らしが保証されることが示唆されていよう。一方、刑吏についても、殺戮のための刑具である白象を失うことにより、結果的に今後はやはり無用な殺生を犯さず

図3　第17場面「鹿と武士と毘沙門天」

に済むとの含意が示されているのではなかろうか。

先述のように『止観補行伝弘決』に収載される本話は法華経世界にゆかりの説話であり、本法寺本「法華経曼荼羅図」の制作者や享受者にとっては周知の話柄であったと思われる。本話を前提とする上記のような図像理解は十分に成り立ち得るのではなかろうか。

二、鹿と武士と毘沙門天
――第十七場面の検討

本節では太田氏の描き起こし図で場面⑰とされる図像を検討する（**図3**参照）。本図像についてもその後、原口志津子氏が次のように分析を加えている。(6)

> 第五幅「妙法蓮華経薬草喩品第五」には、画面全体の十分の一ほどを費やして鹿狩りの図が描かれている。画面中段左の、明るい黄土色で地面をあらわした鹿狩りの場面はかなり目立つ。飯田日亮『法華経二十八品画曼荼羅説明書』によれば「(左中) 鹿を射る猟師は毀戒殺生地獄の相なり」とあり、畜生道の譬喩と解釈されてきた。
>
> （中略）
>
> ただ、畜生道の表現としては、使役される牛馬や漁労、滋賀県・聖衆来迎寺蔵「六道絵　畜生道幅」の有名な場

面のように、弓で射られる猪の方が一般的ではないだろうか。本作第八幅「妙法蓮華経第八」下辺にも、矢を射かけられ逃げる猪二頭の図像が、阿修羅道の表現と隣り合わせに描かれている。

また、本図では、鹿を狩る騎乗の人物たちの衣装が、震旦風であることにも注目したい。その衣服は色彩豊かで、馬具には金泥も用いられている。かなり補彩があるが、もとの図像は、殺生を生業とする庶民ではなく、楽しみとして、あるいは軍事的な訓練のために狩りを行う階級であることを示している。さらに、本図像が画面下辺ではなく中段におかれること、明るい色彩で描かれていることも、畜生道の図像と読み取ることを躊躇させる。構図上、画面の下辺におかれないことの意味についても考えねばならないだろう。太田昌子の指摘するように、本作の構図において、仏菩薩は圧倒的に上辺におかれる。それに対して、餓鬼道、地獄道、人道中の貧困層はほぼ下辺にあてられている。

ここでは原口氏が、当該図像は一幅における画面位置からして畜生道を描いたものとは思えないということと、鹿を狩る騎乗の人物が震旦風の装いをしていることから殺生を生業とする猟師の類ではなく、娯楽ないし軍事的訓練のために狩りを行う階級（武士）であろうと推定している点が重要である。

原口氏は、さらに、鹿の首付近の補筆補彩や、本図の鹿が九色鹿本生譚や鹿王本生譚を背景とする可能性についても言及するが、本図における鹿はしなやかな肢体から判断して鹿王とは思えず、やはり若い鹿と見做すのが穏当であろう。その鹿が縋るように見つめる前方の白馬に乗る人物は、蓬髪、色黒で三叉戟を構え、後方の二人の射手（武士）を睨みつける。どうやら二人の射手からこの白馬騎乗の人物の姿は見えないらしい。とすれば、この人物は人間ならざるもの、三叉戟を持物とする点から考えれば毘沙門天であろうか。天部の存在の出現位置として画面中段は不自然ではあるまい。毘沙門天の三叉戟は二人の射手に向けられており、その守護の力で鹿の命は射手から守られるはずである。また、毘沙門天はおそらく射手の命を奪うことまではしないであろうから、その行為は射手が殺生を犯すことを未然に防ぐことにもなるであろう。すなわちこの場面には、毘沙門天の霊験により鹿も射手（武士）もともに救済されるという、前節で見た場面⑯と相似した構図を見て取ることができるのではなかろうか。

ちなみに毘沙門天に関しては、永正九年（一五一二）成立の直談系法華経注釈書『法華経鷲林拾葉鈔』(7) 巻二十三普門品第二十五に、観音三十三応身の一つ、毘沙門身をめぐって以下のような興味深い「物語」が語られている。

一、毘沙門身ノ事。毘沙門ハ梵語。此ニハ云二多門一ト。居シテ二須弥ノ東北一ニ、守玉ヘリ二四天下一ヲ。是ヲ護世ノ四王ト云也。有ル人云、毘沙門ノ名ハ胡漢兼称也。毘沙ハ梵語、門ハ漢語也。仏法擁護ノ上首ノ天也。物語云、仏在世ノ昔、召シテ二毘沙門一ヲ勅云、「我カ未来悪世ノ中ニハ四部ノ弟子可レ有レ之。仍テ汝守二護之一、可レ令レ修二仏法一ヲ」。毘沙門ノ云、「持戒ノ僧ニハ可レ守二護之一。破戒ノ僧ハ身臭キ故ニ、難シ二近付一キ。故不レ可二守護一」、被レ申。仏勅シテ云、「持戒ノ僧ヲハ諸天常ニ可レ擁二護之一。不レ可レ限レ汝ニ。故ニ別シテ馮ムレ汝ヲ事、守二護セヨト破戒ノ僧一ヲ」、云云。仏勅厳重ナル故ニ、不レ能レ辞ルニ。「我未来悪世ノ中、破戒ノ僧ヲ可レ守二護之一。戒ニ帰依ン者ヲバ、不レ可レ堕二十八地獄一ニ」、誓玉ヘリ。仏善哉ト称歎シ玉フ也。誠ニ濁世末代ノ今ハ、如レ形仏弟子ノ姿ナレバ、破戒无慚ノ者ヲモ可二守護一ス誓玉ヘリ。難レ有誓願也。

毘沙門天は仏の命により破戒僧を守護するとの誓いを立てたというのである。この伝承について橋本章彦氏は次のように述べている[8]。

ここでは、仏が、破戒の僧をも守護するよう毘沙門天に命じている。もはや仏法維持の為には破戒僧を殺害することさえ厭わない厳格さを和らげ、慈悲を背景にした人間の救済者としての性格を獲得した毘沙門天の姿を確認することができるであろう。少なくとも日本においては、毘沙門天を捉えるとき、その戦闘力だけでなく仏の慈悲力の中にも取り込んでいく思考が働いたのである。

実際、『拾遺往生伝』下巻第五話には娘を妻とした順源という破戒僧が毘沙門天の導きで極楽に往生する話が語られている[9]。このような破戒僧をも守護するという「慈悲を背景にした人間の救済者としての性格を獲得した毘沙門天の姿」を場面⑰の背景に置いて考えるとき、毘沙門天が殺生を犯す破戒の武士をも救済するというモチーフは十分に成り立ち得るのではなかろうか。また、毘沙門天が武士の信仰対象となりやすい点からも、場面⑰に毘沙門天が現れることは自然な展開と言えよう。

さらに本法寺本「法華経曼荼羅図」の制作主体と考えられる「勧進僧浄信」が、原口志津子氏の推定するように律僧であったとするなら[10]、こうした戒の問題に関心を持つことも容易に想像される。本作よりも時代が下るが、室町前期の成立で、やはり成立環境に法華直談や律僧の関与が想定される説話集『三国伝記』[11]にも、南山律の祖道宣律師のもとを「毘沙門天王」の「第三ノ御子」「韋駄天」が訪れ、「南閻浮提ハ人ノ心放逸ニシテ、戒ヲ破リ悪ヲ作ル事多ケレドモ、又善心発シテ易《（ママ）》シ。故ニ哀テ護ル。若シ一善ヲ行ズルヲ見ル時ハ、万過ヲトガメズ」と語る説話が収められている（巻六第二十九話「終南山道宣律師事」）。毘沙門天もその子とされる韋駄天(13)も破戒者には寛容であるとの認識が持たれていたのである。

最後に付言するなら、最近、箕浦尚美氏によって紹介された(14)元暦元年（一一八四）書写の平安時代の法華経注釈書、金剛寺蔵『能生諸仏経釈』薬草喩品の末尾部分には、法華経を読誦する若い僧を毘沙門天が鬼から救うという、『大日本国法華経験記』巻中（第五十七話）に基づく霊験譚を記している。本話は薬草喩品の「現世安穏」の文言に関わって引証されており、薬草喩品の経文から毘沙門霊験譚が想起される事例として場面⑰の図像理解の支援材料となろう。

三、薬草喩品における救済のモチーフ

ここまで、場面⑯と場面⑰について、それぞれ白象と刑吏（場面⑯）、鹿と武士（場面⑰）のいずれもが、殺生の被害者にも加害者にもなることなく、両者がともに救済されるというモチーフが示されているものと読み解いてきた。この両場面、本稿冒頭に触れたように、太田氏は「経文には該当する記述が見当らない場面」とするが、あえて関連する法華経本文を求めるとすれば、薬草喩品の以下の部分が該当するのではなかろうか。

貴賤上下　持戒毀戒
　貴賤・上下と　持戒・毀戒と
威儀具足　及不具足
　威儀具足せると　及び具足せざると
正見邪見　利根鈍根
　正見・邪見と　利根・鈍根とに
等雨法雨　而無懈倦
　等しく法雨を雨《ふ》らして　しかも懈倦《けけん》なし
一切衆生　聞我法者
　一切衆生にして　わが法を聞くものは
随力所受　住於諸地
　力の受くる所に随って　諸の地に住するなり(15)
（大正新脩大蔵経第九巻20ａ）

ここでは、「持戒」「威儀具足せる」者や「正見」「利根」の者だけでなく、「毀戒」「威儀具足せざる」者や「邪見」「鈍根」なる者にも法の雨は平等に注がれ、それぞれの機根に応じて果実を得ることができるのだと説かれる。いわば薬草喩品の精神の中核部分が表出されている箇所であると言えよう。場面⑯⑰が上記経文を背景に持つものとすれば、当該場面が

ものとなろう。

「目立つ位置に描き込まれている」現象も十分に納得できる

おわりに

本稿は太田氏や原口氏の指摘に導かれるかたちで本法寺本「法華経曼荼羅図」薬草喩品第五における場面⑯⑰の意味を探ってきた。すでに触れたように、法華経の薬草喩品は、仏の教えはすべてのものに慈雨のように等しく注がれ、それぞれの機根に応じて果を実らせるものだと説くが、場面⑯⑰は畜生と破戒者との救済を描く点では薬草喩品の精神が端的に表れた箇所であるとも言え、それゆえ第五幅の「目立つ位置に描き込まれている」と考えることができるのである。

本稿冒頭で引用したように、太田氏は場面⑯⑰を異色としながらも、「しかし全体が慈雨のもとに描かれているのを見ると、彼らもまた救済される存在として描かれていることは間違いない」と述べていた。本稿は、いわばその内実を明らかにしようとしたものであるとも言える。すなわち、刑吏や武士といった「本源的に罪深いとされていた存在」の救済が描かれる場面⑯⑰を得ることにより、本法寺本「法華経曼荼羅図」第五幅は初めて薬草喩品の精神を十全なかたちで絵画化することに成功したのである。

注

(1) 太田昌子「本法寺の法華経曼荼羅を読み解く――巨大掛幅のなかで共鳴し合う礼拝像と物語場面」(『芸術学 学報』第一七号、二〇一一年)。

(2) 原口志津子『富山・本法寺蔵 法華経曼荼羅図の研究』(法藏館、二〇一六年)第二部第二章「『法華経』の注釈書、仏伝、『維摩経』等に基づく図像」(初出は二〇一〇年)。

(3) 新日本古典文学大系の訓読による。

(4) 小林直樹『中世説話集とその基盤』(和泉書院、二〇〇四年)第三部第二章「法華経をめぐる説話と『注好選』」(初出は一九九三年)。

(5) 廣田哲通・阿部泰郎・田中貴子・小林直樹・近本謙介『日光天海蔵 直談因縁集 翻刻と索引』(和泉書院、一九九八年)による。引用に際し、片仮名小字を大字に改めた。

(6) 注2原口氏前掲書。

(7) 臨川書店刊の慶安三年版本影印による。引用に際し表記等、私に整えた。

(8) 橋本章彦『毘沙門天――日本的展開の諸相』(岩田書院、二〇〇八年)第一章第一節「中国における毘沙門天信仰――『大正新脩大蔵経』史伝部にみる毘沙門天信仰」。

(9) 注8橋本氏前掲書。

(10) 注2原口氏前掲書第三部第一章「勧進僧浄信」(初出は一九九一年)。

(11) 注4小林前掲書第二部第一章「『三国伝記』の成立基盤――法華直談の世界との交渉」(初出は一九八九年)、小林直樹『無住と遁世僧の伝承世界』(塙書房、二〇二五年)第二部第二章「『三国伝記』と禅律僧――「行」を志向する説話集」(初出は二〇二一年)、牧野和夫「『三国伝記』生成の前夜——琵琶湖東の宗教的環境の一端〈倍山と常陸・出羽・濃尾〉」(小助川元太・橋本正俊編『室町前期の文化・社会・宗教——『三国伝記』を読みとく』〔アジア遊学二六三〕勉誠社、二〇二一年)、他。

(12) 古典資料所収の国会図書館蔵写本の影印による。引用に際し表記等、私に整えた。

(13) 韋駄天を毘沙門天の子とする伝承が成立する背景については、西谷功「韋駄天説話の源流と変容——唐代末の諸伝承と律学受講の場を視点に」(高橋悠介編『宗教芸能としての能楽』〔アジア遊学二六五〕勉誠社、二〇二二年)参照。

(14) 箕浦尚美「金剛寺蔵『能生諸仏経釈』に見る平安後期の法華経講説」(『説話文学研究』第五四号、二〇一九年)、箕浦尚美編『天野山金剛寺善本叢書 第二期 第四巻 要文・経釈』(勉誠出版、二〇一八年)。

(15) 岩波文庫の訓読による。

本法寺蔵「法華経曼荼羅図」における絵画化されるテクストの位相

本井牧子

本法寺蔵「法華経曼荼羅図」は、法華経を逐語的に絵画化する作品であるが、法華経本文に対応のみえない図像が含まれていることも知られている。本稿では、本法寺本に描かれた場面の分析を通じて、法華経注釈や法会の場を経由してやわらげられたテクストが参照された可能性を考えてみたい。

もとい・まきこ――京都府立大学文学部日本・中国文化学科教授。専門は日本文学（宗教文芸）。主な論文に「『釈迦堂縁起』とその結構」（『國語國文』八六巻五号、二〇一七年五月）、「佉羅陀山の地蔵――『大山寺縁起』の絵をよむ」（木俣元一・近本謙介編『宗教遺産テクスト学の創成』勉誠社、二〇二二年）、「常謹『地蔵菩薩応験記』絵巻とその周辺――真福寺蔵絵詞を中心として」（『日本文学研究ジャーナル』二八号、二〇二四年三月）などがある。

本法寺所蔵の「法華経曼荼羅図」（以下、本法寺本）は、二十二幅からなる大部の法華経絵である。その広大な画面には、法華経にもとづく場面が濃密に描写されており、法華経変相のなかでも圧倒的な情報量を誇っている。経巻の見返絵や規模の小さな法華経絵などの限られたスペースでは、描かれる場面は限定的にならざるをえず、その結果、法華経本文そのものにもとづく、ある程度定型化された場面選択、画面構成となることが多い。しかしながら、法華経一乃至二品の内容を一幅に絵画化した本法寺本では、既存の法華経絵にはみられない場面も散見する。さらに、そこで絵画化されるのが経文そのものに限らないことについては、すでに先行研究でさまざまに指摘されている。そこで、本稿では、本法寺本において絵画化されるテクストが、どのような位相に属するものなのかを、あらためてかんがえてみることとしたい。

一、法華経の本文

本法寺本の拠りところとなる中核的なテクストが法華経の経文それ自体であることはいうまでもない。場面によって程

表

長行	偈頌
世尊。爾時窮子。傭賃展轉。遇到父舍。住立[A]門側。遙見[B]其父。踞師子床。寶机承足。諸婆羅門。刹利。居士。皆恭敬圍繞。以眞珠瓔珞。價直千萬。莊嚴其身。[C]吏民僮僕。手執白拂。侍立左右。[D]覆以寶帳。垂諸華旛。香水灑地。散衆名華。羅列寶物。出内取與。有如是等。種種嚴飾。威德特尊。(中略)	傭賃展轉　遂至父舍 爾時長者　於其門内 施大寶帳　[A]處師子座 眷屬圍遶　諸人侍衛 或有計算　金銀寶物 出内財産　[E]注記券疏 (中略)
[F]即遣傍人。急追將還。爾時使者。疾走往捉。[G]窮子驚愕。稱怨大喚。我不相犯。何爲見捉。使者執之愈急。強牽將還。于時窮子。自念無罪。而被囚執。此必定死。轉更惶怖。悶絶躄地。父遙見之。而語使言。不須此人。勿強將來。[H]以冷水灑面。令得醒悟。莫復與語。所以者何。父知其子。志意下劣。自知豪貴。爲子所難。審知是子。而以方便。不語他人。云是我子。使者語之。我今放汝。隨意所趣。窮子歡喜。得未曾有。從地而起。[I]往至貧里。以求衣食。	[F]即勅使者　追捉將來 [G]窮子驚喚　迷悶躄地 是人執我　必當見殺 何用衣食　使我至此 長者知子　愚癡狹劣 不信我言　不信是父
爾時長者。將欲誘引其子。而設方便。[J]密遣二人。形色憔悴。無威德者。汝可詣彼。徐語窮子。此有作處。倍與汝直。窮子若許。將來使作。若言欲何所作。便可語之。雇汝除糞。[K']我等二人。亦共汝作。時二使人。即求窮子。既已得之。具陳上事。	即以方便　[J]更遣餘人 眇目矬陋　無威德者 汝可語之　云當相雇 除諸糞穢　倍與汝價
爾時窮子。先取其價。[K]尋與除糞。其父見子。愍而怪之。又以他日。[L]於窓牖中。遙見子身。羸痩憔悴。糞土塵坌。汚穢不淨。即脱瓔珞。細軟上服。嚴飾之具。[M]更著麁弊。垢膩之衣。塵土坌身。右手執持。除糞之器。状有所畏。語諸作人。汝等勤作。勿得懈息。以方便故。得近其子。	窮子聞之　歡喜隨來 [K]爲除糞穢　淨諸房舍 [L]長者於牖　常見其子 念子愚劣　樂爲鄙事 [M]於是長者　著弊垢衣 執除糞器　往到子所 方便附近(3)

度の差はあるが、本法寺本は基本的に経文を忠実に絵画化することが知られている。まずは、第四幅「妙法蓮華経信解品第四」（以下、本法寺本の幅は品名のみ示す）の長者窮子の譬喩をとりあげて、絵画化の具体相を確認することからはじめたい。この部分については、原口志津子氏による詳細な場面比定が備わり、経文の内容が時間的経過にしたがって逐語的に描かれていることが指摘されている。(1)ここでは、さらに細部にも着目して、経文との密着度の高さを確認してみたい。

長者窮子の譬喩は、家を出て他国を放浪した息子を見つけた長者が、実父と気づかずに長者の威勢を畏れる息子を雇い、下賤な仕事からはじめて、漸次財産の管理などを委ね、ついにはすべての財産を譲ったという内容で、仏を長者に、子を声聞等に喩えたものである。ここでは、特に絵とテクストの関連が密接な、父子の再会場面と、逃げ出した息子を追わせて雇い入れる場面とを取り上げる。前ページの**表**に法華経の長行と対応する偈頌とを二段に分けて示し、本法寺本が絵画化する部分に傍線を引いてアルファベットを付した。本法寺本の短冊形に記された墨書（短冊墨書）に対応する部分は□で囲った。[2] あわせて本法寺本の図中にも、対応するアルファベットを示した。

図1　本法寺蔵「法華経曼荼羅図」第四幅「妙法蓮華経信解品第四」

　本法寺本に門とみられる建物の一部が描かれているのは、窮子は絵画化されていないが、窮子が門の側から父を見るA「住立門側。遙見其父」を受けたものであろう（図版省略）。父の姿の描写（**図1**）としては、文字通り獅子の支える師子座と宝机（B「踞師子床。寶机承足」）、左右に白払を持って侍す二人の人物（C「吏民僮僕。手執白拂。侍立左右」）が対応する。D「覆以寶帳」についても、師子座の階下に、床まで長く垂れる帳が、開かれて柱に括りつけられた状態で描かれている。長者の財産を管理する人々については、宝帳をめぐらされた建物の中で机上に巻子を広げて筆を持つ人物が、E「注記券疏」を絵画化したものとみられる。

　窮子が父の威勢に圧倒されて逃げ出すと、それに気づいた父が後を追わせる（**図2**）。F使者が逃げる窮子に走り寄って捉え、G強引に連れ戻し、H恐怖で気を失った窮子の顔面に水を注ぐ場面が、異時同図法により描かれる。二人がかりで連行されている窮子の口は大きく開かれており、大声で叫んでいる（G「大喚」）ことが示されている。長者は息子の心がいまだ下劣であることを悟り、息子を解放する。息子は喜んで貧里に行き、衣食を乞う。息子が建物の入口に立つ女性から食を受け取る場面（**図3**）は、解放された息子が乞食するI「往至貧里。以求衣食」にあたるものとかんがえてよいであろう。長者の邸宅と対照的な簡素な建物は、そこが「貧里」であることを示す。

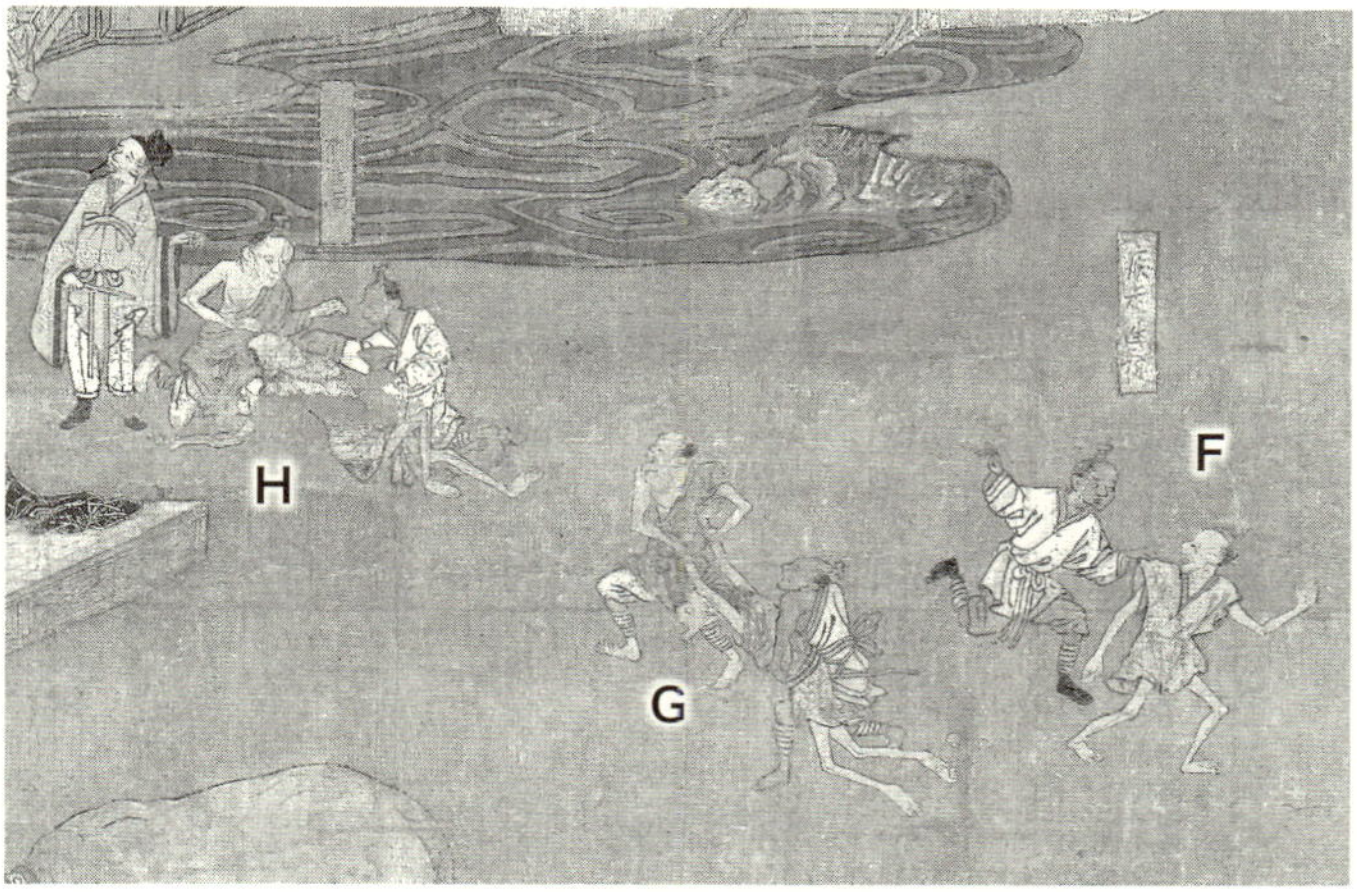

図2　本法寺蔵「法華経曼荼羅図」第四幅「妙法蓮華経信解品第四」

図3　本法寺蔵「法華経曼荼羅図」第四幅「妙法蓮華経信解品第四」

ついで長者は方便をめぐらして、密かに息子のもとに人を遣わす。遣わされたのはJ「無威徳者」二人で、それぞれ「眇目」、「矬陋」であったとされる。「眇目」は「眇目者視不正。説文一目少也」（『妙法蓮華經玄賛』[4]）とあるように、斜視や隻眼のことで、妙一記念館本仮名書き法華経では「すかめ」という訓が付されている[5]。「矬陋」は背丈が低く醜陋であることで、仮名書き法華経では「ひきにつたなく」と訓を付す。本法寺本に描かれる二人のうち、一人はあきらかに身長の低い人物として描かれており、「矬陋」に対応する。現状では確認できないが、もう一人も「眇目」として描かれていた可能性が高い。この二人に共に働くことを勧誘され（K'「我等二人。亦共汝作」）、窮子は長者宅で除糞の作業に従事することになるが、K除糞の場面（**図4**）においても、この二人はJと同じ特徴を備えた人物として描かれており、K'のことばどおりに共に働いていることが表現されている。窓から息子を見た長者は（L「於窓牖中。遙見子身」）、息子と同じ除糞人に身をやつして息子に近づく。画中では、長者はこれまでとは異なった丈の短い衣を着しており（M「更著麁弊。垢膩之衣」）、右手に除糞の道具を持った（「右手執持。除糞之器」）姿で描かれる。

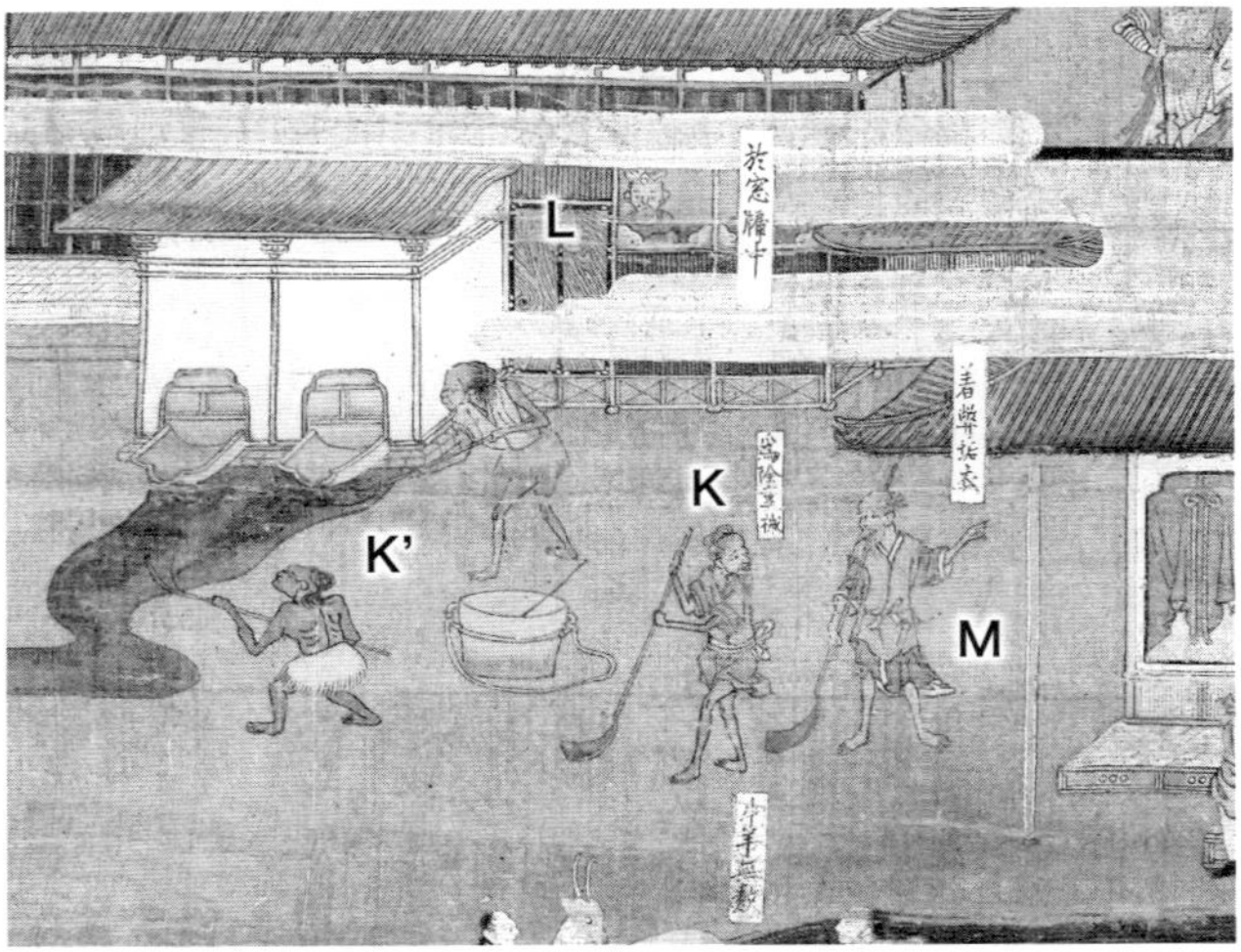

図4　本法寺蔵「法華経曼荼羅図」第四幅「妙法蓮華経信解品第四」

　以上のように、長者窮子の場面にかんしては、本法寺本の絵と法華経の経文とがきわめて密接で、人物の容貌や持ち物、身ぶり、建物といった細部にいたるまで、まさに逐語的に絵画化されていることがみてとれる。本法寺本がそれを描き込むだけの画面の大きさを有しており、それに分量的に比肩しうる現存作例が確認されていないという事情があるとはいえ、本法寺本の絵画化の密度は、他の法華経絵とは次元が異なるように思われる。例えば、先にみたJ「密遣二人」についても、それが「眇目」「矬陋」の二人として絵画化される例は管見に入っていない。立本寺蔵「金字宝塔曼荼羅」巻二には「密遣二人形色憔悴」の経文のもとに、窮子の両脇に二人の人物が描かれているが、外見的特徴を描き分けようとする意識はうかがえない(6)。本法寺本は、経文の語句や文に沿って逐語的に絵画化しようとしている点で、他の現存作例とは一線を画するものとかんがえられる。絵画化の際には、法華経の経典本文そのものが、何らかのかたちで参照されていたであろう。

　このように経典の文句を逐語的に絵画化しようとする本法

寺本の姿勢は、法華経注釈における入文解釈の姿勢と通底するともかんがえられる。例えば智顗『妙法蓮華経文句』（以下『法華文句』）では、本法寺本で絵画化された語句についても、悉く解釈が施されている。先にみた「眇目矬陋」についても、「「眇目」是偏空。「矬」者竪短、不窮實相之源。「陋」者横狭、無摩訶衍衆善荘嚴也」というように、それが喩えるところが釈されている(7)。

もちろん、『法華文句』の随文解釈においてほとんどの語句に注釈が付されている以上、対応がみられるのはある意味当然であり、逆に「以眞珠瓔珞。價直千萬。荘嚴其身」など、絵画化が可能でありながら、本法寺本に相当するものがみられない例もあるなど、完全に徹底されているものではない。しかし、経文を文や語句のレベルで忠実に絵画化する意識の根底には、それらが注釈されるべき文句であるという認識が横たわっているように思われる。本法寺本における絵画化という営為は、絵による入文解釈の一還とみることも可能ではないだろうか。

二、経文のやわらげ

一方、法華経の経文の内容を描きながらも、経文からは離れた絵画化がなされている例も散見する。稿者はかつて、第十二幅「提婆達多品」の仙人給仕の場面において、仙人が王を杖で打ち据える姿で絵画化されることについて、経釈との重なりを指摘したことがある(8)。提婆達多の前生である仙人は、法華経本文においてその人となりを語る文言はないにもかかわらず、『草案集』や『花文集』といった経釈においては、理不尽なことばと打擲により王を責めさいなむ悪辣な人物として語られていた。本法寺本にみられる王を打ち据える仙人は、そういった人物造形にもとづく絵画化であると推測される。「法会をはじめとする、さまざま「場」において、口頭をもって為された経典の講説(9)」を反映した経釈のテクストにおいては、経文の内容は潤色され、ときにはあらたな伝承をも取り込んで展開する。唱導の場でやわらげられた法華経テクストもまた、本法寺本のもとづいたテクストのなかに存在したことが推測されるのである。

ここで注目されるのが、経釈のようなやわらげられたテクストの絵画化においても、本法寺本がその表現に沿って絵画化している可能性である。仙人による打擲の場面においては、地面に籠と薪が描かれているが、この籠と薪は、異時同図法で描かれた菜摘みと薪拾いの場面に対応する。経釈の流れを汲むテクストに依拠すると推測される『注好選』中巻「調達は大王を苦しむ第三」では(10)、仙人が蕨と薪にたいして難癖をつけ、王を責める様子が、「岳ノ蕨無トテレ味、以レ拳ヲ叩レ頭、林ノ薪有レ煙、以レ楉ヲ吒《サイナム》レ脛《ハキ》ヲ」(11)と表現されており、本法寺本の籠と薪と対応をみせている。仙人の具体的なことばや振る舞いは、法会の場でさまざまなバリエーションをもって語られたことが推測される。ある段階で経釈や説草として書きとどめられた特定のテクストが、本法寺本制作時に参照され、潤色された表現の部分も含めて、形象化されている可能性もあるのではないだろうか。

図5　本法寺蔵「法華経曼荼羅図」第十二幅「妙法蓮華経提婆達多品第十二」

そのようにかんがえると、本法寺本が、経典本文では短く描写されるだけの場面に大きくスペースを割いている部分にも、背後に何らかのテクストが想定できるように思う。例えば、仙人給仕場面に隣接して、王が城を出る場面が描かれているが、経文には記載のない、妃や臣下らが嘆き悲しむ様子が濃やかに描き込まれている(**図5**)。特に、王を追う幼い童子が臣下とみられる男性に抱きとめられている場面は印象的である。経文には「捐捨國位。委政太子」と太子の存在は記されているものの、これ以上の具体的な描写はないにもかかわらず、本法寺本は父の後を追う王子の姿を絵画化する。父子の別れを具体的に描いたテクストにもとづく可能性もあろう。本法寺本に合致するテクストを特定することはできていないが、『草案集』においても、この場面が、経文を離れて語られていることは示唆的である。王の出城に際しては、まず臣下たちの嘆きが語られ、ついで妃が王を引き留めるためにことばを尽くす様子が対句を駆使して描写される。その後、王が妃を振り切って出て行く場面を、対句がわかりやすいように適宜改行して示す。

理ヲ責メ詞ヲ尽シテ留メ給ヒシカトモ、トソカウソトアイシラウモノナラハ、事悪シカラメト思シ食シテ、会釈無シニ立チ出テ給フ時、事ノヲロヲロナルニコソ、モノモ恥カシウ、人モツツマシウ候ヒケレ、
錦ノ帳ヲオシサケ、
玉ノスタレヲウチ上ケテ、
雲客並ヒ、
冠巾子ツツキ居ル中ニ、
面ヲヨコサマニ走リ出テテ、
左ノ手ニハ大王ノ御袖ヲ引カヘ、
右ノ手ニハ別離ノ涙ヲ抑ヘテ、
公タニモ実ニ山林ニ迷ヒ坐サハ、我モ王宮ニ留マラシ。何ナル苔ノ中、岩ノハサマナリトモ、相ヒ列ネテコソサマヨヒ、
何ナル雲ノ奥、霞ノ底ナリトモ、一リハイカカタトラセタテマツラムト泣ク。
シタイタテマツリテ、南殿ノ庭ノホトハカチヨリハタシニテアヨウタマウシカトモ、大王ハフリキテ、スカシナクサメタテマツテ、仙人ト只二人カイツレテ、既ニ仙洞ニ入リ給ヒヌ。(12)

ここでは人目もはばからずに外へ走り出て、王の袖にすがり、裸足で後を追う妃の姿が具体的に描写されている（傍線部）。本法寺本で建物の外まで王を追うのは、妃ではなく王子であるが、出家に際して嘆き引き留めようとする肉親という構図は一致する。提婆品のこの場面を講ずる際には、王宮の嘆きを語ることが常套だったのではないだろうか。

このことは、ほかの法華経絵の例からもうかがえる。本興寺蔵「法華経曼荼羅図」第三幅の当該場面においては、妃とみられる女性と、王子とみられる幼子が、王の両脇に描かれている（**図6**）(13)。妃は右手で王の袖を捉え、左袖を顔にあてるという、『草案集』の「左ノ手ニハ大王ノ御袖ヲ引カヘ、右ノ手ニハ別離ノ涙抑ヘテ」に通じる姿で描かれている。また、王子は父の袖をつかみ、父を見上げて口を開いた姿で絵画化されており、父を引き留めようと訴えかけている様子とみられる。立本寺蔵「法華経宝塔曼荼羅」においても、地面に伏して歎く三人の男性に加えて、王と仙人とを追いかける、臣下とみられる人物が描かれている。(14)このような別れの場面の絵画描写は、講経の場における潤色された語りを彷彿とさせる。

ところで、興味深いのは、このような経文のやわらげが、日本のみならず、敦煌においても行われていた形跡があることである。P二三〇五「妙法蓮華経講経文」は、講唱体の講

経文で、先にとりあげた提婆品の場面に相当する部分が残存している。⒂「大王辞別宮内」につづく部分を引用する。散文は二字下げで適宜改行して示す。

大王臨行　別其慈母　兼及太子臣寮　更与后妃公主
今欲辞違　願垂允許
公主聞兮　苦死留連
慈母見兮　慇懃安撫
后妃悲啼　臣寮失緒
人々交仙人却廻
个々願大王不去
夫人聞言　涙流如雨
抛却粧台起来　捜得髭鬚呪詛
一自為親　幾経寒暑
今朝忽擬生離　天地争交容許
起坐共居長一処　擬定東西大熙難⒃

図6　本興寺蔵「法華経曼荼羅図」第三幅「涌出品〜神力品」（奈良国立博物館『法華経の美術』1979年）より転載）

母や太子、臣下、后妃たちとの別れが描写されるが、特に、夫人が泣きながら部屋から飛び出し、王の髭鬚をつかみながら恨みごとを述べる描写（傍線部）は、『草案集』における妃のそれと通底する。提婆品の出城場面のこのような語り方は、東アジアの唱導文芸においてひとつの定型となっていたのではないだろうか。『草案集』や敦煌の講経文においては、人目をはばからない妃の嘆きが詳述されているが、王子に焦点をあてた変奏もありえたであろう。本法寺本は、そういった語りのテクストにもとづいて絵画化された可能性もあるのではないか。

本法寺本においては、もう一箇所、出家に際しての別れを大きく描いた場面がある。第七幅「化城喩品」の十六王子の出城場面である。提婆品とは異なり、化城喩品では、法華経本文に「諸母涕泣。而随送之」と、王子の母たちが歎きつつ王子を送ることが記されているが、詳細な記述があるわけではない。本法寺本はこの場面もまた、広い空間に丁寧に描く。

この部分に相当する経釈がみられるのが『能生諸仏経釈』

である。『草案集』と同様に対句を凝らした言辞により、法華経本文をやわらげた語りが繰り広げられている。当該部分を適宜改行して示す。法華経本文を引く部分は「　」で括った。

十六王子、小年之当初、
　　幼稚之往時、
父大王被捨、独遊母懐之間、
我等父既成仏給聞、諸子聚首、
　　　兄弟合額語様、
　捨出恨　　荒宮床悄
　成仏給聞喜　生々世々難値云、
捨珍異玩好之具
下十善万乗之台、
各母后申案内、
祖聖王奏子細、
擬詣父大王大通智勝仏之所給時、
祖聖王何様思食《ケム》。
　勿制、罪深、闍夜多比丘事、
恐往勧国荒、譲位誰人。
二人三人佐《モヤト》「可云」、五人七人残有、
一十六人差聚併出事憂《ルサヘ》云々
時母后乳母《トカ》傅《キ》何云何歎。
入後苑翫花還御遅《ハ》胸騒、
出南殿興月夜深程《ニハ》後隔《ナシ》。
一十六人列轅永遠出都、
二八王子並輿幽《カナ》山跡隠《ナハ》、
九重宮荒　萸甫《ノ》風独悲《シミ》
万乗跡絶　蓂荚露空泣。
「諸母涕泣」之泱《ナイリ》　長楽之庭響地
「而随送之」塵　　照陽之殿起煙。
王子階下逾巡《タチモトヲル》　千度顧不出遣、
諸母殿上泣呼《ハフ》　不知恥宛転。
出《ナハ》背母罪深《シ》　悲泣之響泱胸、
留恩愛羇難離　従冥入冥事悲。
進退惟谷《コヽニキハマテ》　去留踟躔
泣泣誘母
渋々《シフヽヽ》許送之。(17)

箕浦尚美氏は、この部分に経文を潤色した表現がみられることを指摘する。(18)本法寺本とのかかわりで特に注目されるのは、法華経本文では語られない、王子たちの葛藤が描写されている点である。経文「諸母涕泣」が、母たちが殿上で泣き叫ぶ（「諸母殿上泣呼《ハフ》」）とやわらげられ、その対として、

図7　本法寺蔵「法華経曼荼羅図」第七幅「妙法蓮華経化城喩品第七」

階のもとで逡巡し、振り返り、出て行くことができずにいる王子の様子「王子階下逾巡《タチモトヲル》」が配されている（傍線部）。本法寺本では、建物内で泣く女性が二人、階の下で侍女を伴って涙を抑える女性が二人描かれており、そのすぐ前には、童子姿の二人の王子が女性たちを振り返る様子が絵画化されている（**図7**）。邸内の女性と階下の女性は異なった衣装の別人として描かれており、王子たちは目の前の女性たちを見ているので、殿上の母と階下の王子が厳密に対とされているわけではないが、母の歎きに後ろ髪を引かれて振り返る王子の姿は「王子階下逾巡《タチモトヲル》」「千度顧不出遣」とよく一致する。この場面の経釈においては、啼泣する母たちだけでなく、仏のもとに向かう王子たちの側にも、恩愛に引かれた葛藤があったというやわらげが、確かに存在したと確認できるのである。

さらに、『能生諸仏経釈』の記述からは、この段の経釈において、出家と肉親の恩愛にまつわる説話が語られたこともうかがえる。王子たちが父のもとへ向かうことを聞いた祖父王の気持ちを推しはかる文言の後、「勿制、罪深、闇夜多比丘事」（二重傍線部）という記述がつづく。ややわかりにくいが、これは講師のことばと、その内容注記が挿入されたものとかんがえられる。祖父王への呼びかけのかたちで、聴衆にたいしても、出家を制することの罪深さを説き、その因縁として「闍夜多比丘事」を語ったということであろう。「闍夜多比丘事」は、『付法蔵因縁伝』を原拠とする説話で、(19)『法苑珠林』巻二十二入道篇第十三引證部に収められていることからも知られるとおり、出家にかかわって語られるものである。闍夜多尊者が前生において長者の息子だった折に、両親は出家を妨げるために結婚させ、生まれた子どもが成長すると、子どもをつかって父の出家を断念させた。『法苑珠林』によりその場面を引用する。

至年六歳我復欲去。父母教兒求抱我脚啼哭而言。父若捨我誰見養活。先當殺兒然後可去。我時見已起愛染心。即語子言。吾爲汝故不復出家。由彼兒故從是以來九十一劫流轉五道未曾得見。今以道眼觀見彼烏。乃是前子。愍其愚癡久處生死。是以微笑。(21)

父の脚にすがり、出家するならば自分を殺してからにしてほしいと泣く子どもにほだされ、長者子は出家を思いとどまる。その子どもは、父の出家を妨げた報いで、烏に生まれ変わっているという。十六王子から出家の決意を聞かされた祖父王にたいして、肉親の出家を制することをいましめる説話として、ふさわしいものといえる。また、出家する父親に追いすがる子どもという構図は、先にみた本法寺本や本興寺本の提婆品の王子の姿とも通じる。さまざまな語りの可能性を内在する本法寺本のありかたがみえてくるように思う。

『能生諸仏経釈』のもととなった講経の場においては、「諸母涕泣。而隨送之」という短い経文にたいして、祖父王の苦悩や母の歎き、王子たちの逡巡という潤色がなされ、さらにはそこに、肉親の出家を制することをいましめる話題も、具体的な因縁をともなって挿話的に加えられていた。本法寺本において、経文の記述が短い、あるいは該当がみられない内容について、紙幅を費やして濃やかに描き込まれた場面というのは、さまざまに潤色を加えつつやわらげられ、ときには派生的に聴衆にむけた説法へと展開するという、講経における語りの濃度に比例するものと推測される。豊かに語られる部分が大きく具体的に描かれるというだけでなく、法会の場においてさまざまな要素を盛り込んだテクストが、制作の際に実際に参照された可能性もかんがえられるのではないだろうか。

もちろん、別れの場面というのは、きわめて定型的なものであるから、絵画化の際に具体的なテクストは必須ではないかもしれない。しかしながら、法華経経釈において共有されるイメージというレベル以上に、表現のレベルにおいても、特定のテクストが参照された可能性もまた、かんがえてみたいのである。

三、因縁とそのやわらげ

ここまで、法華経本文の絵画化の例をみてきたが、本法寺本には注釈に相当するテクストを絵画化した部分も散見し、本法寺本の特徴となっている。絵による入文解釈のありかたにも、経典本文を逐語的に絵画化するものだけでなく、注釈の内容を絵画化するという位相のものも認められるのである。第八幅「五百弟子授記品」には教相判釈にかかわる図像があることも指摘されているが[21]、因縁としての説話が絵画化される例も少なくなく、特に、十大弟子因縁は大きな面積を割いて描かれることが注目される（第四幅「信解品」目連、第六幅「授記品」迦葉、第九幅「学無学人記品」阿難・羅睺羅）。ここでは注釈における因縁が絵画化されている例として、迦葉の前縁である金色女説話（第六幅「授記品」）をとりあげたい（「金色女」の称は本法寺本の短冊墨書による）。

結論を先取りすれば、本法寺本の金色女説話にかんしては、法華経注釈の場においてやわらげられた因縁が、表現のレベルにいたるまで忠実に絵画化されている可能性がかんがえられる。天台談義所における法華直談（講義）を記録したテクストに、密接に対応する部分が散見するからである。現在知られている叡海『一乗拾玉抄』（明応二年（一四九三））、尊舜『鷲林拾葉鈔』（永正九年（一五一二））、栄心『法華経直談鈔』（天文十五年（一五四六））といった直談にかかわるテクストは、いずれも本法寺本よりも後に成立したものではあるが、法華直談自体は十四世紀まで遡りうることが、牧野和夫氏により推測されている[22]。また、『百座法談聞書抄』などの経釈において『法華文句』をはじめとする天台三大部所引説話が重視される伝統が、直談にも継承されているという、小林直樹氏の指摘もある[23]。現存の直談テクストが、本法寺本成立時に存在していた注釈類の表現を反映するものである可能性は十分ありえる。このような推測のもと、本法寺本の絵画化の様相をみてゆくこととしたい。

法華経の授記品では、釈迦による四大声聞の授記が語られる。本法寺本は霊鷲山説法図にはじまり、迦葉、須菩提、迦旃延、目連の四人が未来世において成仏するそれぞれの仏国を描き出している。これらの仏国土のありさまは、経文に忠実に逐語的に描かれており、地面の色や池などによって明確にそれとわかるように差別化されている。これにたいして、画面下方には、法華経本文ではなく、『付法蔵因縁伝』を原拠とする迦葉の前生譚が描かれている[24]。

この説話が法華経と結びつくのは、『法華文句』序品の注釈において、「摩訶迦葉」の語を注するなかで引かれることに淵源する。(25)『法華文句』所引の十大弟子の因縁は、法華経本文で十大弟子が列挙される序品に集中するが、それが別の品の注釈において引かれることも珍しくなかった。本話にかんしても、『法華経直談鈔』授記品で「取レ夫、迦葉尊者成仏シテ其ノ名ヲ可レシト号二ス光明如来一ト授記シ給フ事ハ一」として引用されており、「故ニ未来成仏ノ時モ可レ名二光明如来一ト授記シ給フ也。是ハ因縁ノ釈ノ心也」と結ばれている。(26)このことから、本法寺本「授記品」もまた、この説話を、迦葉成仏時の光明如来という仏名にたいする入文解釈の一環と位置づけていると推測できる。

こういった因縁は、原拠の経典を離れてさまざまに変奏を遂げ、経典注釈の場のみならず、説話集などにおいても、さまざまなバリエーションをともなって収められていることが知られている。金色女説話もまた、『注好選』中巻第三十一などにも採録されており、講経の場などを通過して豊かに展開したことがうかがわれる。目下のところ、本法寺本と完全に一致する内容のものは見いだせていないが、部分的ながらも逐語的に一致をみせるものがあることは注目に値する。

『鷲林拾葉鈔』は巻二序品二「身ニ有二ル光明一因縁事」の項で、「疏ニ云」として『法華文句』を引用し、つづいて「釈ノ心ハ一」としてそれを再説する。(27)

一　身ニ有二ル光明一因縁事　疏ニ云、付法藏ニ言ク、毘婆尸仏ノ滅後ニ塔像ノ金色欠壊セリ。時ニ有二貧女一匂《コヒ》得テ金珠一倩《ヤトヒテ》レ匠ヲ為レ薄ト。金師歓喜シテ治二瑩コト仏ヲ一畢ヌ。立テレ誓ヲ為二夫婦一。九十一劫、人中天上ニシテ身恒ニ金色ナリ。心恒ニ受クレ楽ヲ。最後ニ託二摩竭提国ノ尼拘律陀婆羅門ノ家ニ一生ス。畏テ二勝テレ王得レコトヲ罪ヲ滅二一ノ耕犁一ヲ。但用二タリ九百九十九ノ雙牛ノ金犁一ヲ文。

釈ノ心ハ、ヒハシ仏ノ滅後ニ有二一人ノ貧女一、A為レ求レ薪登レ山ニ。帰ル時、B折節雨降、C見二道ノ傍ヲ有二壊タル小堂一立寄テ雨宿ス。見ルニ堂舎モ朽傾キ本尊モ雨露ニ被レ侵玉フ故ニ金色ノ像破損セリ。而レハ売レ身ヲ替二金銭一語テ二薄打ニ一奉レ彩二色仏像一ヲ、而シテ夫婦ト成、生々世々契ヲ結ント誓フ。依テ二其ノ功徳一九十一劫ノ間生二富貴家一ニ身具二光明ヲ一也。其貧女ハ今ノ迦葉也。(28)

本法寺本とのかかわりで着目されるのは、原拠の『付法蔵因縁伝』では特に記されない、貧女が仏像を見つけるまでの経緯である。『鷲林拾葉鈔』では、貧女がA山で薪を集めた帰途にB雨に降られ、C雨宿りのために道端の小堂に立ち寄り、そこで風雨におかされて破損した仏像をみつけるとされている（傍線部）。この部分の展開が、本法寺本と一致するの

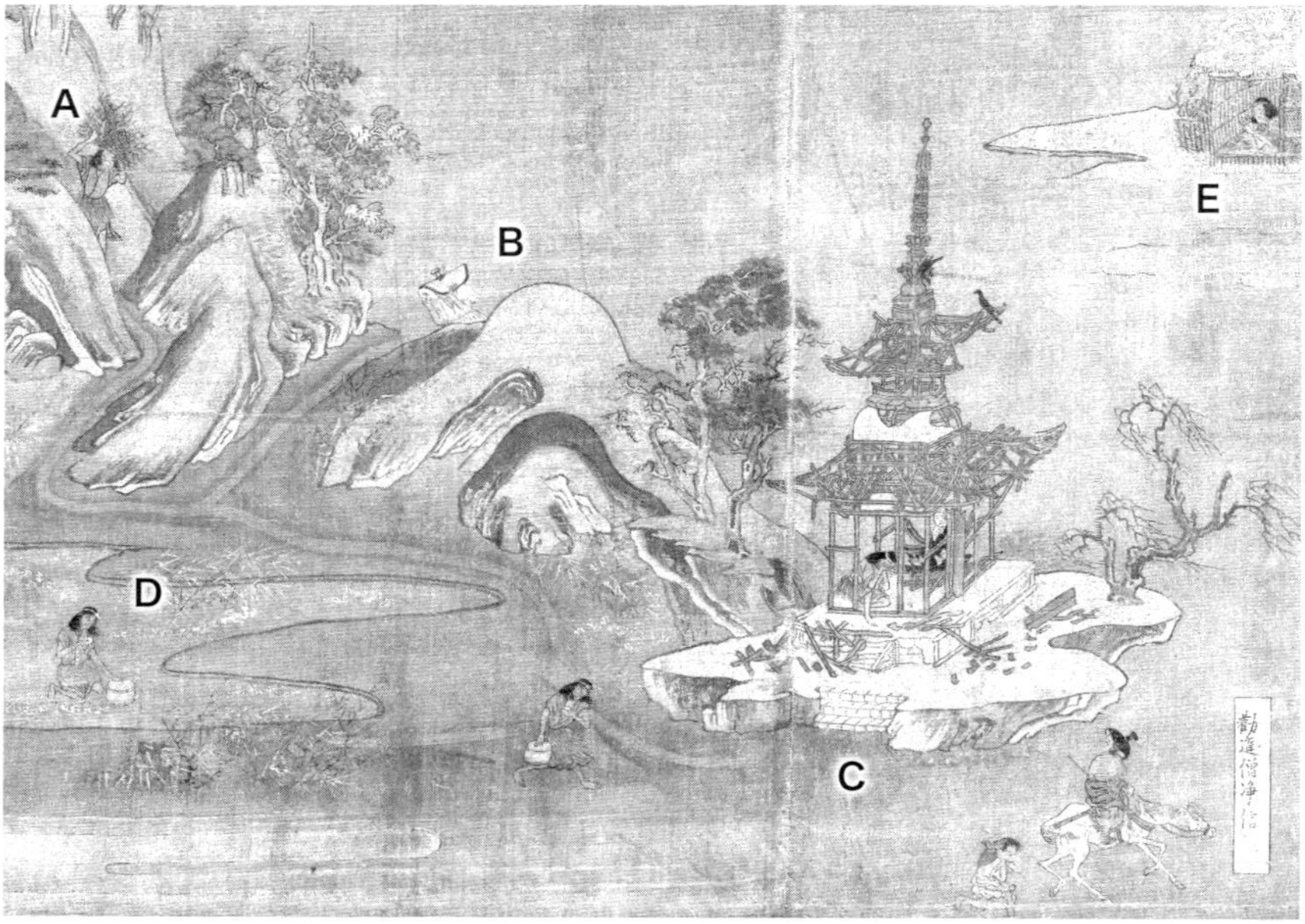

図8　本法寺蔵「法華経曼荼羅図」第六幅「妙法蓮華経授記品第六」

である（図8）。

本法寺本では、まず、A山中で頭に薪を載せて運ぶ女性が、丈の短い衣に腰蓑をつけた姿で描かれる。その右手にみられるB笠をかぶった人物は、Aと同じく腰蓑をつけており、同一人物とみられる。補彩の影響なのか、やや不自然にもみえるこの笠は、雨に降られていることを示すものと解される。下方に描かれるC壊れた堂の前には、馬上から堂を顧みる笠をかぶった男性が描かれ、その後ろには、Bの女性と同じく両手で笠を押さえながら走る子どもがみえる。現状では雨そのものの直接描写を確認することはできないが、Bの女性と子どもが前傾姿勢で描かれることともあわせて、両者は、激しい風雨に飛ばされないように笠を両手でしっかりと押さえながら、道を急ぐ姿ととらえることができよう。うがった見方かもしれないが、AからB、Cをつなぐ地面の部分に、道を表すとみられる細い帯状のものが描かれているのも、「道傍」の小堂を逐語的に表現するものともかんがえられる。

以上のように、本法寺本は、A薪を求めて山に入った貧女が、B帰り道で激しい雨に降られ、C雨宿りのために立ち寄った道端の小堂で、雨露にさらされて破損した金の仏像を見つけるという流れを、時系列に沿って絵画化したものとかんがえられ、『鷲林拾葉鈔』のテクストときわめて緊密な対応をみせるのである。
『鷲林拾葉鈔』では、その後、貧女が自身の身を売ることで金銭を得て（「売レ身ヲ替ニ金銭一」）、箔打に仏像の修理を依頼することになるが、本法寺本においては、D金を得る場面が、緑の葉と白い花（実）のようなものの入った桶を前に、右手に持った丸い金色のものをみつめる姿で絵画化されている。原拠の『付法蔵因縁伝』およびそれを引く『法華文句』では、貧女は乞食によって金珠を得るとされており、金を得る手段についても、原拠を離れてさまざまなバリエーションが生じていたことがうかがえるが、本法寺本はそのなかで、菜摘みの最中に金（珠／銭）を拾うというパターンを絵画化しているとみられる。(29)本法寺本と合致するテクストは未見ながら、本法寺本の独創とみるよりは、書きとどめられた変奏のひとつに拠っているとかんがえる方が穏当であろう。

この菜を摘む女という形象について、原口氏によって、太子伝の芹摘姫伝承との交渉の可能性と同時に、テクストの表現のレベルにおける『三国伝記』との重なりが指摘されていることは重要であろう。原口氏は、芹摘姫譚の一変奏としての『三国伝記』巻十第四「摩訶提国貧女成后事」に、「山底ニ採リレ薇《ビヲ》」「柴火炉《ロ》ニ宿《ヤド》シテ夜薄衣寒気ヲ防グ」(30)とある表現が、本法寺本のD貧女が菜を摘む図像と、E雪中の小屋で炉に手をかざす図像と対応することに着目する。(31)「山底ニ採リレ薇《ビヲ》」は『和漢朗詠集』「山底採薇雲不厭 洞中栽樹鶴先知（山底に薇を採れば雲厭はず 洞の中に樹を栽うれば鶴先ず知る）」（仙家 温庭筠）によるが、(32)『三国伝記』では「春分テニ雲霞一山底ニ採リレ薇《ビヲ》、夏ハ前キニ二日ノ出一巌畔ニ負ヒレ薪ヲ」とあるように、提婆品の「採菓汲水。拾薪設食」「採薪及菓蓏」や、薪の行道で知られる「法華経を我が得し事はたき木こり菜摘み水汲み仕へてぞ得し」(33)などを受けて、薪拾いと対になっている。これと類似する表現が『三国伝記』の他の話にもみられるが、他の用例もすべて同様に仙人給仕にもとづく対句となっており（巻一第四、巻四第三十、巻五第十四）、常套表現として定着している様子がみてとれる。このように『和漢朗詠集』などに由来する語句を駆使した修辞的表現は、『三国伝記』の特徴として知られているが、小林直樹氏は、『三国伝記』の成立基盤として天台談義所において蓄積された、法華談義を通過したテクストがあったことを指摘する。本法寺本と対応するこれらの表現もまた、『三国伝記』に先行して、法華経講説の場で蓄積されていた可能性は十分にかんがえられる。

金色女説話は、金を得た貧女が、それを鍛金師のもとに持参し、仏像の修理を依頼する展開となる。『法華文句』や『鷲林拾葉鈔』では、貧女と金師が夫婦となり、誓願により転生後にともに金色身を得たことが簡略に記されるにとどまるが、本法寺本は、原拠の『付法蔵因縁伝』で語られる、夫婦が閨を共にしなかったというエピソードも含めて絵画化しているとみられる（図9）。奥の部屋で巻物状のものを見ている女性は金色の肌で描かれており、補彩の可能性もあるとはいえ、金色女とみてよいだろう。一方、手前の部屋で、床台の前で脇息のようなものに肘を置いて座る男性は、金師の生まれ変わった長者であり、現状では白い肌で描かれているものの、本来は本図の上方に描かれる男性（図版省略）と同様、金色の肌で描かれていたものと思われる。『付法蔵因縁伝』で「我等今者宜各異房不相嬈近」とあるのに源を発する、夫婦が別々の部屋で過ごす場面の絵画化とみられる。妻が就寝中、長者が毒蛇から守るために妻の手をとったことで、妻に誤解されるも、事情を説明して疑いを晴らすという、きわめて説話的な部分については、本法寺本に対応する図像を見出すことができないが[34]、この場面が夫婦が同床しなかったことを示すものであったことは間違いないであろう。『注好選』は、「金色女離婬行」という標題のもとに、貧女を老婢とするバリエーションの金色女説話を収めており、夫婦が「多年遂不交会」であったことに焦点を置いた語りがあったことをうかがわせる[35]。本法寺本は、『法華文句』において捨象された原拠『付法蔵因縁伝』の要素が、注釈の過程で再びとりこまれ、語りに供されていたことをあとづけるものである。

図9　本法寺蔵「法華経曼荼羅図」第六幅「妙法蓮華経授記品第六」

　本法寺本のもとづいたテクストは、『鷲林拾葉鈔』前半と極めて近い具体的な展開をもちながら、菜摘女のモチーフを取りこんだ金色女説話の一変奏であり、夫婦が交会しなかったというエピソードをも含んだものであった。そしてその文章は、『三国伝記』に類する、修辞を凝らした表現をともなう、講経の場における語りを反映したものであったとかんがえておきたい。

非常に限られた範囲となったが、本法寺本のもとづいたテクストの位相を反映すると推測される部分をとりあげ、テクストとの対応という視点から検討を重ねてきた。その結果は以下のようにまとめられる。

本法寺本のもとづいたテクストの中核に法華経本文があったことについては、疑いがない。長者窮子の譬喩においては、経典本文を逐語的に絵画化していることが看取され、経文の文句との緊密な結びつきがうかがわれた。このようにきわめて逐語的な絵画化は、第三幅「譬喩品」の火宅喩などにも確認できる。こういった文文句句を意識するという姿勢は、『法華文句』に代表される、経文の文句に沿って釈するという、入文解釈のありかたと表裏一体といえる。本法寺本は、絵による入文解釈の試みともとらえられる。

一方で、経典本文からは導き出せないような絵画化がみられる部分にかんしては、注釈や講経の場において、さまざまに潤色を加えられたテクストの存在が想定される。経文の内容を再説する際には、『草案集』や『能生諸仏経釈』に記録されたような、自在なやわらげが行われていたと推測される。肉親との別離や、求法における艱難辛苦といった、聴衆の情緒に訴える場面などは、講師が特に心を砕いたところであっただろう。本法寺本において、大きくスペースを割かれた場面は、ことばをつくした語りの質と量とに比例するものとかんがえられる。やわらげられた語りが蓄積されていくなかで、語り方に一定の型が生じ、共有されていたことは十分かんがえられるので、あえて具体的なテクストを想定する必要はないのかもしれない。しかし、一方で、微細な例ではあるが、修辞のレベルでテクストと対応する図像があることからは、具体的なテクストが参照されたことも想像される。

このことは、経典本文の再説に限らず、入文解釈において因縁として挿入された説話についても同様である。『法華文句』などを介して法華経注釈の文脈のなかにとりこまれた説話は、原拠の仏典から離れて変奏したかたちで描かれる。例えば、第十九幅「妙荘厳王本事品」でも、経文にみられる妙荘厳王の息子が両親を教導する話が、これもまた逐語的に描かれると同時に、経文にはない親子四人の前生譚もまた、大きく描かれている。これは、金色女説話と同様、『法華文句』が引く四比丘の因縁を起点として展開した説話であり[36]、この品の入文解釈においては必須の因縁であった。直談をはじめ、『宝物集』巻七など諸書にみられるものの、完全に一致するパターンの説話は確認できていない。しかしながら、三人の修行のために奉仕するひとりについては、薪を集め水を汲むという姿で描かれている点も、先の金色女の場合と同工異曲であり、定型表現との対応を思わせる。王の行幸の場面でひときわ大きく描かれる二人の舞人なども、王の行列の荘厳にかかる修辞の絵画化である可能性もある。

このようにみてくると、本法寺本がもとづいたテクストは、『三国伝記』の基盤となった法華注釈とかなり近い位相のものであるようにみえてくる。すなわち、入文解釈の枠組みとして『法華文句』を重視し、逐語的な注釈を加えるなかで、さまざまなパターンを組み合わせた因縁（説話）を、対句を凝らした文飾により語るというテクストである。もちろん、テクストによらない、図像の継承という側面も考慮しなければならなず、本法寺本の図像が、すでに定型化され共有された先行図像にもとづく可能性もかんがえられる。しかしながら、本法寺本の細部にわたる濃やかな描写からは、流動的な語りの、ある瞬間を切り取った、生の息づかいのようなものを感じるのである。微細な点に拘泥した推測になってしまったが、現時点では、本法寺本の拠り所のひとつに、講経の場における語りに密着したテクストがあったことを想定しておくこととしたい。

注

（1）原口志津子『富山・本法寺蔵法華経曼荼羅図の研究』第二部第一章「『法華経』に基づく図像」（法藏館、二〇一六年）。

（2）本法寺本の短冊墨書については、後補の可能性が指摘されており、あきらかな誤りも散見する。当該部分にかんしても、場面と齟齬する経文が書き入れられているところもある（「出内財産」など）。

（3）法華経の引用は、坂本幸男・岩本裕訳注『法華経 上・中・下』（岩波文庫、一九七六年改版）による。

（4）『妙法蓮華経玄賛』巻七本（大正新脩大蔵経第三四巻七九九頁c）。

（5）中田祝夫篇『妙一記念館本仮名書き法華経 影印篇 上巻』（勉誠社、一九八八年）。

（6）宮次男『金字宝塔曼荼羅』（吉川弘文館、一九七六年）。ただし、立本寺本では、窮子が腰を引いて抵抗するような姿で描かれており、本来はG「使者執之愈急。強牽将還」を絵画化したものであった可能性もある。

（7）『妙法蓮華経文句』巻六上（大正新脩大蔵経第三四冊八九頁b）。法華経本文は「 」で括って示した。

（8）拙稿「『釈迦の本地』とその淵源――『法華経』の仙人給仕をめぐる」（小峯和明監修、石川透編『中世の物語と絵画』「中世文学と隣接諸学」九、竹林舎、二〇一三年）。提婆達多の人物造形については植木朝子「提婆達多の今様――『梁塵秘抄』法文歌の一性格」（『梁塵秘抄の世界 中世を映す歌謡』角川学芸出版、二〇〇九年、初出は二〇〇五年）参照。

（9）大島薫「『花文集』解題」（真福寺善本叢刊第一期第二巻『法華経古注釈集』臨川書店、二〇〇〇年）。

（10）小林直樹氏は、法華経注釈書と『注好選』とは和訳資料を介して間接的に繋がるとされる（「天台三大部と説話――『注好選』をめぐって」『中世説話集とその基盤』和泉書院、二〇〇四年、初出は一九九三年）。

(11) 今野達校注『三宝絵 注好選』（新日本古典文学大系、岩波書店、一九九七年）所載の原文により、私に句読点・返点を施した。

(12)『草案集』（貴重古典籍刊行会、一九五八年）掲載の影印により、橋本章彦・菊池政和「曼殊院蔵『草案集』「第五巻」（十二丁裏～十六丁表）翻刻と註釈」『唱導文学研究』第二集（三弥井書店、一九九九年）、山崎誠「草案集とその研究」（『国文学研究資料館紀要』三一、文学研究篇、二〇〇五年二月）を参照して、句読点・送りがなを補う、表記を改めるなどの処置を施した。

(13) 奈良国立博物館『法華経の美術』（一九七九年）。

(14) 前掲注13『法華経の美術』。

(15) P二三〇五を含む敦煌本法華経講経文については、高井龍「『妙法蓮華経講経文（擬）』の諸特徴と十世紀敦煌の講経」（『敦煌講唱體文獻研究――寫本時代の文學と佛教』朋友書店、二〇二二年。初出は二〇一八年）参照。

(16) フランス国立図書館のHP（Gallica）で公開される画像（https://gallica.bnf.fr/ark:/12148/btv1b8303273b.r=pelliot%202305?rk=42918;4）により翻刻した。

(17) 後藤昭雄監修、箕浦尚美編『天野山金剛寺善本叢刊 第二期 第四巻 要文・経釈』（勉誠出版、二〇一八年）。

(18) 前掲注17箕浦氏解題。

(19)『付法蔵因縁伝』巻六（大正新脩大蔵経第五〇冊三二一頁a）。

(20)『法苑珠林』巻二十二（大正新脩大蔵経第五三冊四四九頁c）。なお、『法苑珠林』に先行する『衆経要集金蔵論』巻六 出家縁第二十は、「障人出家得悪報縁」という標題のもとに同話を掲載する（宮井里佳・本井牧子共編『金蔵論 本文と研究』臨川書店、二〇一一年）。

(21) 前掲注1原口氏著書第二部第二章「『法華経』の注釈書、仏伝、『維摩経』等に基づく図像」。

(22) 牧野和夫「釈家を中心とした注釈（学問）と文学の交渉の一端――中世注釈研究の動向と展望」、「中世近江文化圏と能の素材――「野寺」のこと等」（『中世の説話と学問』和泉書院、一九九一年。初出はいずれも一九八五年）。

(23) 小林直樹「『三国伝記』の成立基盤――法華直談の世界との交渉」（前掲注10小林氏著書。初出は一九八九年）。

(24)『付法蔵因縁伝』巻一（大正新脩大蔵経第五〇冊二九七頁a）。

(25)『妙法蓮華経文句』巻一上（大正新脩大蔵経第三四冊九頁c）。

(26)『法華経直談抄』一（臨川書店、一九七九年）。

(27) 前掲注23小林氏論考の指摘による。

(28)『法華経鷲林拾葉鈔』一（臨川書店、一九九一年）。

(29) 例えば『金光明最勝王經玄樞』においては、貧女は「糞中得一金珠」とされており（大正新脩大蔵経第五六冊七一五頁b）、偶然に金をみつけるというパターンもあったことが確認できる。

(30) 池上洵一校注『三国伝記 下』（中世の文学、三弥井書店、一九八二年）。

(31) 前掲注21原口氏論考。

(32) 菅野禮行校注『和漢朗詠集』（新編日本古典文学全集、小学館、一九九九年）。

(33)『拾遺和歌集』巻二十 哀傷 一三四六 行基（小町谷照彦校注、新日本古典文学大系、岩波書店、一九九〇年）。

(34) 中哲裕氏は、図9がそれにあたると指摘されるが、現状では蛇の姿は判別できない（『法華経曼荼羅の研究　制作者と伝承を担った人々』第一部第一章「後鳥羽院、都から隠岐へ」春秋社、二〇二〇年）。

(35)『注好選』中巻第三十一（前掲注11）。

(36)『妙法蓮華経文句』巻十下（大正新脩大蔵経第三四冊一四七頁a）。なお、本話とその展開については、日本仏教綜合研究学会二〇二四年度例会シンポジウム「『法華経』をめぐる説話と図像――仏教知のひろがり」（二〇二四年七月二七日、於大正大学）でのコメントの際に言及した（『日本仏教綜合研究』二三に掲載予定）。

附記　成稿後に、原口志津子氏編『本法寺蔵法華経曼荼羅図　法華経をめぐるイメージの世界』（法藏館、二〇二四年）が刊行された。本法寺本の図版は当該書籍を参照されたい。

本法寺蔵「法華経曼荼羅図」描き起こし図作成レポート

石崎誠和

いしざき・ともかず――金沢美術工芸大学美術工芸学部准教授。石川県立輪島漆芸技術研修所講師。石川県立九谷焼技術研修所講師。日展 準会員。専門は日本画。主な論文に「閉ざされる作品と開かれる作品」（金沢美術工芸大学年報第五号、二〇〇四年）、「「反タブロー」――構成から逃れつづける制作」（遊具連関、二〇〇五年）などがある。

筆者が本法寺蔵「法華経曼荼羅図」二十二幅の描きおこし図を作成した方法と実感をレポートした。筆者自身にとっても描き起こしによって、複数の物語が併存する複雑な画面が徐々に整理されていった。そして見えてきたのは画面構築の面白さと共に、人々の生き生きと働く様子や武士の合戦の躍動感、動物の動きの描写などだった。

一、想像力を刺激する音

私は本法寺蔵「法華経曼荼羅図」二十二幅のカラー写真をカラーコピーして裏面に鉛筆を摺りこみ、その上から直接シャープペンシルでなぞって二ミリメートルのケントボードに転写するという方法で描き起こし図を作成した。その詳細は後述するとして、描き起こし図を描き始めたその時に感じたのは、意外にも騒音とも思える音だった。

私はシャープペンシルで図の輪郭をゆっくりと均一なスピードでなぞり始めた。最初はぎこちなく、紙面とシャープペンシルのすべりを確かめるように、描かれている形をなぞり始めた。そしてまもなく、私は良く分からない雑多な騒音の中にいるように感じたのである。判別できない音がそこかしこから聞こえてくるように感じるのである。それは人の声や会話だったり、土を草履で踏む音、風で木が揺れ、葉がかすれる音だったり、時には家がきしむ音さえ混ざっているのかもしれない。そして後から気づいたのだが時空を超えた場から聞こえてくる音まで混ざっているのだ。画幅の中では時空間を越えた物語が一見並存している。描き始めた当初私は図を理解しきれず、空間を整理して見ることが出来ていなかったのである。そのためにそこかしこから音が聞こえてくる感覚になり、時空さえ越えて同時に音が聞こえてくるために雑多に耳鳴りのように迫ってくる印象になっていた。

私はこれらの音を感じながらこれから行う二十二幅もの画幅の描き起こし図製作に不安を感じていた。しかししばらくすると画幅の中に分かれている、漫画で言うとコマ割りを把握できるようになり、音は耳障りなものではなくなった。その時、音はむしろ空間や状況を把握する想像力を刺激するようになった。このような画幅がコマ割りされていることはわかっていたのだが、この法華経曼荼羅のそれは少し複雑で区別できなかったのである。

画幅を整理してみることが出来て安心したのだが、私はここで描き起こし図の難しさと責任を実感した。それは製作者の恣意性から逃れられないことである。描き起こし図を製作するときは想像以上に多くの線の選択を迫られることになる。そして問題なのはその線の選択によって物語が変化してしまうことである。先に音が想像力を刺激するものとなったと述べたが、それはあくまでも自身の想像力によって状況を判断するということを意味する。そしてその描き起こした線が如実に意味を持つのである。実際に人物を反対向きに描き起こしていたことに気づき、直したこともあった。さらに線の選択にばらつきがあると、そこに意味が発生してしまう。たとえば雲を描いている線のうち二本描き起こすのか、それとも一本描き起こすのか、何気なく描き起こしたものが描き起こし図になったとたんに意味を持ってしまう。実際に一本線の雲と二本線の雲には意味の違いがあるように描かれているのである。このようにこの二十二幅という膨大な画を統一して描き起こすことはとても難しいことだった。私なりに線の選択をなるべく統一したとは思いつつも、あいまいさはやはり残る。また恣意性の限界があることも念頭に置かなければならないと思う。

二、描き起こし図の手順

さて断っておかなければならないが、私は日本画家であり、描き起こし図を作成することも初めてであった。私は法華経曼荼羅図を最初に見たときにその画幅に魅了され、その色使いや描写の巧みさなどに惹かれて描き起こし図製作に携わることにした。私の興味はおのずと、その作画にまつわるもので、線や色の質の高さや画面構成の巧みさ、生き生きとした人物表現など、いわば絵画的側面へと向かう。その意味で私は曼荼羅全体を俯瞰する視点に欠けている。さらに描き起こし図は少しずつ線を文字通り描き起こしていく作業であり、あくまでも細部への視点が積み重なり、見方としては特殊になったと思える。二十二幅という壮大なスケールを持った画幅を、信仰の対象としてどのように見ていたのかを私は分からないが、見る体験のあり様が異なることは容易に想像できる。その上でどの程度私がこの画幅を見ることが出来ているのか分からない。しかし、細部の連続として体験する見方ながら、その細部が多くを語っていると感じられた。この体験によって感じたことがいくつかあった。さらに画幅の絵師の筆致から語られることがあるとしたら、私がその聞き手として、何かを受け取れているのかもしれない。ここでレポートすることで何か役に立てたら幸いだと思う。

本レポートは前半に描き起こし図の製作の詳細についてレポートし、後半私が線から聞き取ったことを記述することにする。

今回描き起こし図は以下のような手順で製作した。

（1）対象となる図のカラーコピーを行う。

（2）顔料と鉛筆（ステッドラー4B）を（1）の裏に擦り込み、捻紙状にする。

（3）A3のケントボードに（2）を重ね〇・三ミリメートルのシャープペンシルで　線をなぞり、転写する。

（4）フィキサチフをかけ、線を定着させる。

（5）描き起こし図をスキャナーで取り込み、データ化する。

これらの製作手順を、写真を交えて詳細に説明してみよう。

（1）レーザープリンターで等倍にカラーコピーをする。使用している紙質によって（2）以降の効果が変わってくる。私は二十二幅を二回に分けてカラーコピーしたが、二回目にカラーコピーした用紙が異なっていたようで（2）の作業が難航したことがあったので注意が必要である。

（2）

①黒色顔料（ARTISTPIGMENT LAMP BLACK）を紙面に落とし、ティッシュで均等に刷り込む。顔料は粒子の大きさによってカラーコピー紙との相性がある、たとえば黒色の顔料でもARTISTPIGMENT BORN BLACKでは粒子が粗く紙面に刷り込むことが出来なかった（**図1**）。

②鉛筆（ステッドラー4B：STAEDTLER MARS・780）で線を埋めていき指で刷り込む。一度では隙間が出来るので方向を変えて二回行う。ステッドラーは硬質なため

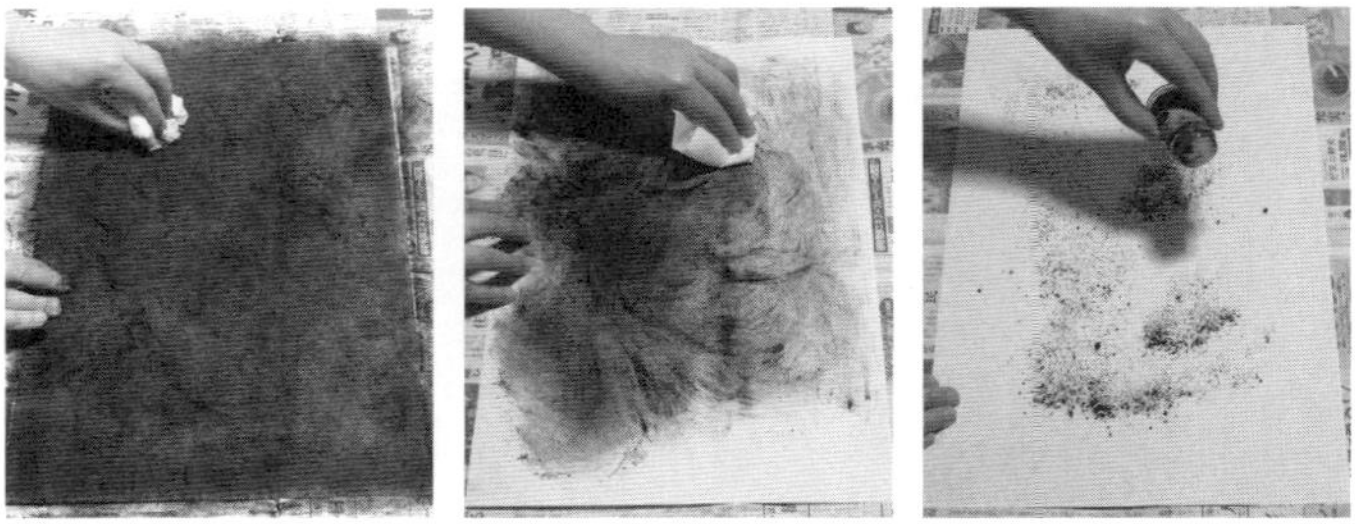

図1

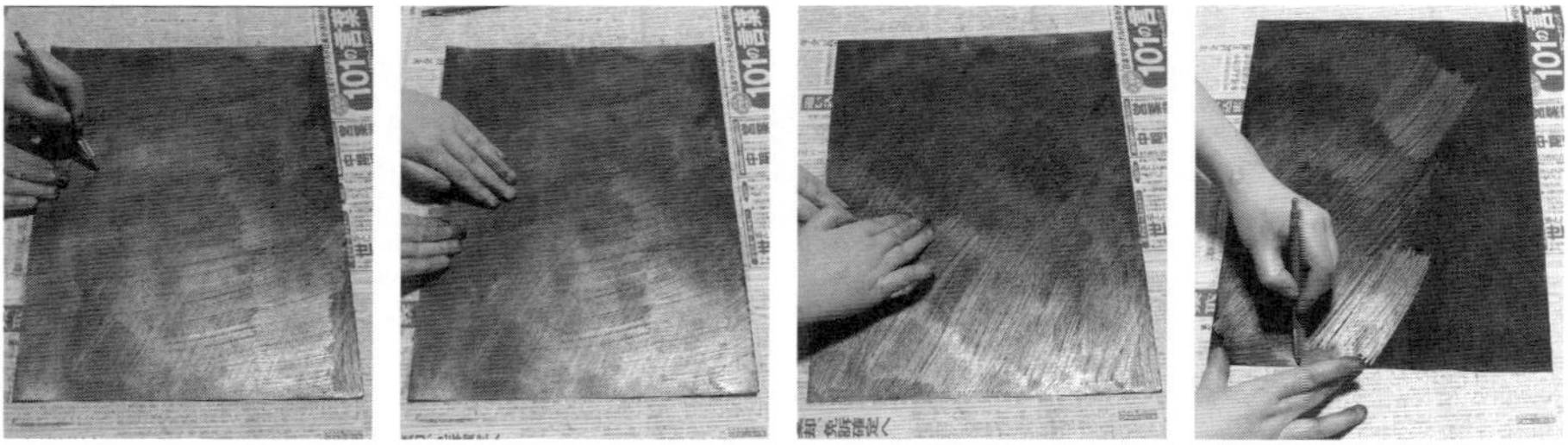

図2

転写に適していると判断して選択した（図2）。

③綺麗な新聞紙の上に鉛筆を刷り込んだ面を下にして絵の面を手でこすり、捻紙面を均等に整える。

（3）

A3のケントボード（二ミリメートル）とA3のベニヤ（四ミリメートル）を用意し、ケントボードに（2）の上辺をセロテープで固定し、ベニヤとともにクリップで三箇所留める。〇・三ミリメートルHのシャープペンシル（ステッドラー）で輪郭線をなぞり、転写する。このとき芯が折れない程度に筆圧を強めにすることで一定になりやすい。またシャープペンシルを描きながら回すことで均一になりやすい（図3右）。

一つの物語空間の範囲を理解し、その中の小さな物語ごとに会話をしている状況などを拡大鏡を使用して把握してから描き起こす（図3中）。

ある程度描いたところで紙面をめくって、確かめる。このときに捻紙の状態によってはひどくムラが出ていることがあるので、ひどいときは捻紙製作をやり直す。捻紙製作時の湿度やカラーコピー紙の質、そして顔料や鉛筆の摺りこみ方によって異なるので注意が必要となる（図3左）。

図3

図5

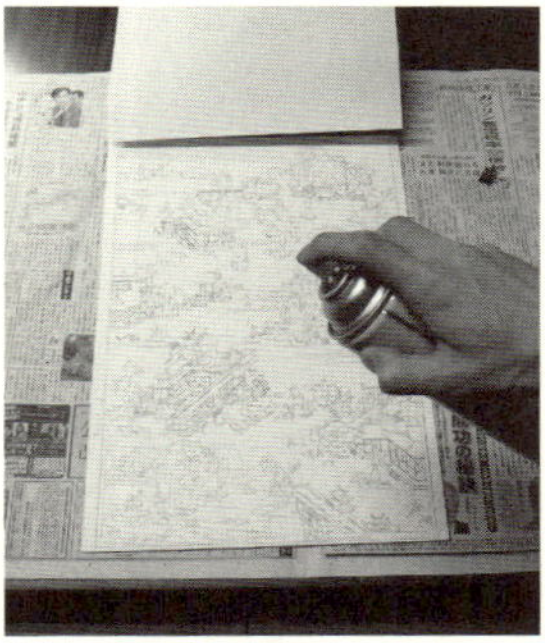

図4

（4）フィキサチフを三〇センチメートル以上離して均等に吹き付けて線を定着させる。フィキサチフを最初に吹き付ける時に液体が固まって出ることがあるので注意する（図4）。

（5）スキャナーで取り込み、画像編集ソフトAdobeフォトショップで二階調化する。捻紙の状態によって線の濃度が異なるため、二階調化のポイントを二〇〇～二二〇の間で調整する（図5）。

以上のような手順によって二十二幅の描き起こし図を作成したが、描き起こし図製作の方法は決まっておらず、対象によってその方法は異なってくると考えられる。今回は二十二幅という数の多さと図の密度が高かったためにこのような方法になった。

三、制作方法の分析

今回の描き起こし図の製作方法を分析すると、いくつかの良い点と悪い点が指摘できると思う。

まず良い点は捻紙を使用して転写することによって、線が比較的容易に均一に描くことが出来るという点である。簡単に効率よく原本を忠実に描き起こしが出来る点も指摘できると思う。

図a

図b

図c　第1幅

図d　第2幅

改善点としては、建築物の柱などの構造線を二本で表現しようとすると、黒く詰まってしまい、描き起こし図を特に小さく扱う場合にはそれが目立ってしまう。また階段も同じように黒くつぶれてしまうことが多い。また第二幅の建物の中の様子が柱などの構造線が複雑になりすぎると中の人物の様子などが判別しにくくなる（図a）。しかし一方で同じ第二幅の中の建築現場のような場面では複雑ではあるが構造線を簡略化しないことで人物の生き生きとした様子が分かるという場面もある（図b）。描き起こし図として使用する大きさやその特性を考慮して、構造線を選択することや、時には大胆に簡略化、記号化することも課題になると考えられる。

さらに炎や水、そして波なども描写が難しいものである。特に炎があるところには必ず何かが焼かれており、その描写は困難だったため、簡略すべきだった（図c・d）。

また描き起こし図で難しいのは人物描写

だろう。人物や動物の動きの表現である。この画幅の魅力でもあると思うのだが、A3に縮尺されていることも相まって難しい。どれだけ激しく動いていようとも骨格がある。たとえば**図b**の大工に顕著であるが関節の位置や筋肉のつき方など、かなり正確に描かれている。さらに**図e**の御輿を担ぐ大勢の人を見るとこれだけ多くの人が描かれているが、それぞれの人の動きが微妙に変えられている。描く時はある人の背中の線が隣の人の腕から肩、そして顔への線となり、また隣の人の肩につながるというように線の選択は複雑で難しい。しかしこの複雑な中でも微妙な差がある人物の立ち姿が美しくもある。難しいところだが描き起こしをしていて面白いところである。

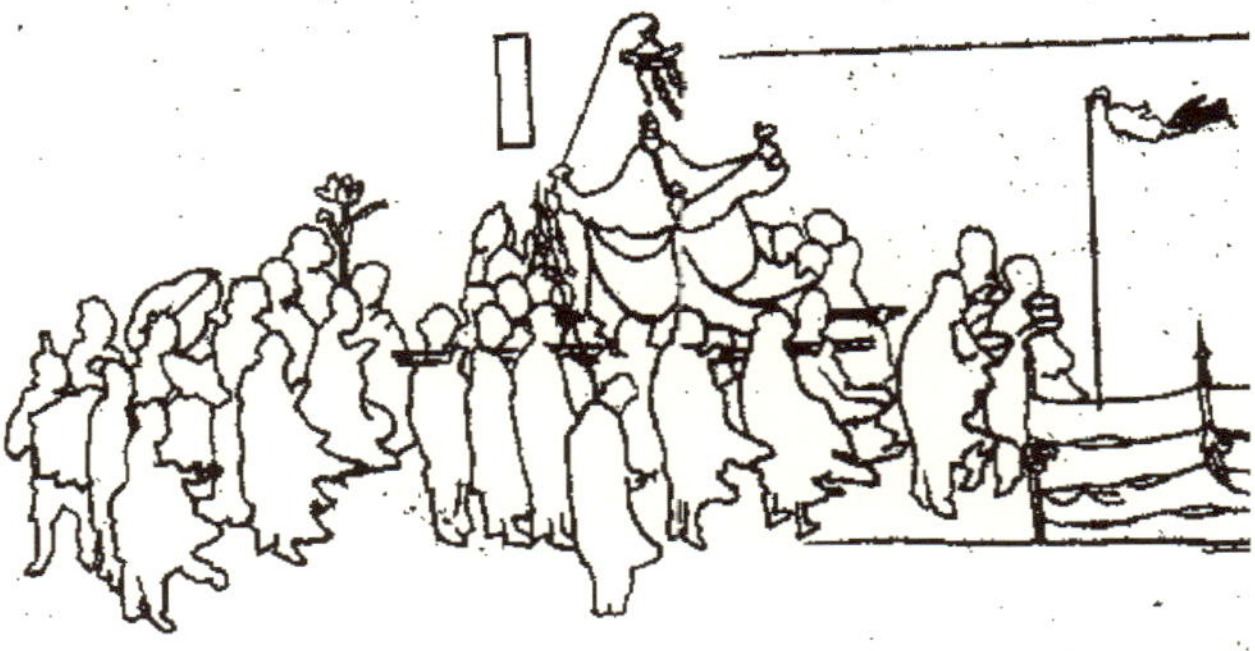

図e　第19幅

四、法華経曼荼羅図の魅力

さて、今回の描き起こし図制作を通して、描かれている図がそれぞれ意味をもっていることを実感した。意味が充実していると感じられる図を少しずつ描き起こしていくという体験は、じっくりと図を見る体験としても貴重な事であると感じた。手を動かしながら見ることによって細部に目が届き、さまざまな想像力が沸くのではないだろうか。そして絵師がなぜこの図をここに描いたのかという視点で見ると興味は尽きない。しかしながらその図が意味するものを解き明かすことは私の役目ではない。私が出来ることはむしろ図がもっている魅力を紹介することだと思う。時には法華経曼荼羅図が意図していることとは異なるかもしれないが、良い画というものはさまざまな見方を提供してくれるものである。その意味で私は勝手にこの画を楽しもうと思うのである。もしかし

図f　第4幅

図g　第3幅

たら私と同じように法華経曼荼羅を知らない人にとっての何らかの入り口の一つとなるのではないかと思う。そのような人にとってこのすばらしい画幅はさまざまな見方の門戸を開いているはずである。

この画幅の魅力は先に述べたようにまさに記号の集積であり、意味に充ちている点にあると思う。描かれているすべての図に意味があることだろう。しかし同時にその記号が様式化されていないところに最大の魅力があるのではないかと思う。雲ひとつとっても何種類かあり、時空間を単純に分けるためだけのものではない。木々の表現も魅力的であり、その種類も抱負である。幾種類かの木が重ねられて描かれている様子を見ているだけで飽きない。絵師が迷いなく均一に引く運筆の確かさは、物語を根底で支えている。また描かれている形の巧みさは確かな観察眼と描写の鍛錬に裏付けられているのではないかと思う。特に人々の生き生きと働く様子や武士の合戦の躍動感、動物の動きある描写は、それのみを見ても十分に楽しめると思う。そして一番驚いたのは画面構築の面白さである。一つの空間としてみれば非合理であるが、おそらく伝わり方としては非常に合理的に描かれており、さまざまに創意工夫をもって描かれている。

五、描かれる時間

創意工夫されている顕著な例としてまず挙げられるのは時間描写であろう。私は画幅に自由に時空間が描かれていたことに驚いた。**図f**は同じ空間の中である二人が病人を見つけて（右端）次に病人をひっぱりながら運んでいる様子、医者に見せている様子と三つの時間が同じ空間に描かれているように見える。また**図g**では真ん中下の馬と右上で川に転落している馬の二頭が描かれているが、これは画面奥へと時間の推移が描かれているように見える。さらに左に大蛇が見つめている様子は寓意に満ちている。**図h**では左端の人が座って何かを摘んでいる様子で、中央にはそれを運んでいる様子が描かれ、燃えて廃墟となった塔とそれを馬上から見つめる武士が寓意的に描かれている。

図h　第15幅

図i　第16幅

六、遠近表現の巧みさ

時間表現とともに描かれているのは遠近表現である。**図h**では左手前の牛と人物の大きさに比べて、右に小さく人物が描かれており、奥行きが端的に表されている。両者が左を向いて、何かを話している様子から画面奥から手前へと進む時間の流れが感じられる。

図iは第十六幅の下半分だが、画面は雲によって上下に分かれている。その下の階層は中央に描かれた山を境に三つの場面が描かれている。手前左から中央手前では右の牛が躍動的な姿を見せ何かを予感させるが、牛の子どもがお乳を飲んでいる左の牛は静かな世界として描かれている。そして山から左にある邸宅の様子が描かれ、誰かが今から出発する前の様子が描かれているようである。そして山を挟んで右側では雲上の戦いが繰りひろげられている。光背を背負う二人の仏の戦いだろうか。その戦いの背後には炎に包まれた中で何かが繰り広げられている。よく見るとこれらの空間は、山水で言うところの平遠、高遠、深遠の三遠のような三つの遠近で描かれている。そしてその遠近が逆転している。手前右の雲上の戦いがむしろ一番遠方から俯瞰されているように見える。このような遠近の非合理性によって生じるゆらぎが逆に効果的に見える。さらにそれに対して一階層上は安定した一つの空間が描かれており、蓮池の水面が静かに、鳥が飛んでくる様子が安定感をもって鮮明に感じられる。このような階層ごとの関係の変化も効果的に構成されているようである。

以上のように画面構成の巧みさや創意工夫はほんの一端ではあるが、私はこのような場面を線を描き起こしながら見つけては楽しんでいた。これらのような場面を見つけて想像力を働かせてみると、この画幅の面白さは倍増する。また快活な人物描写や場面構成を見ながら、どんな会話がなされているかを想像することもこの画幅を見る楽しみになると思う。

おわりに――描かれた物語の意義

最後に私は描き起こし図を第一幅から順に描き起こし図を製作していったのだが、その時に物語は螺旋状に展開しているように思えた。たとえば襲撃や略奪、合戦といった流血事件がなかなか無くならないことに端的に現れている。画幅に描かれている空間は大まかに言うと僧侶や光背を背負う仏が仏事を淡々と行っているお勤め空間と庶民がいる俗世空間の二つに分かれている。その割合は画幅によって異なり、俗世空間で流血事件がたびたび起こっている。たまにその境界があいまいになり、お勤め空間に流血事件が起こり、恐ろしさが増す。第一幅はダイジェストとしての役割があるので除いたとして、第二幅以降の変化を見ると、二つの空間の割合に振幅があることが分かる。具体的に言うと、第二幅の大火事の描写で暗たんたる空間描写を最高に、平和な空間に流血事件が不穏なざわつきをもたらす場面として描写される。それが第十一幅の荘厳なクライマックスを思わせる画幅にむけて少なくなっていく。しかし第十二幅の一番下の層に早くも暴力沙汰が起こり、不穏な空気がまた漂うのである。さらに次の第十三幅には合戦が起こる。幾多のお勤めを経てせっかくもたらされた平和が乱される。十一幅の荘厳な場面を経ただけにその衝撃は大きい。おだやかな平穏な世界になったと思ったら、またざわつく。この繰り返しは一見もどかしい。早く教義の極意を諭し、平定してほしいと思ってしまう。どのように世界を救うのかを見たいと思うのである。しかし実際はそう簡単には平穏な世界にはならない。たしかにこれでこそ多様な世界に生きる人々の日常に実感されるものであろう。絵空事ではないと感じられることが重要なのであろう。しかしもどかしい思いが強い。

しかしながら私は描き起こし図をさらに進めていくうちに、もどかしくも繰り返されるこの流血事件が実は重要な効果をもたらすのではないだろうかと思うようになった。この画幅にはなにか平和をもたらす極意が描かれていているのではなく、物語が繰り返し疑似体験され、そのつどリンクする日常の体験によって、めまいにも似た作用を誘引するのではないだろうか。そしてその時淡々とお勧めする仏や僧侶とその時空間そのものがとても印象に残るのではないだろうか。庶民のさまざまな行いが繰り広げられている空間と平行して仏や僧侶がお勧めしている時空間が脈々とあることがとても印象的に感じられるのである。光のコントラストさえも感じられるようである。私は教義の諭し方として法華経曼荼羅のあり方が、信仰したいと思えるように、描かれた物語によって疑似体験を重ねているのではないかと思うのである。

私はたとえばこのようなことをこの画幅の構成から想像したりしたのだが、このような構成をどのような意図で組み立てていったかを今知るすべはない。しかしこの法華経曼荼羅制作の現場に思いを馳せるのである。薄い和紙に線描で描かれたさまざま下図が用意され、それを重ねるように構成していったのであろうか。二十二幅という膨大な量を一度に描いたとは想像しがたいが、たとえばそれが一度に構成されようとしている現場を想像してみると、すさまじく多くの下図が散乱していることが想像できて、それだけで楽しい。どれほどの議論を重ねてこの構成がなされたのだろうか。費やされた途方もない時間が私の想像を超えるものだろうと思う。このようにこの画幅はとても想像力を掻き立てる曼荼羅であり、今回の描き起こし図製作に携わることが出来て幸いであったと思い感謝したい。

編集後記

原口志津子

本書執筆は、主に、本書編著者が代表者として二〇一六年〜二〇一九年に日本学術振興会より助成を受けた課題「富山・本法寺蔵「法華経曼荼羅図」の総合的研究」（基盤研究B課題番号16H03374）(1)の分担者と研究会・シンポジウム招聘発表者たちによる。以下に科研期間とその後の経緯を備忘として記す。

二〇一六年

当該科研においては、その経費により二〇一六年八月二十三日から二十六日の間に本作の高精細画像が撮影された（図1）。撮影の詳細は以下である（敬称略　肩書きはすべて当時）

撮影者　橋本禎郎　ＮＩＳＳＨＡエフエイト株式会社フォトクリエイティブ部京都グループ

撮影場所　射水市新湊博物館（八月二十三日：第十三幅、第十六幅、第十七幅）

本法寺（八月二十四日〜二十六日：二十三日撮影分を除く十九幅分　裏書・軸）

撮影補助　日本通運美術梱包富山営業所

撮影内容　全図および一幅二十分割（可視光高精細画像・赤外線画像）

撮影には以下が立ち会った（敬称略、役職は当時、部分参加含む）。長松山本法寺山主・髙橋日啓、本法寺国宝

護持会会員、射水市新湊博物館主任学芸員・松山充宏、京都国立博物館学芸部保存修理指導室長・大原嘉豊、京都国立博物館列品管理室アソシエイトフェロー・池田素子、筑波大学人文社会系准教授・本井牧子、日本学術振興会特別研究員・鴈野佳世子、科研代表者・富山県立大学工学部教養教育教授・原口志津子。

撮影後、ＮＩＳＳＨＡエフエイト株式会社によって、画像のレンズ収差を修整し、二十分割画像を接合した。一幅三ギガ程度の画像で、解像度は原寸に対し三〇〇ｄｐｉ強あり、東京藝術大学大学院美術研究科文化財保存学専攻保存修復日本画研究室・荒井経准教授の研究室において出力試作を行い、原寸大出力二枚継ぎ複製を作成した。

二〇一八年

この複製は、本作所有者・本法寺の許可を得て二〇一八年三月三日に「中近世絵画における古典の変成と再結晶化――話型と図様」（研究代表者・学習院大学　佐野みどり　基盤研究Ｂ課題番号26284024）との共催で行われた「仏教美術研究の作品と史料」研究会で披露された。この研究会においては、連携研究者の須藤弘敏（弘前大学）が「写される法華経　隠される伝承　二部の金字法華経から見えてくるもの」と題する発表を行った。

図1　2016年8月23日撮影風景

二〇一八年十二月二十五日には、荒井研究室の助力のもと、東京芸術大学陳列館二階で全幅を展示した（図2　撮影・向井大祐）。その際、渡辺麻里子（弘前大学　現・大正大学）『法華経』の談義と物語」と大原嘉豊（京都国立博物館）「本法寺蔵法華経曼荼羅図の様式における若干の問題について」と題する研究報告が行われた。

二〇一九年

二〇一九年九月十四日・十五日には、京都府立大学稲森記念会館一〇二教室において、ルチア・ドルチェ（英国・

図2　原寸大複製展示（2018年12月25日、東京藝術大学陳列館、向井大祐氏撮影）

ロンドン大学）、姜素妍（韓国・中央僧伽大学）を招き、科学研究費の経費による国際シンポジウム（発表題目は註記(2)）を行った。ルチア・ドルチェは、森雅秀（金沢大学大学院人間社会研究域教授）とともに、二〇一六年九月三日に本法寺を実地調査している。

シンポジウムにおいては原寸大複製四幅分の展示も行った（図3）。展示は、第二幅、第五幅、第十二幅、第十三幅の原寸大複製であり、それらを前にしての質疑も行われた。

二〇二〇年

また、本書編著者が二〇一八年四月より勤務することになった奈良大学の博物館において、二〇二〇年二月二十八日から五月十六日までの間、原寸大複製十一幅分（第二幅、第四幅、第五幅、第七幅、第九、第十幅、第十二幅〜第十五幅、第十八幅）が展示される予定であったが、緊急事態宣言をうけて四月八日から閉館した（本法寺のご厚意により、同年九月二十一日から十月三十日に延長展示）。この展示にあわせて、画中の風俗、石造物、民具等に焦点を当てたカラー版の小冊子「富山市・長松山本法寺蔵　法華経曼荼羅図の世界――描かれたくらし」が作成された。また、二〇二〇年二月二十八日には、奈良大学総合研究所において、本法寺本の伝来に関する松山充宏（射水市新湊博物館主任学芸員）の研究発表が行われる予定であったが、新型コロナウイルス感染症蔓延防止の観点から開催中止となった。

二〇二一年以降

その後、二〇二一年八月二十八日オンライン研究会で小林直樹「本法寺蔵「法華経曼荼羅図」薬草喩品第五における救済のモチーフ」、原口志津子「本法寺蔵「法華経曼荼羅図」提婆達多品と『海龍王経』金翅鳥品」

の口頭発表を行い、旧科研メンバーの研究は継続されていたが、これらの成果や撮影画像を公刊できていなかった。

二〇二三年には、射水市新湊博物館において、九月二十二日から一一月二十六日開館二十五周年記念特別展「海が支えた放生津幕府――明応の政変と足利義材」が行われ、第七幅・第九幅、第十一幅、第十五幅、第十八幅、第十九幅が展示された。同年九月二十九日から十一月二十六日まで行われた、神奈川県立金澤文庫「廃虚とイメージ――憧憬、復興、文化の生成の場としての廃虚」展では、第三幅、第十三幅、第十四幅、第二十幅が展示された。また、奈良大学博物館において、十月二日から十二月九日までを会期として「富山市・長松山本法寺蔵　法華経曼荼羅図の世界２――描かれたものがたり」展で七幅分（第三幅、第四幅、第五幅、第六福、第八幅、第九幅、第十二幅）の複製が展示され、小冊子が作成された。

図3　国際シンポジウム（2019年9月14日・15日、京都府立大学稲森記念会館）

二〇二四年六月二十五日には、公益財団出光美術館の出版助成をうけ、拙著『本法寺蔵法華経曼荼羅図　法華経をめぐるイメージの世界』（法藏館）が刊行された。判型Ｂ４の大型図録である。二〇一六年刊行、判型Ｂ５の前著においては、各幅四分割デジタル画像（二〇〇四年文化庁助成デジタルアーカイブ事業として富山県教育委員会が撮影し、株式会社チューエツが管理する画像）を利用していたため、格段に高精細となり、判型も大型化して画像情報が得やすくなったのではないかと思う。

また本書により、本作の多様な側面、画像情報の活用方向が明らかになったのではないかと考える。

二〇二四年には、十月五日から十一月二十四日に、中之島香雪美術館で「法華経絵巻と千年の祈り」展に第十一幅と第二十幅が展示され、衆目を集めた。

以上が、本書編著者が関係した科研と科研終了後の研究動向、展示についての二〇二五年二月末までの記録である。今後、本作の研究がますます盛んになることを祈って筆を措きたい。

注

（1）研究種目・基盤研究（B）配分区分・補助金　応募区分・一般　研究分野・美術史　研究機関・奈良大学（二〇一八―二〇一九）・富山県立大学（二〇一六―二〇一七）研究代表者―原口志津子　奈良大学文学部教授。
https://kaken.nii.ac.jp/ja/grant/KAKENHI-PROJECT-16H03374/
研究分担者―荒井経・大原嘉豊・鴈野佳世子・小林知美・小林直樹・五月女晴恵・本井牧子

（2）日程　二〇一九年九月十四日（土）一三時より複製展示と補筆補彩、造画に関するワークショップ
原口志津子：歓迎の挨拶と趣旨説明・本法寺蔵「法華経曼荼羅図」の補筆補彩に関する問題提起
鴈野佳世子：本法寺蔵「法華経曼荼羅図」の造形と作画手法について　コメンテーター：荒井経
全体討議・懇親会

九月十五日（日）

姜素妍：普門観音と方便波羅蜜の具現――京都・知恩院蔵〈観世音菩薩三十二応幀〉を中心に
小林知美：本法寺蔵「法華経曼荼羅図」と法華経見返絵～主題と図様の比較から～
本井牧子：絵画化されるテクストの位相
渡辺麻里子：龍女成仏――談義と物語
五月女晴恵：本法寺蔵「法華経曼荼羅図」に見える中世絵巻的要素――図様と画面構成と
Lucia Dolce：Contaminations and Fluidity in Ritual Iconography On Lotus Sutras Mandalas
ラウンドテーブル

謝辞　本書の本法寺蔵「法華経曼荼羅図」の図版掲載については、長松山本法寺山主・髙橋日啓師のご高配を賜った。日啓師、国宝護持会の皆様の学術研究に対するご理解とあたたかい御支援に深く感謝申し上げる。

執筆者一覧（掲載順）

原口志津子　松山充宏　髙島　廉
鴈野佳世子　小林知美　瀬谷　愛
五月女晴恵　小林直樹　本井牧子
石崎誠和

【アジア遊学 301】

描《えが》かれた法《ほ》華《け》経《きょう》
本法寺蔵「法華経曼荼羅図」の時空

2025 年 3 月 25 日　初版発行

編　者　原口志津子
発行者　吉田祐輔
発行所　株式会社勉誠社
〒 101-0061　東京都千代田区神田三崎町 2-18-4
TEL：(03)5215-9021(代)　FAX：(03)5215-9025
〈出版詳細情報〉 https://bensei.jp/

印刷・製本　㈱太平印刷社
組版　服部隆広（デザインオフィスイメディア）

ISBN978-4-585-32547-5　C1315

ことば・ほとけ・図像の交響
法会・儀礼とアーカイヴ

唱導や文芸のことば、寺院空間、教理・教学など諸種の要素の響き合いにより営まれた法会・儀礼の実際を、寺院に伝持されてきたアーカイヴを紐解くことで解明する。

近本謙介 編・本体一二〇〇〇円（+税）

宗教遺産テクスト学の創成

ひと・モノ・知の往来により生成・伝播・交流・集積を繰り返す宗教の動態を捉え、多様性・多声性のなかに宗教遺産をめぐる人類の営みを再定義する。

木俣元一・近本謙介 編・本体一五〇〇〇円（+税）

物語る仏教絵画
童子・死・聖地

「童子・死・聖地」にまつわる仏画や垂迹画を丹念に読み解き、図像的特徴や成立背景、制作意図を明らかにし、伝承や説話からの影響関係、受容の様相を探る。

山本陽子 著・本体一〇〇〇〇円（+税）

重要文化財 東福寺五百羅漢図
修理と研究

大本山東福寺所蔵の四十七幅（四五幅・附二幅）及び根津美術館所蔵の二幅についての十六年の長期にわたる保存修理の成果と下絵五十幅を大判カラー図版で掲載。

石川登志雄 編・本体二二〇〇〇円（+税）

源氏絵研究の最前線

さまざまな形で残されてきた作品を、美術史、建築史、文学などの知見より時代別に考察。AIやVRなどを駆使した最先端の研究や展示方法に関する最新成果も収載。

稲本万里子 編著・本体一三〇〇〇円（+税）